Learning
TensorFlow

러닝 텐서플로

| 표지 설명 |

표지의 동물은 블루 틸라피아*Oreochromis aureus*이다. 이 민물고기는 중동과 아프리카 일부 지역에서 유래한 탓에 이스라엘 틸라피아로도 불린다. 키클라과에 속하며 미국의 많은 지역에 서식하고 있다.

블루 틸라피아의 치어는 성체와 비교해 더 어두운 회색빛을 띠며 등지느러미 뒤쪽에 검은 반점이 있다. 성체는 그 이름의 유래인 파란색을 비롯해 빨간색, 흰색, 은회색의 다채로운 색조를 띤다. 배는 연한 파란색에서 흰색이 나타나고 가시가 많은 등지느러미와 꼬리지느러미의 경계 근처는 빨간색과 분홍색의 음영이 나타난다. 성체의 평균 길이는 약 13센티미터에서 20센티미터 사이이며 몸무게는 2.2킬로그램에서 2.7킬로그램 정도다.

어미 물고기는 알을 입안에서 품는데 수정 후 160개에서 1600개의 알을 가지고 있다. 알이 입 안에서 부화하면 새끼는 약 3주간 그 안에 머물고 먹이를 먹을 때만 밖으로 나간다. 어미는 새끼를 품고 있는 동안 평소에 먹는 식물성 먹이 또는 동물성 플랑크톤을 먹지 않는다.

오라일리 책 표지에 등장하는 동물 대다수는 멸종 위기종이며, 이들 모두 이 세상에 소중한 존재다. 이들을 돕는 방법을 알고 싶다면 animals.oreilly.com을 방문해보자. 표지 그림은 리처드 리데커*Richard Lydekker*의 『The Royal Natural History』에서 가져왔다.

러닝 텐서플로

딥러닝 영상처리와 NLP부터 텐서보드 시각화, 멀티스레딩, 분산처리까지

초판 1쇄 발행 2018년 5월 4일
초판 2쇄 발행 2018년 7월 16일

지은이 톰 호프, 예헤즈켈 레셰프, 이타이 리더 / **옮긴이** 박상은 / **베타리더** 최용선, 권한철, 윤동균 / **펴낸이** 김태헌
펴낸곳 한빛미디어(주) / **주소** 서울시 서대문구 연희로2길 62 한빛미디어(주) IT출판부
전화 02-325-5544 / **팩스** 02-336-7124
등록 1999년 6월 24일 제10-1779호 / **ISBN** 979-11-6224-068-7 93000

총괄 전태호 / **책임편집** 김창수 / **기획** 최현우 / **편집** 이상복
디자인 표지 신종식 내지 김연정 조판 백지선
영업 김형진, 김진불, 조유미 / **마케팅** 박상용, 송경석, 변지영 / **제작** 박성우, 김정우

이 책에 대한 의견이나 오탈자 및 잘못된 내용에 대한 수정 정보는 한빛미디어(주)의 홈페이지나 아래 이메일로
알려주십시오. 잘못된 책은 구입하신 서점에서 교환해드립니다. 책값은 뒤표지에 표시되어 있습니다.

한빛미디어 홈페이지 www.hanbit.co.kr / 이메일 ask@hanbit.co.kr

지금 하지 않으면 할 수 없는 일이 있습니다.
책으로 펴내고 싶은 아이디어나 원고를 메일(writer@hanbit.co.kr)로 보내주세요.
한빛미디어(주)는 여러분의 소중한 경험과 지식을 기다리고 있습니다.

Learning TensorFlow

러닝 텐서플로

O'REILLY®　 한빛미디어
Hanbit Media, Inc.

지은이 · 옮긴이 소개

지은이 **톰 호프** Tom Hope

학계와 업계에 걸쳐 다양한 경력을 갖춘 응용 머신러닝 연구자이자 데이터 과학자. 다국적 기업 환경에서 선임 데이터 과학자로 재직하며 웹 마이닝, 텍스트 분석, 컴퓨터 비전, 세일즈와 마케팅, IoT, 금융시장 예측, 대규모 제조업 등 여러 분야를 넘나들며 데이터 과학과 딥러닝 연구개발팀을 이끌어왔다. 이전에는 전자상거래 스타트업에서 데이터 과학 연구개발을 주도했다. 주요 다국적 기업과 스타트업에서 데이터 과학 컨설팅을 수행하기도 했다. 컴퓨터 과학, 데이터 마이닝, 통계를 연구하다 보니 현재는 머신러닝, 딥러닝, 자연어처리, 약지도 학습, 시계열 등이 주요 연구 분야다.

지은이 **예헤즈켈 레셰프** Yehezkel S. Resheff

머신러닝과 데이터 마이닝 분야 응용 연구자. 히브리 대학교에서 웨어러블 기기와 IoT에서 발생한 데이터를 분석하기 위한 머신러닝과 딥러닝 방법론을 공부했다. 대규모 기업과 소규모 스타트업 모두에서 연구 활동을 주도하고 있으며, 여러 개의 특허와 논문을 발표했다. 현재는 차세대 딥러닝 기술 개발에 참여하고 있으며 머신러닝의 한계를 극복하려는 기업들에 컨설팅을 하고 있다.

지은이 **이타이 리더** Itay Lieder

머신러닝과 전산 신경과학 분야 응용 연구자. 히브리 대학교에서는 저수준 퍼셉트론 모델링을 위한 계산 방법론을 개발하여 충분한 학습이 어려운 개인을 대상으로 한 프로파일링 도구에 적용했다. 거대 다국적 기업에 근무하며 텍스트 분석, 웹 마이닝, 금융 기록 등 여러 분야에서 혁신적인 딥러닝 연구개발을 이끌고 있다.

옮긴이 **박상은** edberg.s@gmail.com

컴퓨터에 붙은 그림을 보고 애플이라는 단어의 뜻을 알게 된 이 땅의 흔한 개발자 중 한 사람. 대학원에서 인공지능을 공부했지만 졸업 이후 메일, 브라우저, CMS, 도서 관리 시스템, 빅데이터 플랫폼 등 인공지능과 큰 관련이 없는 다양한 프로젝트에 참여해오다 뒤늦게 다시 인공지능과 머신러닝에서 비전을 찾아 어슬렁거리고 있다. 최근에는 딥러닝의 재미있는 주제들을 연구하고, 이를 사업화하는 데 관심을 가지고 있다. 공역한 책으로 『9가지 사례로 익히는 고급 스파크 분석(개정판)』(한빛미디어, 2018)이 있다.

옮긴이의 말

20년쯤 전에 대학원에서 신경망을 공부했다. 신경망을 처음 접했을 때는 모든 것이 신기했다. 이걸로 지구를 정복할 수 있을 거라는 생각도 들었다. 하지만 이내 답답함이 몰려왔다. 여러 이유가 있었는데 가장 큰 이유는 당시 하드웨어 성능의 한계였다. 인간의 뇌를 시뮬레이션해보고 싶었는데 당시에는 요원한 일 같았다. 적어도 세기말이 한 번은 더 와야 할 것 같았다.

그게 얼마나 멍청한 생각인지 깨닫는 데는 한 세기가 걸리지 않았다. 알파고 이벤트는 여러 가지를 시사했다. 인공지능이 제시한 완전히 새로운 합리의 가능성과 이를 뒷받침하는 기술의 진보를 여실히 보여줬다. 물론 하드웨어와 방법론 모두 완전 새로워졌다. 이미 인공지능의 가능성을 알고 있었던 사람들이건 뒤늦게 깨달은 사람들이건 딥러닝의 세계에 환호를 보내고 있으며 많은 개발자가 딥러닝 분야로 옮겨가고 있다.

텐서플로는 이 패러다임의 붐에 구글이 던져준 열쇠 같은 존재이다. 사실 텐서플로 이전에도 딥러닝 도구가 없었던 것은 아니다. 하지만 텐서플로는 여러 미덕을 갖추고 있으며 많은 이들이 텐서플로를 무기 삼아 도메인으로 진입하고 있다.

다른 훌륭한 책이 많이 있고 각각의 책마다 장점이 있겠지만 이 책 또한 다른 책들에 못지않은 좋은 길잡이이다. 텐서플로를 사용해 딥러닝을 쉽고 빠르게 시작할 수 있게 쓰였고, 최적화와 성능을 고려한 고급 활용법까지 소개한다. 네트워크의 구조와 다양한 학습 이론을 깊이 고민해보며 더 깊숙한 딥러닝의 세계로 들어갈 준비를 하는 사람들에게 특히 도움이 되지 않을까 싶다.

텐서플로는 빠르게 진화하고 있다. 번역 작업이 진행되는 동안 마이너 버전이 두 번이나 바뀌었다. 그 때문에 원문에 많은 주석이 붙었다. 2.0이 나오기 전까지 현재의 API는 유지되겠지만, 향후 버전 변경으로 책 내용에 변경 사항이 생긴다면 이를 독자에게 지속적으로 제공할 방법을 출판사와 함께 고민하고 있다.

통계학 용어는 대부분 한국통계학회의 용어 표기를 따랐고, 머신러닝과 딥러닝 용어는 한빛미디어의 용어 표기를 따랐다. 이 책의 번역과 관련하여 코드 예제 검토를 도와주고 베타리더 역할을 해주신 에스코어 머신러닝TF 팀원 여러분들께 감사의 마음을 전한다.

박상은

베타리더의 한마디

텐서플로를 기초부터 잘 설명해주는 책이 나왔습니다. 기본적인 변수 설정부터 메서드 같은 텐서플로의 동작 방식, 그리고 분류, CNN, RNN, 텍스트 분석까지 설명합니다. 케라스 등 텐서플로를 더쉽게 쓸 수 있게 해주는 도구와 텐서플로를 분산 환경에서 돌릴 수 있는 방법도 살펴봅니다. 약간의딥러닝 지식만 있다면 쉽게 이해할 수 있습니다. 책에서 제공하는 예제에 자신이 구한 데이터셋을적용해가면서 공부해보면 더 도움이 될 거라고 생각합니다. 텐서플로를 실무에서 사용하고 있는 사람으로서 텐서플로 입문자들에게 추천하고 싶은 책입니다.

_최용선, S-Core 데이터 과학자

이 책에 대하여

최근 몇 년 사이에 데이터를 학습하여 지능형 시스템을 만드는 최고의 기술로 딥러닝이 등장했다. 딥러닝은 원래 인간의 뇌가 학습하는 방식으로부터 영감을 받아 전례가 없는 정확도로 복잡한 문제를 해결하기 위해 엄청난 양의 데이터를 사용해 학습을 진행한다. 딥러닝을 널리 사용할 수 있게 기여한 오픈소스 프레임워크 덕분에, 딥러닝은 빅데이터와 머신러닝에 관련된 모든 사람들이 반드시 알아야 하는 기술이 되었다.

현재 시점에서 텐서플로는 딥러닝을 위한 최고의 오픈소스 소프트웨어로, 컴퓨터 비전, 자연어 처리(NLP), 음성인식 및 일반 예측 분석 분야의 전문가들 사이에서 빠르게 보급되고 있다.

이 책은 데이터 과학자, 엔지니어, 학생 및 연구자들을 위해 쓰인 포괄적인 안내서다. 다양한 기술 수준의 독자를 상정하여 적절하게 실전 예제를 준비했다. 초보자들이 편안하게 기술에 입문하게 하는 동시에, 고급 주제로 들어가면 업무 환경에 사용할 시스템을 구축하는 방법까지 배울 수 있게 썼다. 책에서 배울 수 있는 것들은 다음과 같다.

1. 빠르고 쉽게 텐서플로를 시작해보기
2. 텐서플로를 사용해 모델을 만들어보기
3. 컴퓨터 비전과 NLP에 일반적으로 사용되는 딥러닝 모델을 학습시키고 이해하기
4. 더 쉽고 빠르게 개발할 수 있도록 다양한 라이브러리 사용해보기
5. 큐와 멀티스레드, 클러스터를 이용한 학습, 실제 업무 환경에 결과 제공 등을 통해 텐서플로 확장하기
6. 그 밖에 많은 것들!

필자들은 업계와 학계에 걸쳐서 다양한 연구 및 개발 경력이 있는 데이터 과학자들이다. 실전적 접근 방법을 취하여, 실용적이고 직관적인 예제, 도식, 통찰을 책에 담았다. 유연하고 강력한 모델을 만들고 싶은 독자는 물론, 실제 업무에 적용되는 시스템을 만들고 싶은 실무자에게 큰 도움이 될 것이다.

미리 알아야 할 것

독자들은 과학 문제에 널리 사용되는 라이브러리인 넘파이에 대한 기본적인 이해를 포함하여 어느 정도 파이썬 프로그래밍에 대한 기본적인 노하우를 가지고 있어야 한다.

이 책은 전반적인 머신러닝의 개념을 직관적인 수준에서 설명하고 다룬다. 더 깊은 이해를 원한다면, 머신러닝, 선형대수, 미적분, 확률, 통계에 대한 적절한 수준의 지식이 필요하다.

코드 예제

코드 예제나 연습 문제 등 보충 자료는 *https://github.com/Hezi-Resheff/Oreilly-Learning-TensorFlow*에서 다운로드할 수 있다.

감사의 말

이 책을 읽고 피드백을 준 리뷰어인 크리스 프레글리Chris Fregly, 마빈 버틴Marvin Bertin, 오렌 사 샬롬Oren Sar Shalom과 요니 라비Yoni Lavi에게 감사를 전한다. 이 책을 쓸 수 있도록 도와준 니콜 타치Nicole Tache에게, 그리고 오라일리에도 감사를 전한다.

물론 구글의 임직원들에게도 감사를 전한다. 그들이 없었다면 텐서플로는 존재하지 않았을 테니까.

CONTENTS

CONTENTS

CONTENTS

CHAPTER **9 분산 텐서플로**

CHAPTER **10 모델 엑스포트와 서빙**

CONTENTS

## CHAPTER 1

개요

이 장에서는 텐서플로의 기본 개요와 텐서플로의 주요 기능인 딥러닝 시스템의 구현과 배포에 대해 소개한다. 딥러닝에 대한 간략한 소개와 기계 지능을 구현한 흥미로운 사례들을 보여준 후 주요 기능과 특징에 대해서 이야기할 것이다.

1.1 딥러닝 속으로

대기업에서 막 시작한 스타트업에 이르기까지, 많은 엔지니어와 데이터 과학자는 대량의 데이터를 수집하고 머신러닝 알고리즘을 사용하여 복잡한 문제의 답을 내며 지능형 시스템을 구축하고 있다. 이런 사례에서 볼 수 있는 알고리즘은 최근 주목받는 딥러닝과 관련되어 있으며, 과거의 접근법을 무색하게 만드는 경우가 많다.

오늘날 딥러닝은 모바일 앱에서 자율주행 자동차에 이르기까지 다양한 시스템에서 사진이나 자연어, 음성의 내용을 인식하는 데 사용되고 있다. 또한 신약 물질 발견을 위한 복잡한 화학구조와 유전자 구조, 공공 의료 분야의 복잡한 진료 기록 등 다양한 분야와 다양한 데이터 유형으로 급속도로 확장되고 있다.

심층신경망deep neural network (DNN)이라는 이름으로도 불리는 딥러닝 방법론은 상호 연결된 뉴런neuron으로 이루어진 광활한 인간 두뇌 네트워크를 흉내 내는 방식으로 시작되었다. 딥러닝에서는 수백만 개의 데이터를 뉴런의 입력으로 밀어 넣고 이 입력으로부터 패턴을 찾아낼 수 있도록 뉴런을 학습시킨다. 심층신경망은 이미지의 픽셀 값 같은 입력 값을 받아 이미지의 모양이나 가장자리 같은 고수준 특징을 추출하여 입력 값을 적당한 형태로 변환한다. 여기에는 정보가 담긴 조그마한 단서들을 결합하여 찾아낸 복잡한 의미를 담겨 있으며, 이를 통해 이미지 분류 같은 까다로운 문제를 풀 수 있다(그림 1-1). 네트워크는 데이터에서 관찰된 패턴에 맞추어 자기 자신을 맞추고 수정하면서 추상화된 표현을 자동으로 만들어나가도록 학습한다. 데이터의 표현을 자동으로 구성하는 능력은 전통적인 머신러닝과 비교했을 때 심층신경망의 핵심적인 강점이다. 기존에는 '학습'이 진행되기 전에 도메인 전문 기술이나 특징공학feature engineering 과정이 필요했다.

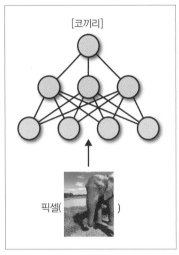

그림 1-1 심층심경망을 이용한 이미지 분류의 예. 네트워크는 이미지의 픽셀 값을 입력으로 받아 정확한 이미지 분류를 수행하기 위해서 입력값을 의미 있는 표현으로 변환하는 방법을 학습한다.

이 책은 딥러닝을 위한 구글의 프레임워크인 텐서플로에 관한 내용을 담고 있다. 딥러닝 알고리즘은 검색, 번역, 광고, 컴퓨터 비전, 음성인식 등 구글의 많은 제품 및 서비스 영역에 수년간 사용되어왔다. 사실 텐서플로는 2011년에 시작된 디스트빌리프DistBelief 프로젝트를 계승한 것으로, 이는 심층신경망을 구현하고 배포하는 데 사용되던 구글의 2세대 시스템이었다.

텐서플로는 2015년 아파치 2.0 라이선스를 사용하여 오픈소스 프레임워크로 공개되었고 구글의 내부 프로젝트로 그치지 않고 일순간에 산업 현장에 채택되고 있다. 텐서플로를 유지하고 개발하는 구글 엔지니어들의 노력과 텐서플로의 확장성 및 유연성으로 말미암아 텐서플로는 딥러닝 수행의 선도적인 시스템으로 자리매김했다.

1.1.1 인공지능 시스템에 텐서플로 사용하기

텐서플로가 무엇인지, 그리고 그 주요 특징이 무엇인지를 더 깊이 들여다보기 전에 텐서플로가 구글이나 다른 최신 응용프로그램에서 어떻게 사용되는지 흥미로운 사례로 간단히 살펴보자.

사전 학습된 모델 : 모두를 위한 최신 컴퓨터 비전

컴퓨터 비전은 딥러닝이 매우 잘 적용되는 분야 중 하나이다. 컴퓨터 비전의 기본 작업은 이미지 분류로, 이미지를 입력으로 받아들여 이들을 잘 설명할 수 있는 카테고리의 집합을 출력하는 알고리즘과 시스템을 만드는 일이다. 연구자, 데이터 과학자, 엔지니어는 영상의 내용을 매우 정확하게 이해할 수 있는 고급 심층신경망을 설계했다. 이런 네트워크는 대량의 이미지 데이터로 학습하는 게 일반적이며, 여기에 많은 시간과 자원과 노력이 투입된다. 하지만 사용자들이 내려받아 각자의 데이터를 적용할 수 있도록 사전 학습된 모델을 공개하는 것이 요즘의 추세이다(그림 1-2).

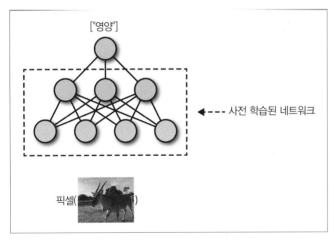

그림 1-2 사전 학습된 텐서플로 모델을 사용한 고급 컴퓨터 비전

텐서플로에서 제공하는 유용한 유틸리티들을 사용하여 최신의 사전 학습된 모델을 구해서 적용하기만 하면 된다. 여러 실용적인 예제를 통해 이 책 전반에 걸쳐 자세하게 살펴볼 것이다.

이미지에 대한 자연어 형태의 설명 만들기

기계 지능 시스템을 구축하는 딥러닝의 흥미로운 분야 중에는 시각적 콘텐츠에 대한 자연어 설명 생성하기가 있다(그림 1-3). 여기서 가장 중요한 작업은 이미지 캡션 달기인데, 이는 이미지에 대한 간결하고 정확한 캡션을 출력하도록 모델을 학습하는 일이다. 여기에서도 자연어이해와 컴퓨터 비전을 결합한 사전 학습된 고급 텐서플로 모델을 사용할 수 있다.

사파리에서 얼룩말이 차 옆에 서 있다.

그림 1-3 이미지와 같이 제공되는 이미지 캡션 텍스트(이해를 돕기 위한 예)

텍스트 요약

자연어이해natural language understanding(NLU)는 AI 시스템을 구축하는 데 핵심인 기능이다. 웹 콘텐츠, 소셜 미디어, 뉴스, 이메일, 사내 문서 등 매일 방대한 양의 텍스트가 만들어지고 있다. 가장 수요가 많은 기능은 텍스트 요약으로, 긴 문서를 가지고 와 원본 텍스트에서 핵심 정보만 추출하여 간결하고 일관된 문장을 생성하는 것이다(그림 1-4). 이 책의 후반부에서 볼 수 있겠지만 텐서플로는 심층 자연어이해 네트워크를 학습시키는 데 필요한 강력한 기능을 제공하며, 이를 자동 텍스트 요약에 사용할 수 있다.

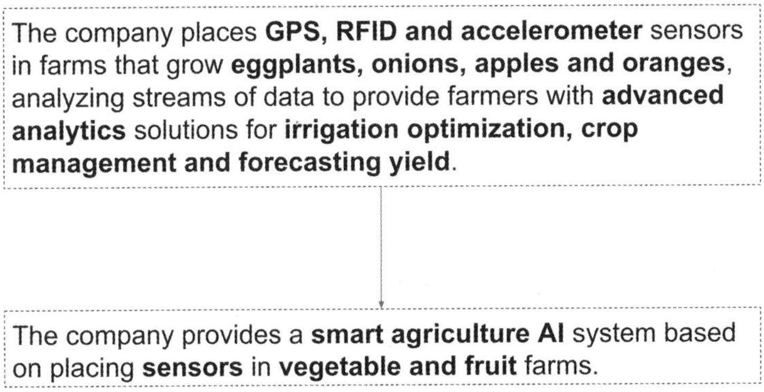

The company places **GPS, RFID and accelerometer** sensors in farms that grow **eggplants, onions, apples and oranges**, analyzing streams of data to provide farmers with **advanced analytics** solutions for **irrigation optimization, crop management and forecasting yield**.

The company provides a **smart agriculture AI** system based on placing **sensors** in **vegetable and fruit** farms.

그림 1-4 스마트 텍스트 요약의 예시

1.2 텐서플로라는 이름에 담긴 의미

앞에 나온 용어와 예시에서 암시하듯, 심층신경망은 모두 뉴런의 네트워크에 관한 것으로, 각 뉴런이 큰 그림의 일부분으로 동작하도록 학습된다. 이미지와 같은 데이터는 네트워크의 입력 값으로 들어가서 네트워크를 돌아다니는데, 이를 통해 학습 단계의 네트워크는 데이터에 맞춰 지고 배포된 환경의 네트워크는 결과를 예측한다.

텐서는 딥러닝에서 데이터를 표현하는 일반적인 방법이다. 간단히 말하자면 텐서는 행렬로 표 현할 수 있는 2차원 테이블을 높은 차원으로 확장한 다차원 배열에 불과하다. 회색조의 이미지 에서는 각각의 픽셀의 값을 테이블 형태로 표현하는데, RGB 이미지는 각각의 픽셀을 다시 빨 간색, 녹색, 파란색에 해당되는 세 개의 값으로 나타내므로, 이를 텐서(3차원의 값을 가지는 배열)로 표현할 수 있다.

텐서플로에서 계산은 **데이터 흐름 그래프**dataflow graph로 처리된다(그림 1-5). 보통 이 그래프에서 꼭짓점은 더하기나 곱하기 같은 연산을 나타내며, 변은 이 시스템을 돌아다니는 데이터(텐서) 를 나타낸다. 다음 장에서 여러 예제를 통해서 이 개념을 좀 더 깊게 살펴보고 이 구조를 이해 하는 방법을 학습할 것이다.

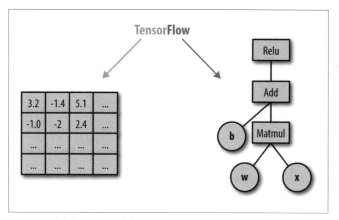

그림 1-5 데이터 흐름으로 나타낸 연산 그래프. 텐서 형태의 데이터는 심층신경망을 구성하는 연산들의 그래프를 돌아다닌다.

1.3 텐서플로 개괄

일반화해서 이야기하자면, 텐서플로는 데이터 흐름 그래프를 기반으로 하는 수치 계산을 위한 소프트웨어 프레임워크이다. 하지만 머신러닝 알고리즘, 그중에서도 심층신경망을 표현하고 구현하기 위한 인터페이스를 주 목적으로 설계되었다.

텐서플로는 이식 가능성을 고려하여 설계되었으므로 연산 그래프를 다양한 환경과 하드웨어 플랫폼에서 실행할 수 있다. 본질적으로 동일한 코드를 사용해 여러 컴퓨터의 클러스터상에 분산처리되는 클라우드 환경이건 한 대의 랩톱 환경이건 동일한 텐서플로 신경망을 학습할 수 있다. 전용 서버가 아니라도 안드로이드나 iOS 등의 모바일 플랫폼, 또는 라즈베리 파이와 같은 단일 보드 컴퓨터를 사용해서도 예측 기능을 제공하도록 배포할 수 있다. 물론 리눅스, 맥OS, 윈도우 운영체제에서도 구동이 가능하다.

텐서플로의 내부는 C++로 구현되어 있으며 연산 그래프를 표현하고 실행하기 위한 두 종류의 고수준 언어 인터페이스를 가지고 있다. 가장 많이 쓰이는 프런트엔드는 파이썬으로, 대부분의 연구자들이나 데이터 과학자들이 파이썬 인터페이스를 사용하고 있다. C++ 프런트엔드는 상당수의 저수준 API를 제공하는데 임베디드 시스템이나 이와 유사한 환경에서 효율적으로 실행된다.

이식 가능성 외에도 텐서플로의 또 다른 특징으로 유연함을 들 수 있다. 이 덕분에 연구자들이나 데이터 과학자들은 모델을 상대적으로 쉽게 표현할 수 있다. 요즘의 딥러닝 연구와 실습은 네트워크의 블록을 바꿔가면서 무슨 일이 일어나는지 살펴보거나 때로는 새로운 블록을 설계하므로 마치 레고를 가지고 노는 일처럼 느껴지는 때가 있다. 이 책 전체에서 볼 수 있겠지만 텐서플로는 이러한 모듈 블록을 사용하기에 적합한 도구를 유연한 API와 함께 제공한다. 딥러닝에서 네트워크는 경사 하강법gradient descent을 사용한 역전파backpropagation라는 피드백 과정으로 학습된다. 텐서플로는 많은 최적화 알고리즘을 제공하는데, 모두 미분 과정을 자동으로 처리한다. 텐서플로는 사용자가 생성한 연산 그래프와 손실 함수를 근거로 알아서 처리하므로 사용자가 경삿값에 관한 내용을 딕셔너리에 지정하지 않아도 된다. 학습 과정을 모니터링, 수정, 시각화하고 실험을 간소화하기 위해 텐서플로는 브라우저에서 실행 가능한 시각화 도구인 **텐서보드**TensorBoard도 제공한다(그림 1-6). 이 책 전체에서 이를 사용할 것이다.

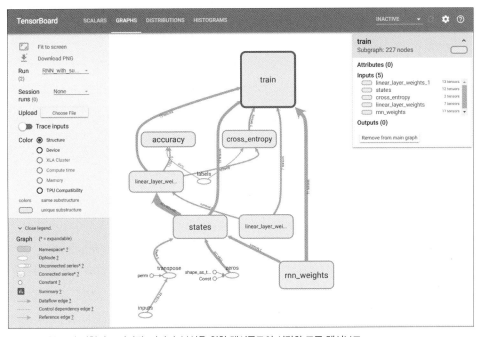

그림 1-6 학습 및 실험의 모니터링, 디버깅, 분석을 위한 텐서플로의 시각화 도구 텐서보드

데이터 과학자나 연구자에게 유용한 텐서플로의 유연함은 고수준 추상화 라이브러리에서 온다. 컴퓨터 비전이나 자연어이해를 목적으로 하는 최신 심층신경망에서 텐서플로 코드 작성은

괴로운 일이 될 수 있다. 복잡하고 길고 또 번거로울지도 모른다. 케라스[1]나 TF-Slim[2] 같은 추상화 라이브러리들은 저수준 라이브러리의 '레고 블록'을 쉽게 쓸 수 있는 고수준 접근 기능을 제공하는데, 이를 통해서 간단하게 데이터 흐름 그래프를 작성하고, 이를 학습시키고, 추론을 수행할 수 있다.

TF-Slim과 텐서플로에 더불어 제공되는 사전 학습된 모델들도 데이터 과학자나 엔지니어를 위한 중요한 요소이다. 이 모델들은 방대한 양의 데이터를 대규모의 컴퓨팅 자원으로 학습한 것으로 대부분의 모델이 만들기도 쉽지 않고, 구하기도 설정하기도 어렵다. 예를 들면 케라스나 TF-Slim을 사용하면 몇 줄의 코드만으로도 유입되는 데이터에 대한 추론을 수행하는 고급 모델을 적용할 수 있고 새로운 데이터에 맞게 모델을 미세 조정할 수도 있다.

텐서플로의 유연함과 이식 가능성 덕분에 연구 단계에서 생산 단계에 이르기까지의 과정을 매끄럽게 진행할 수 있고, 데이터 과학자가 모델을 프로덕션에 적용하거나 엔지니어가 알고리즘을 강력한 코드로 변환하는 데 필요한 시간과 노력을 줄일 수 있다.

> **NOTE_ 텐서플로 추상화**
> 텐서플로에는 케라스나 TF-Slim 같은 추상화 라이브러리가 있어 텐서플로에 대한 손쉬운 고수준 접근 기능을 제공한다. 이 책의 뒷부분에서 살펴볼 이런 추상화는 데이터 흐름 그래프의 구성을 간소화하고 짧은 코드로 학습 및 추론의 수행을 가능하게 한다.

그러나 유연함과 이식 가능성 외에도 텐서플로는 현실 세계의 인공지능 시스템을 구축하는 엔지니어에게 매력적인 특징과 도구를 여럿 제공한다. 특히 분산 환경에서의 학습 기능을 기본적으로 제공하는데, 구글이나 다른 큰 회사에서는 엄청나게 많은 수의 장비로 구성된 클러스터상에서 대량의 데이터를 사용해 거대한 네트워크를 학습시키는 데 텐서플로를 사용하고 있다. 로컬 환경에서 하나의 장비용으로 사용한 코드를 거의 바꾸지 않고 여러 하드웨어 장비에서 학습하는 것이 가능하다. 로컬 환경에서 분산 환경으로 전환할 때도 코드의 변화가 작은 편이므로, 아마존 웹 서비스Amazon Web Services (AWS)나 구글 클라우드Google Cloud 같은 클라우드 환경에서 텐서플로는 특히 매력적이다. 게다가 이 책에서 앞으로 살펴보겠지만, 텐서플로는 확장성을 높이기 위한 여러 기능을 제공한다. 스레드와 큐를 사용한 비동기 연산, 효율적인 I/O와 데이터 형

---

1 옮긴이_ 케라스는 파이썬 기반 딥러닝 라이브러리이다. 자세한 것은 *https://keras.io*를 참고하자. 7장에서도 간단히 다룬다.
2 옮긴이_ 7장 참조

식 등이 여기에 해당한다. 딥러닝은 빠르게 진화하고 있고, 이에 맞추어 텐서플로도 새롭고 흥미로운 기능을 추가하며 빠르게 진화하고 있어 유용성, 성능과 가치가 향상되고 있다.

1.4 마치며

이 장에서 이야기한 도구나 특징을 살펴보면 텐서플로가 고작 1년 만에 크게 주목받는 이유를 명확하게 알 수 있다. 이 책은 독자들이 빠르게 기초를 익히고 준비할 수 있게 도와준 후 흥미롭고 실용적인 예제를 통해 텐서플로의 세계에 푹 빠질 수 있게 인도할 것이다.

텐서플로 설치에서 실행까지

이번 장에서는 두 개의 텐서플로 예제로 여정을 시작한다. 시작은 언제나 그렇듯 'hello world' 프로그램인데 짧고 단순하지만 앞으로 자세히 설명할 많은 중요한 요소들이 들어 있다. 그다음 예제는 처음으로 만들어보는 완전한 머신러닝 모델로, 텐서플로를 사용한 최신 머신러닝을 향한 첫걸음이 될 것이다.

시작하기 전에 텐서플로의 설치 과정을 간단히 살펴보자. 빠르고 쉽게 시작하기 위해서 CPU 버전만 설치하고 GPU 기능의 설치는 뒤로 미뤄두자(이 말의 뜻조차 모르더라도 지금은 괜찮다!).[1] 이미 텐서플로가 설치되어 있다면 다음 절로 넘어가도 좋다.

2.1 텐서플로 설치

(텐서플로를 익히기 위해) 다른 모듈의 추가 없이 파이썬만 설치한 상태라면 간단하게 pip[2]로 설치할 수 있다.[3]

---

1 설치와 관련된 자세한 내용, 특히 GPU 설치와 관련된 세부 사항은 텐서플로 설치 가이드(https://www.tensorflow.org/install/)를 참조하자.

2 옮긴이_ pip는 파이썬의 기본 패키지 관리자이다. 우분투 환경에서 sudo apt-get install python-pip(파이썬 2.x) 또는 sudo apt-get install python3-pip(파이썬 3.x)로 설치할 수 있다. 파이썬 3.x에서 pip는 pip3으로 파이썬 2.x와 구별된다.

3 옮긴이_ 이 책에서 기본으로 설명하는 설치 환경은 리눅스 환경이다. 윈도우 사용자들은 다음 박스 '윈도우 사용자를 위한 텐서플로'를 참조하거나, 리눅스용 윈도우 하위 시스템(WSL)을 사용해 우분투 등의 리눅스 패키지 환경을 사용할 수도 있다(https://docs.microsoft.com/en-us/windows/wsl/install-win10).

```
$ pip install tensorflow
```

하지만 이미 사용 중인 패키지 중에서 텐서플로가 사용하는 패키지와 겹치는 것이 있다면, 텐서플로가 설치 과정에서 해당 패키지를 특정 버전으로 덮어쓰므로 문제가 발생할 수 있다. 즉 다른 용도로도 파이썬을 사용하고 있다면 이렇게 하면 안 된다. 이 문제를 해결하는 일반적인 방법 중 하나는 텐서플로를 가상 환경에 설치하는 것인데 **virtualenv**라는 이름의 유틸리티로 이 가상 환경을 관리할 수 있다.

사용하는 환경에 따라 virtualenv가 설치되어 있지 않을 수도 있다. virtualenv가 없다면 다음과 같이 입력해 설치한다.

```
$ pip install virtualenv
```

자세한 지침은 *http://virtualenv.pypa.io*를 참조하자.

가상 환경에 텐서플로를 설치하려면 먼저 가상 환경을 생성해야 한다. 이 책에서는 *~/envs* 디렉터리에 이 공간을 설치하겠지만 독자가 원하는 위치를 자유롭게 선택해도 된다.[4]

```
$ cd ~
$ mkdir envs
$ virtualenv ~/envs/tensorflow
```

이렇게 하면 *~/envs*에 *tensorflow*라는 가상 환경이 생성된다(*~/envs/tensorflow* 디렉터리). 이 가상 환경을 활성화하려면 다음과 같이 입력한다.[5]

```
$ source ~/envs/tensorflow/bin/activate
```

이제 프롬프트가 변경되어 가상 환경이 활성화되었음을 알 수 있다.

```
(tensorflow)$
```

여기서 pip install 명령을 내려보자.

---

4 옮긴이_ 윈도우에서는 경로에서 ~/를 빼야 한다.
5 옮긴이_ 윈도우에서는 envs\tensorflow\Scripts\activate라고 입력한다.

```
(tensorflow)$ pip install tensorflow
```

이제 컴퓨터에 설치된 다른 패키지에는 영향을 주지 않고 텐서플로가 가상 환경에 설치된다.

실습을 마쳤을 때 가상 환경을 종료하는 명령은 다음과 같다.

```
(tensorflow)$ deactivate
```

일반적인 프롬프트가 나타날 것이다.

```
$
```

윈도우 사용자를 위한 텐서플로

최근까지 텐서플로를 윈도우가 설치된 컴퓨터에서 사용하기가 어려웠다. 하지만 텐서플로 0.12부터는 윈도우도 다음과 같이 쉽게 사용할 수 있다.

```
pip install tensorflow (CPU 버전)
pip install tensorflow-gpu (GPU 버전, 단 CUDA 8이 이미 설치되어 있다고 가정)
```

NOTE_ ~/.bashrc에 별칭 추가하기

앞에서 설명한 가상 환경에 들어가고 나가는 과정을 자주 사용하려면 너무 번잡할 수 있다. 이 경우 *~/.bashrc* 파일에 다음의 명령을 추가해서 별칭alias을 지정할 수 있다.

```
alias tensorflow="source ~/envs/tensorflow/bin/activate"
```

이제 가상 환경을 활성화하기 위해 **tensorflow** 명령이라고만 치면 된다. 비활성화 명령은 동일하게 deactivate이다.

기본적인 텐서플로의 설치가 끝났다면 첫 번째 예제를 진행할 차례다. 언제나 그러하듯 'hello world' 프로그램부터 시작해본다.

2.2 Hello World

우리의 첫 번째 예제는 'Hello'와 'World!'라는 단어를 결합해 'Hello World!'라는 문구를 표시하는 간단한 프로그램이다. 쉽고 간단하지만 이 예제를 통해 텐서플로의 많은 핵심 요소와 보통의 파이썬 프로그램과의 차이를 설명할 수 있다.

일단 이 예제를 돌려보면서 어떻게 동작하는지를 살펴보자. 이후 코드의 각 행이 무슨 의미인지 개별적으로 살펴볼 것이다.

파이썬을 실행하고, 먼저 설치 버전을 확인해보자(가상 환경에 설치했다면 텐서플로 코드를 실행하기 전에 반드시 가상 환경을 활성화해야 한다).

```
import tensorflow as tf
print(tf.__version__)
```

문제가 없다면 시스템에 설치한 텐서플로의 버전이 출력될 것이다. 버전 불일치는 가장 유력한 문제의 원인이다.

다음은 'hello world' 예제 코드 전체이다(*hello_world.py*).[6]

```
h = tf.constant("Hello")
w = tf.constant(" World!")
hw = h + w

with tf.Session() as sess:
    ans = sess.run(hw)

print(ans)
```

이 책에서는 독자들이 파이썬과 파이썬의 임포트 구문에 익숙하다고 가정한다. 따라서 다음 1행에 대한 설명은 필요 없을 것이다.

```
import tensorflow as tf
```

----

6 옮긴이_ 파일명은 모두 원서 깃허브 저장소의 해당 챕터 디렉터리에 들어 있는 파열명이다.

그다음 상수 "Hello"와 " World!"를 정의하고 결합한다.

```
h = tf.constant("Hello")
w = tf.constant(" World!")
hw = h + w
```

이 시점에서, 같은 일을 하는 간단한 파이썬 코드와 비교해보자.

```
ph = "Hello"
pw = " World!"
phw = h + w
```

여기서 핵심은 hw와 phw에 담겨 있는 값이다. print 명령으로 확인해보자. 일반 파이썬의 경우는 이러하다.

```
> print(phw)
Hello World!
```

그러나 텐서플로에서 출력은 완전히 다르다.

```
> print(hw)
Tensor("add:0", shape=(), dtype=string)
```

예상치 못한 결과가 아닌가?

다음 장에서는 텐서플로의 연산 그래프 모델을 자세히 설명할 텐데, 그때가 되면 이 출력을 명확하게 이해할 수 있을 것이다. 텐서플로의 연산 그래프와 관련된 중요한 개념은, 먼저 어떤 연산을 할지를 정의해둔 후 외부 메커니즘을 통해서 그 연산을 실행시킨다는 것이다. 그러므로 다음 텐서플로 코드는 h와 w의 합을 구하지 않고, 대신 나중에 실행될 합 연산을 연산 그래프에 추가한다.

```
hw = h + w
```

다음으로 넘어가자. Session 객체는 외부의 텐서플로 연산 메커니즘에 대한 인터페이스 역할을 하며, 이를 이용해 우리가 정의한 연산 그래프를 실행한다.[7]

```
ans = sess.run(hw)
```

이렇게 실제로 hw(앞에서 h와 w의 합으로 정의했다)를 계산하고, 다음 행에서 ans를 출력하면 기대했던 'Hello World!' 메시지가 화면에 나타난다.

이것으로 첫 번째 텐서플로 예제가 완성되었다. 이어서, 텐서플로 프레임워크에 대한 많은 것을 알 수 있는 간단한 머신러닝 예제로 들어가보자.

2.3 MNIST

필기체 숫자로 이루어진 MNIST 데이터베이스[8]는 이미지 처리와 머신러닝에서 가장 많이 다뤄지는 데이터로 (요즘은 딥러닝이라고 불리는) 인공신경망의 개발에 중요한 역할을 해왔다 (그림 2-1).

---

[7] 옮긴이_ Your CPU supports instructions that this TensorFlow binary was not compiled to use... 메시지가 떠도 실습에는 지장이 없으므로 무시해도 좋다(자세히 알고 싶다면 *https://stackoverflow.com/questions/47068709* 참고).

[8] 옮긴이_ 미국 인구조사국의 직원들이 쓴 숫자와 고등학생들이 쓴 숫자로 만든 미국 국립표준기술연구소(NIST)의 데이터베이스를 다시 섞어 만든 필기체 숫자 이미지 데이터베이스다.

그림 2-1 100개의 무작위 MNIST 이미지

이 책 역시, 필기체 숫자 분류를 첫 번째 머신러닝 예제로 살펴볼까 한다. 일단은 쉽게 접근할 수 있는 간단한 분류기를 적용해볼 것이다. 여기서 적용하는 분류기는 테스트 데이터에서 약 92%의 정확도를 보인다. 현재 사용 가능한 최고의 모델은 99.75%의 분류 정확도를 기록하고 있는데, 이 책의 뒷부분에서 이 데이터를 다시 검토하며 더 정교한 방법을 사용해볼 것이다.

2.4 소프트맥스 회귀

이 예제에서는 **소프트맥스 회귀**^{softmax regression}라는 간단한 분류기를 사용한다. 이 모델의 자세한 수학 공식을 설명하지는 않겠다(이 모델과 관련된 정보는 많은 곳에서 찾을 수 있으므로 처음 접하는 용어라면 찾아서 읽어보기를 강력히 권한다). 대신 모델이 어떻게 숫자 인식 문제를 풀 수 있는지에 대한 직관의 제공에 초점을 맞추려 한다.

단순화해서 말하자면, 소프트맥스 회귀모형은 이미지의 위치에 따른 각 픽셀에 해당하는 값이 숫자에 따라 높은지 혹은 낮은지의 경향성을 계산한다. 예를 들어서 숫자 '0'의 이미지의 가운 데는 보통 하얀 색인 반면, 숫자 '6'은 검은 색이다. 그러므로 이미지의 가운데에 검은 픽셀이 있다는 것은 이 이미지의 숫자가 '0'이 아니며 '6'일 수 있다는 근거가 된다.

이 모델의 학습은 각 숫자에 대해 이러한 근거를 계산할 방법을 알려주는 가중치를 찾는 과정으로 이루어진다. 소프트맥스 회귀에서는 이미지의 픽셀 배치[9]와 관련된 공간 정보를 사용하지 않는다. 뒤에서 합성곱 신경망을 다룰 때, 공간 정보의 활용이 이미지 처리와 물체 인식 모델에서 얼마나 중요한지를 살펴볼 것이다.

여기서는 공간 정보를 사용하지 않으므로, 이미지의 픽셀을 하나의 긴 벡터 x로 펼쳐놓을 수 있다(그림 2-2).

그림 2-2 펼쳐놓은 벡터를 열 기준으로 쌓은 MNIST 이미지 픽셀들(왼쪽부터 0). 공간 정보가 손실 되어 숫자를 알아볼 수는 없지만, 그림에서 드러나는 블록 구조를 통해 소프트맥스 모델은 이미지를 분류할 수 있다. 본질적으로 모든 '0'의 이미지(가장 왼쪽)는 비슷한 픽셀 구조를 가지며 모든 '1'의 이미지(왼쪽에서 두 번째)도 그러하다. 나머지 숫자들도 마찬가지이다.

그러면 이미지가 숫자 '0'에 해당한다는 근거는 다음과 같은 수식으로 쓸 수 있다(그리고 같은 방법으로 '0' 이외의 다른 숫자 $d = 1, ..., 9$에 대해서 w^d 가중치 벡터도 정할 수 있다).

$$xw^0 = \Sigma x_i w_i^0$$

이 식이 의미하는 것은 각 픽셀의 값에 가중치를 곱해서 더한 값이라는 것이다. 여기서 가중치는 이미지에 들어 있는 숫자 '0'이라는 전체 근거 중 각 픽셀의 중요도라고 생각하면 된다.[10]

예를 들어, 38번째 픽셀이 숫자가 '0'이라는 것을 확인할 수 있는 중요한 지점이라면 w^0_{38}은 유의미한 수준의 양수일 것이며, 0이 아닌 다른 숫자들에서 중요한 의미를 지니는 위치라면 w^0_{38}은 유의미한 수준의 음수일 것이다. 38번째 픽셀이 이 숫자가 '0'인지 아닌지에 대해서 별다른

---

9 옮긴이_ 특정 위치에서 검은 점과 흰 점의 절대적인 배치만 보는 것이 아니라, 검은 점이 연결되어 있다든지 하는 픽셀 간의 관계를 구성하는 상대적인 배치까지 고려하는 것을 의미한다.

10 여기에 '편향값(bias term)'을 더하는 것이 일반적인데, 이는 픽셀 값을 보기 전에 어떤 이미지가 어떤 숫자라고 정해놓고 시작하는 것과 같다. 이 방식을 전에 본 적 있다면 모델에 편향값을 추가하고 결과를 확인해보자.

의미를 지니지 않는다면 w^0_{38} 은 0일 것이다.[11]

모든 숫자에 대한 이러한 연산(이미지에 나타난 각 숫자의 근거를 계산하는 일)을 하나의 행렬 연산으로 표현하면 한 번에 수행할 수 있다. W 가 각 숫자의 가중치를 열로 하는 행렬일 때 각 숫자의 근거를 길이 10의 벡터로 나타내면 다음과 같다.

$$\left[xw^0, ..., xw^9 \right] = xW$$

분류기를 학습하는 목적은 일반적으로 새로운 데이터를 평가하는 것이다. 이 예제에서는 학습에 사용하지 않은 새로운 이미지에 적힌 숫자를 알아맞힐 수 있는지 확인한다는 의미다. 학습을 수행하는 출발점은 10개의 숫자에 대한 각각의 근거의 합산(즉 xW)을 구하는 것이다. 이후 가장 많은 근거를 확보하여 '승리'하는 숫자로 최종 판단한다.

$$digit = argmax\left(xW \right)$$

예제 코드(*softmax.py*) 전체를 먼저 본 후, 코드의 한 줄씩 자세히 검토해보자. 새로운 요소들이 많이 포함되어 있으며 이 단계에서 퍼즐의 조각 일부가 누락된 것 같다고 느끼겠지만, 당장은 코드를 한번 돌려보는 것이 좋겠다. 적당한 시점이 되면 모든 것을 이해할 수 있을 것이다.

```
import tensorflow as tf
from tensorflow.examples.tutorials.mnist import input_data


DATA_DIR = '/tmp/data'
NUM_STEPS = 1000
MINIBATCH_SIZE = 100


data = input_data.read_data_sets(DATA_DIR, one_hot=True)

x = tf.placeholder(tf.float32, [None, 784])
W = tf.Variable(tf.zeros([784, 10]))

y_true = tf.placeholder(tf.float32, [None, 10])
```

---

11 소프트맥스 회귀에 익숙하다면, 이것이 픽셀의 값이 숫자 이미지와 연관되어 있을 때의 소프트맥스의 동작 방식을 단순화해서 설명한 것임을 알았을 것이다.

```
y_pred = tf.matmul(x, W)

cross_entropy = tf.reduce_mean(tf.nn.softmax_cross_entropy_with_logits(
    logits=y_pred, labels=y_true))


gd_step = tf.train.GradientDescentOptimizer(0.5).minimize(cross_entropy)

correct_mask = tf.equal(tf.argmax(y_pred, 1), tf.argmax(y_true, 1))
accuracy = tf.reduce_mean(tf.cast(correct_mask, tf.float32))

with tf.Session() as sess:

    # 학습
    sess.run(tf.global_variables_initializer())

    for _ in range(NUM_STEPS):
        batch_xs, batch_ys = data.train.next_batch(MINIBATCH_SIZE)
        sess.run(gd_step, feed_dict={x: batch_xs, y_true: batch_ys})

    # 테스트
    ans = sess.run(accuracy, feed_dict={x: data.test.images,
                                        y_true: data.test.labels})

print("Accuracy: {:.4}%".format(ans*100))
```

컴퓨터에서 위의 코드를 실행하면 다음과 같이 출력된다.[12]

```
Extracting /tmp/data/train-images-idx3-ubyte.gz
Extracting /tmp/data/train-labels-idx1-ubyte.gz
Extracting /tmp/data/t10k-images-idx3-ubyte.gz
Extracting /tmp/data/t10k-labels-idx1-ubyte.gz
Accuracy: 91.83%
```

이게 전부다. 이전에 다른 플랫폼을 사용하여 비슷한 모델을 돌려봤다면 간단함과 가독성에서

----

12 옮긴이_ 텐서플로 1.7.0에서는 데이터셋을 로딩하는 부분에서 deprecated 경고가 뜰 텐데 이후 버전에서 고쳐질 예정이다(*https:// github.com/tensorflow/tensorflow/issues/18111*). 이를 포함한 많은 deprecated 경고는 텐서플로 1.7에서 contrib.learn 이 contib 영역에서 핵심 네임스페이스 영역으로 이동하면서 생긴 문제이다. 부록의 contrib.learn 수정 가이드를 참고하자. 반면 tf.nn.softmax_cross_entropy_with_logits는 실제로 향후 버전에서 사라질 예정이므로 tf.nn.softmax_cross_entropy_ with_logits_v2를 사용하면 된다. 전자는 역전파 과정이 logits에만 적용되지만 후자는 logits과 lables 모두에 적용된다는 차이가 있다. 이 함수는 이 책에 여러 번 등장하지만 다시 언급하지는 않겠다.

월등히 뛰어남을 알 수 있을 것이다. 하지만 이것은 텐서플로의 연산 그래프 모델이 주는 효율성과 유연함에 비교하면 그저 곁가지에 붙은 장점일 뿐이다.

정확한 정확도의 값은 92% 미만인데, 프로그램을 실행할 때마다 조금씩 다른 값이 나올 것이다. 이미 경험해봤을지 모르겠지만 머신러닝에서는 보통 이런 식으로 결과가 나온다. 이 예제의 경우 학습 과정에서 모델에 입력되는 필기체 숫자의 순서가 변하기 때문에 이는 자연스러운 결과이다. 순서에 따라 학습된 매개변수 값은 실행할 때마다 조금씩 달라진다.

예제를 다섯 번 실행하여 얻은 결과의 예는 다음과 같다.

```
Accuracy: 91.86%
Accuracy: 91.51%
Accuracy: 91.62%
Accuracy: 91.93%
Accuracy: 91.88%
```

이제 이 예제의 코드를 간단히 살펴보면서 앞의 'hello world' 예제와 어떻게 다른지 알아보자. 한 블록씩 쪼개서 볼 것이다.

```
import tensorflow as tf
from tensorflow.examples.tutorials.mnist import input_data
```

이 예제의 첫 번째 새로운 특징은 외부 데이터를 사용한다는 것이다. MNIST 데이터(*http://yann.lecun.com/exdb/mnist/*에서 내려받아 자유롭게 사용 가능하다)를 내려받아 프로그램에서 읽어 들이는 대신, 데이터를 바로 불러오는 내장 유틸리티를 사용한다. 널리 쓰이는 데이터의 대부분은 이런 유틸리티들이 존재하며, 작은 데이터베이스(이 예제에서는 몇 MB 정도)를 다룰 때에 매우 적합한 방식이다. 두 번째 임포트에서 MNIST 데이터를 위한 유틸리티를 로딩하며 이를 뒤에서 데이터를 자동으로 내려받아 필요에 따라 관리하고 파티션하는 데 사용한다.

```
DATA_DIR = '/tmp/data'
NUM_STEPS = 1000
MINIBATCH_SIZE = 100
```

여기서는 프로그램에서 사용하는 몇 가지 상수를 정의한다. 해당 상수가 실제 사용되는 곳에서 설명할 것이다.

```
data = input_data.read_data_sets(DATA_DIR, one_hot=True)
```

MNIST 데이터를 읽어 들이는 read_data_sets() 메서드는 데이터를 내려받아 로컬에 저장하여 프로그램에서 사용할 수 있도록 한다. 첫 번째 인수인 DATA_DIR은 데이터가 저장될 로컬 디렉터리 위치이며, 여기서는 /tmp/data로 설정했지만 원하는 위치로 바꾸어도 무방하다. 두 번째 인수는 데이터에 레이블을 지정하는 방식을 설정한다. 당장은 설명 없이 넘어가겠다.[13]

이 라인을 실행한 결과가 앞에서 본 출력의 첫 네 줄이다. 데이터가 정상적으로 얻어졌음을 뜻한다. 이제 모델 설정의 단계이다.

```
x = tf.placeholder(tf.float32, [None, 784])
W = tf.Variable(tf.zeros([784, 10]))
```

앞의 예제('Hello World!')에서도 상수를 사용했는데, 여기서는 placeholder와 Variable이 추가되었다. 먼저 변수(Variable)란 연산 과정에서 조작되는 값인 반면 플레이스홀더(placeholder)는 연산 그래프가 실행될 때 제공되어야 하는 값이라는 사실 정도만 알고 넘어가자. 이미지 자체(x)는 연산 그래프가 실행될 때 제공되므로 플레이스홀더이다. 크기를 나타내는 [None, 784]가 의미하는 것은, 한 이미지의 사이즈가 784(하나의 벡터에 28×28 픽셀을 펼쳐놓음)이며 얼마나 많은 이미지를 한 번에 사용할지는 이 시점에 지정하지 않겠다는(None) 뜻이다.

```
y_true = tf.placeholder(tf.float32, [None, 10])
y_pred = tf.matmul(x, W)
```

이들 개념은 다음 3장에서 훨씬 더 자세히 다룰 것이다.

대부분의 머신러닝에서 핵심은 데이터 예제(여기서는 숫자 이미지)로부터 정해진 정답(이미지에 해당하는 숫자)을 얻을 수 있는 함수를 학습하는 것이다. 이와 같은 경우를 **지도 학습** supervised learning이라고 한다. 대부분의 지도 학습 모델에서는 정답 레이블과 예측 레이블이 일치

---

13 예제 코드를 실행하기 전에 DATA_DIR이 사용하고 있는 운영체제에 적절한지 확인해보자.

하도록 모델을 학습시킨다. 이 예제에서 y_true와 y_pred이 각각 정답 레이블과 예측 레이블에 해당된다.

```
cross_entropy = tf.reduce_mean(tf.nn.softmax_cross_entropy_with_logits(
    logits=y_pred, labels=y_true))
```

이 모델에서는 **교차 엔트로피**[cross entropy]라 불리는 유사성 척도를 사용하는데, 모델의 출력 값이 각 분류에 대응되는 확률일 때 일반적으로 사용된다.[14] 이 요소는 **손실 함수**[loss function]라고 부르기도 한다.[15]

```
gd_step = tf.train.GradientDescentOptimizer(0.5).minimize(cross_entropy)
```

모델의 마지막 부분은 학습 방법(즉 손실 함수의 값을 최소화하는 방법)에 관한 것이다. 일반적으로 경사 하강법[16]을 사용한다. 0.5는 학습률인데, 경사 하강 최적화 함수가 전체 손실이 감소되도록 가중치를 이동시킬 때 얼마나 빨리 이동할지를 제어한다.[17]

이 책의 뒤에서 여러 최적화 함수와 이를 연산 그래프에 적용하는 방법을 다룰 것이다.

모델을 정의한 다음에는 모델의 정확도를 테스트[test]하기 위해 사용할 평가 과정을 정의해야 한다. 여기서는 정확하게 분류된 테스트 데이터의 비율을 사용한다.[18]

```
correct_mask = tf.equal(tf.argmax(y_pred, 1), tf.argmax(y_true, 1))
accuracy = tf.reduce_mean(tf.cast(correct_mask, tf.float32))
```

---

14 텐서플로 1.0부터 tf.losses.softmax_cross_entropy에도 포함되어 있다.

15 옮긴이_ 3장에서 다시 살펴보겠지만, 간단히 개념 설명을 덧붙인다. 어떤 '조정 가능'하지만 처음에는 무작위 결과를 출력하는 함수가 있다고 가정하자. 특정 입력에 대한 실제 결과를 알고 있을 때 함수의 결과와 실제 결과의 차이를 줄이도록 함수를 '조정'하는 과정이 학습 과정이다. 이를 위해 함수의 결과를 실제 결과의 차를 측정하는 척도가 필요하고, 유사성 척도가 바로 이 척도다. 실제 결과와의 차이는 손실의 관점으로도 볼 수 있으므로 이 척도를 구하는 함수를 손실 함수로도 부른다. 실제 세상에서 가장 널리 쓰이는 유사성 척도는 '차이의 절댓값'이지만 사용하기 여의치 않은 경우가 많아 여기서 소개한 교차 엔트로피 같은 유사성 척도가 도입되었다.

16 옮긴이_ 경사 하강법은 어떤 함수의 경사(gradient)를 구하고 이 기울기가 높은 쪽으로 반복 이동하여 함수의 최솟값을 구하는 기법이다. 역시 3장에서 자세히 다룬다.

17 옮긴이_ '빨리', '이동'이라는 표현을 이해하기 위해서는 상상력이 조금은 필요하다. 손실 함수를 최적화하는 과정에서 일정 수준으로 가중치를 변경해가는 과정을 반복하는데 이때 변경 수준이 크면 클수록 학습 속도는 빠르다. 물론 반대급부로 정밀함은 떨어지게 된다. 또한 경사 하강법은 가중치들이 구성하는 일종의 공간을 이동시키는 것이다(이 책의 뒷부분에서는 매개변수 공간이라는 표현도 사용한다). 그러므로 실제로 벌어지는 일은 학습률에 따라 (가중치를) '어느 정도 변화'시키는 것인데 이를 '어떤 속도로 이동시킨다'고 표현할 수도 있다.

18 텐서플로 1.0부터 tf.metrics.accuracy에도 포함되어 있다.

'hello world' 예제에서와 마찬가지로 정의한 연산 그래프를 사용하려면 세션을 만들어야 한다. 나머지 과정은 모두 세션 내에서 실행된다.

```
with tf.Session() as sess:
```

먼저 모든 변수를 초기화해야 한다

```
sess.run(tf.global_variables_initializer())
```

초기화 과정은 머신러닝과 최적화에 특정한 영향을 주는데, 초기화의 영향을 많이 받는 모델들이 있다. 이런 모델을 사용할 때 이 점을 자세히 다룰 것이다.

지도 학습 및 학습/테스트 절차

지도 학습은 일반적으로 정확한 레이블이 있는 예제 데이터를 가지고 각 데이터로부터 해당하는 레이블을 얻을 수 있도록 함수를 학습시키는 작업을 말한다. 지도 학습은 대게 레이블의 값이 연속인 경우(회귀regression)와 그렇지 않은 경우(분류classification)로 나뉜다.

지도 학습 모델을 학습하는 목적의 대부분은 레이블이 알려지지 않은 새로운 예제를 적용하여 레이블의 예측값을 얻는 것이다. 이 절의 MNIST 예제에서의 학습의 목적은 새로운 필기체 숫자 이미지를 적용하여 이 숫자 이미지의 값이 무엇인지를 자동으로 찾아내는 것이다.

이에 따라, 새로운 예제 이미지에 대해서 모델이 얼마나 정확히 레이블을 예측하는지가 주요 관심사이며, 이를 모델의 정확성 평가 방식에 반영하게 된다. 우선 데이터를 학습 데이터 파티션과 테스트 데이터 파티션으로 분할한다. 학습할 때는 학습 파티션만 사용하고 평가 과정에서는 테스트 파티션에 대해서만 정확도를 검사한다. 이런 절차를 보통 학습/테스트 유효성 검증이라 부른다.

```
for _ in range(NUM_STEPS):
    batch_xs, batch_ys = data.train.next_batch(MINIBATCH_SIZE)
    sess.run(gd_step, feed_dict={x: batch_xs, y_true: batch_ys})
```

경사 하강법에서 모델의 실제 학습은 '올바른 방향'으로 여러 번 이동하는 단계로 구성된다. NUMSTEPS에 설정된 이동 단계의 횟수는 이 예제에서는 1,000이다. 언제까지 이동해야 하는

지를 결정하는 정교한 다른 방법들을 나중에 자세히 알아볼 것이다. 각 단계에서 데이터 관리 모듈에 레이블을 포함한 데이터 뭉치를 요청하고, 이 데이터를 학습 모듈에 넘겨준다. MINIBATCH_SIZE는 각 단계에서 사용할 예제의 수를 지정한다.

마지막으로 sess.run의 인수로 feed_dict를 처음으로 사용한다. 모델을 만들 때 플레이스홀더를 정의했었는데, 이 플레이스홀더가 포함된 연산을 수행하고자 할 때마다 플레이스홀더에 값을 밀어 넣는^{feed} 것이다.

```
ans = sess.run(accuracy, feed_dict={x: data.test.images,
                                    y_true: data.test.labels})
```

학습을 마친 모델을 평가하기 위해 앞에서 정의한 정확도 계산 과정을 수행한다(정확도는 정확하게 레이블이 달린 이미지의 비율로 정의했다). 이 과정에서는 학습에 사용하지 않은 별도의 테스트 이미지 그룹을 사용한다.

```
print("Accuracy: {:.4}%".format(ans*100))
```

최종 결과로 정확도의 값을 백분율로 출력한다.

[그림 2-3]은 예제의 모델을 그래프 형태로 보여준다.

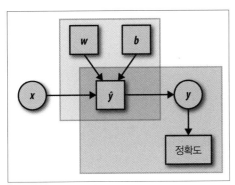

그림 2-3 모델의 그래프 표현. 변수는 직사각형으로, 플레이스홀더는 원으로 그렸다. 왼쪽 상단 프레임은 레이블 예측에 해당하며 우측 하단은 평가에 해당하는 부분이다. b는 편향값인데 2장 예제의 모델에는 추가되지 않았다.

CAUTION_ 모델 평가와 메모리 오류

다른 시스템과 마찬가지로 텐서플로를 사용할 때도 사용 중인 시스템 자원을 파악하여 시스템의 용량을 초과하지 않도록 주의해야 한다. 테스트 데이터상에서 모델의 성능을 검사하는 모델 평가 과정이 함정이 될 수 있다. 이 예제에서는 한 번에 모든 테스트 예제를 가지고 모델의 정확도를 평가했다.

```
feed_dict={x: data.test.images, y_true: data.test.labels}
ans = sess.run(accuracy, feed_dict)
```

테스트 예제 전체(여기서는 **data.test.images**)의 크기가 사용 중인 시스템의 메모리에 적합하지 않으면 이때 메모리 오류가 발생한다. 예를 들어 저가형 GPU에서 이 예제를 실행하면 메모리 오류가 발생할 수도 있다.

더 큰 메모리를 가진 시스템을 사용한다 해도, 언젠가 더 큰 데이터를 만날지 모른다. 학습 과정과 마찬가지로, 테스트 과정도 작은 배치들로 나누어 수행하는 방식으로 이를 손쉽게 해결할 수 있다.

2.5 마치며

축하한다! 지금까지 텐서플로를 설치하고 두 개의 기초 예제를 돌려보았다. 책 전체에 걸쳐 사용될 기본 구성 요소 몇몇을 살펴보았으니 텐서플로에 대한 감을 잡기 시작했으리라 기대한다.

다음 장에서는 텐서플로에서 사용하는 연산 그래프 모델을 살펴볼 것이다.

## CHAPTER 3

텐서플로의 기본 이해하기

이 장에서는 텐서플로의 핵심 구축 및 동작 원리를 간단하고 직관적인 예제를 사용해 설명한다. 데이터 흐름 그래프를 사용해 수치 연산 라이브러리로서의 텐서플로의 기본 사항에 대해서 알아볼 것이다. 구체적으로 말하자면 그래프를 만들고 관리하는 방법과 상수, 플레이스홀더, 변수 같은 텐서플로의 '구성 요소'에 대해서 소개한다.

3.1 연산 그래프

텐서플로를 사용하면 서로 상호작용하는 연산을 만들고 실행하면서 머신러닝 알고리즘을 구현할 수 있다. 이러한 상호작용 형태를 '연산 그래프'라고 부르는데, 이 연산 그래프를 사용하여 복잡한 기능 구조를 직관적으로 표현할 수 있다.

3.1.1 연산 그래프란?

일단 독자들이 그래프의 수학적 개념에 대해서 이미 알고 있다고 가정한다. 이를 처음 접하는 분들을 위해서 소개하자면, 그래프는 보통 **노드**node나 **꼭짓점**vertex이라고 부르는 서로 연결된 **개체**entity의 집합을 부르는 용어이다. 노드들은 변을 통해 서로 연결되어 있다. 데이터 흐름 그래프에서의 변은 어떤 노드에서 다른 노드로 흘러가는flow 데이터의 방향을 지정한다.

텐서플로에서 그래프의 각 노드는 하나의 연산을 나타내는데, 입력값을 받을 수 있으며 다른 노드로 전달할 결괏값을 출력할 수 있다. 비유하자면 그래프를 계산한다는 것은 각각의 설비(노드)가 원자재(입력)를 가져오거나 생성하여, 원자재를 가공한 후 다른 설비에 전달하는 과정을 순서대로 수행하여 부품을 만들고, 이러한 부분 생산 과정을 모아 최종 제품을 만들어내는 것과 같다.

그래프에서의 연산은 빼기와 곱하기 같은 간단한 계산부터 나중에 살펴볼 복잡한 연산까지 모든 종류의 함수를 포함한다. 또한 요약하기, 상수 생성 등과 같은 일반적인 작업까지도 포함한다.

3.1.2 연산 그래프의 장점

텐서플로는 그래프의 연결 상태를 기반으로 연산을 최적화한다. 각 그래프에는 노드 간에 의존관계dependency가 존재한다. 노드 y의 입력이 노드 x의 결괏값에 영향을 받을 때 노드 y는 노드 x에 의존한다고 말한다. 두 노드가 하나의 변으로 직접 연결되어 있다면 **직접적으로 의존**direct dependency한다고 하고, 아닌 경우 **간접적으로 의존**indirect dependency한다고 한다. 예를 들어 [그림 3-1]의 왼쪽 (A)에서 노드 e는 노드 c에 직접적으로 의존하고 노드 a에는 간접적으로 의존하는 반면, 노드 d와는 아무런 의존관계가 없다.

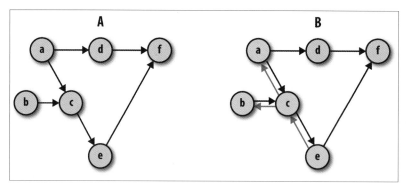

그림 3-1 (A) 그래프 의존관계의 예시 (B) 노드 e를 계산하는 예. 그래프의 의존관계에 따라 연산량이 최소화된다(노드 c, b, a만 계산).

그래프를 보면 항상 각 노드의 모든 의존관계를 파악할 수 있으며, 이는 그래프 기반 연산 형식의 기본적인 특징이다. 모델의 수행 단위 간의 의존관계를 찾아내어 사용 가능한 컴퓨팅 자원에 연산을 분산시키거나 특정 연산과 무관한 부분의 중복 연산을 피하여 더 빠르고 더 효율적인 연산 방법을 도출한다.

3.2 그래프, 세션, 페치

텐서플로의 동작은 그래프를 (1) 만들고 (2) 실행하는 두 단계로 크게 나눌 수 있다. 첫 예제로 아주 기본적인 연산 그래프를 구성해보자(*Chapter3.ipynb*).[1]

3.2.1 그래프 만들기

import tensorflow as tf 구문으로 텐서플로를 임포트하면 그 시점에 비어 있는 기본 그래프가 만들어지며 우리가 만드는 모든 노드는 이 기본 그래프에 자동으로 연결된다.

tf.<*operator*> 메서드를 사용해서 임의로 명명된 변수에 할당된 6개의 노드를 만들 것이다. 이 변수의 값은 연산의 출력으로 간주된다. 일단 여기서는 연산과 출력 모두를 해당 변수의 이름으로 참조하겠다.

첫 세 노드는 상수 값을 출력한다. a, b, c 각각에 5, 2, 3을 대입한다.

```
a = tf.constant(5)
b = tf.constant(2)
c = tf.constant(3)
```

다음 세 개의 각 노드는 이미 만든 두 개의 변수를 입력으로 사용해 간단한 계산 연산을 수행한다.

```
d = tf.multiply(a,b)
e = tf.add(c,b)
f = tf.subtract(d,e)
```

노드 d는 노드 a와 b의 출력값을 곱하고, 노드 e는 노드 b와 c의 출력값을 더한다. 노드 f는 노

---

1 옮긴이_ 몇몇 챕터의 예제는 하나의 파이썬 노트북 형식으로 작성되었으므로 주피터 노트북 등으로 열어서 봐야 한다. 주피터 노트북은 pip3 install jupyter(파이썬 2.x의 경우 pip3 대신 pip)로 설치할 수 있고, jupyter notebook 명령으로 실행한다.

드 d의 출력값에서 노드 e의 출력값을 뺀다.

이걸로 끝이다! 첫 번째 텐서플로 그래프가 만들어졌다. [그림 3-2]는 방금 만든 그래프를 보여준다.

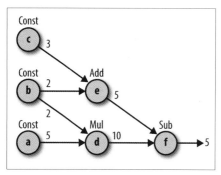

그림 3-2 첫 그래프. 소문자로 표시된 각 노드는 노드 위에 표시된 연산을 수행한다. Const는 상수를 생성하는 연산이며 더하기, 곱하기, 빼기는 각각 Add, Mul, Sub로 표시했다. 각 변 옆의 숫자는 대응되는 노드의 연산 결과이다.

일부 계산 및 논리 연산의 경우 `tf.<operator>`를 사용하는 대신 축약형 연산자를 사용할 수 있다. 예를 들어 이 그래프에서 `tf.multiply()`, `tf.add()`, `tf.subtract()` 대신 *, +, -를 사용할 수 있다(바로 2장의 'hello world' 예제에서 `tf.add()` 대신 +를 사용했다). [표 3-1]은 사용 가능한 축약형 연산자의 목록이다.

표 3-1 흔히 사용되는 텐서플로 연산과 축약형 연산자

텐서플로 연산	축약형 연산자	설명
`tf.add()`	a + b	대응되는 원소끼리[2] a와 b를 더한다.
`tf.multiply()`	a * b	대응되는 원소끼리 a와 b를 곱한다.
`tf.subtract()`	a - b	대응되는 원소끼리 a에서 b를 뺀다.
`tf.divide()`	a / b	파이썬 3.x의 방식으로 a를 b로 나눈다.[3]
`tf.pow()`	a ** b	대응되는 원소끼리 a의 b의 제곱을 계산한다.

---

2 옮긴이_ a, b가 항상 상수인 것은 아니다. 텐서 간의 연산도 가능하다.

3 옮긴이_ 목록에 없는 또 다른 나누기 연산인 `tf.div()`는 파이썬 2.x의 방식으로 나눈다. 예를 들어 `tf.div(5, 2)`의 결과는 2, `tf.divide(5, 2)`의 결과는 2.5가 나올 것이다.

tf.mod()	a % b	대응되는 원소끼리 a를 b로 나눈 나머지를 구한다.
tf.logical_and()	a & b	대응되는 원소끼리 a와 b의 논리곱을 구한다. dtype은 반드시 tf.bool 이어야 한다.
tf.greater()	a > b	대응되는 원소끼리 a > b의 참거짓값을 반환한다.
tf.greater_equal()	a >= b	대응되는 원소끼리 a >= b의 참거짓값을 반환한다.
tf.less_equal()	a <= b	대응되는 원소끼리 a <= b의 참거짓값을 반환한다.
tf.less()	a < b	대응되는 원소끼리 a < b의 참거짓값을 반환한다.
tf.negative()	-a	a의 각 원소의 반대 부호의 값을 반환한다.
tf.logical_not()	~a	a의 각 원소의 반대의 참거짓값을 반환한다. dtype이 tf.bool인 텐서 객체에만 적용 가능하다.
tf.abs()	abs(a)	a의 각 원소의 절댓값을 반환한다.
tf.logical_or()	a ¦ b	대응되는 원소끼리 a와 b의 논리합을 구한다. dtype은 반드시 tf.bool 이어야 한다.

3.2.2 세션을 만들고 실행하기

일단 연산 그래프를 만들고 나면 연산 그래프에 구성된 연산을 실행할 준비가 된 것이다. 연산을 실행하려면 세션을 만들고 실행하면 된다. 다음의 코드를 추가해보자.

```
sess = tf.Session()
outs = sess.run(f)
sess.close()
print("outs = {}".format(outs))
```

```
Out:
outs = 5
```

우선, tf.Session에서 그래프를 시작한다. Session 객체는 텐서플로 API의 일부로 파이썬 객체와 데이터, 객체의 메모리가 할당되어 있는 실행 환경 사이를 연결하며, 중간 결과를 저장하고 최종 결과를 작업 환경으로 보내준다.

```
sess = tf.Session()
```

Session 객체의 .run() 메서드를 사용해야 연산 그래프가 실행된다. 메서드가 호출되면 다음과 같은 방식으로 그래프의 계산을 완료한다. 출력이 나와야 하는 노드에서 시작해 역방향으로 처리하여 의존관계 집합에 따라 실행되어야 하는 노드의 연산을 수행한다. 즉 그래프에서 연산이 수행될 부분은 출력하고자 하는 내용에 따라 정해진다. 이 예제에서는 다음 코드를 통해 노드 f의 계산을 요청하였고 결과는 5가 나올 것이다.

```
outs = sess.run(f)
```

연산 작업이 마무리되면 sess.close() 명령을 사용해 세션을 닫아서 세션에서 사용하는 자원을 해제하는 습관을 가지는 것이 좋다. 해제할 자원이 없는 경우도 있지만, 지켜서 손해 볼 것이 없는 중요한 습관이다.

```
sess.close()
```

여기서 문제를 하나 내겠다. [그림 3-3]은 서로 다른 두 개의 그래프 예제이다. 이러한 그래프를 생성하려면 어떻게 연산을 구성해야 할지 한번 연습해보자.

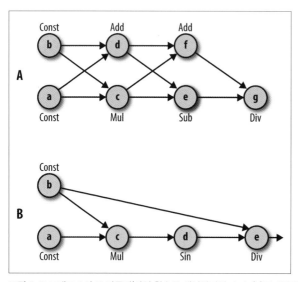

그림 3-3 그래프 A와 B 만들기(사인 함수를 생성하려면 tf.sin(x)를 사용하라)

3.2.3 그래프의 생성과 관리

앞서 언급했듯 텐서플로를 임포트하면 곧바로 기본 그래프가 자동으로 만들어진다. 물론 그래 프를 추가로 생성하고 몇몇 연산의 관계를 직접 제어할 수도 있다. `tf.Graph()`는 텐서플로 객 체로 표현되는 새로운 그래프를 만든다. 다음 코드는 새로운 그래프를 만들어 g에 할당한다.

```
import tensorflow as tf
print(tf.get_default_graph())

g = tf.Graph()
print(g)
```

```
Out:
<tensorflow.python.framework.ops.Graph object at 0x7fd88c3c07d0>
<tensorflow.python.framework.ops.Graph object at 0x7fd88c3c03d0>
```

이 시점에서 기본으로 만들어진 그래프 하나와 비어 있는 그래프 g, 두 개의 그래프가 존재한 다. 출력해보면 양쪽 모두 텐서플로 객체로 표시된다. 여기까지는 g를 기본 그래프로 지정하지 않았으므로 연산을 생성하면 새 그래프(g)와 연결되지 않고 기본 그래프와 연결된다.

`tf.get_default_graph()`를 사용해 어떤 그래프가 현재 기본 그래프인지를 확인할 수 있다. 또 *<node>*.graph 속성을 통해 특정 노드가 어떤 그래프와 연결되었는지도 알 수 있다.

```
g = tf.Graph()
a = tf.constant(5)

print(a.graph is g)
print(a.graph is tf.get_default_graph())
```

```
Out:
False
True
```

이 결과를 보면 생성된 연산이 g의 그래프가 아니라 기본 그래프와 연결되어 있음을 알 수 있다.

파이썬의 편리한 `with` 구문을 사용해 노드를 작성하면 원하는 그래프와 명확히 연결하여 생성 할 수 있다.

with 구문을 as_default( ) 명령과 함께 사용하면, 이 메서드는 해당 그래프가 기본 그래프인
콘텍스트 관리자를 반환한다. 여러 개의 그래프로 작업할 때 유용한 방법이다.

```
g1 = tf.get_default_graph()
g2 = tf.Graph()

print(g1 is tf.get_default_graph())

with g2.as_default():
    print(g1 is tf.get_default_graph())

print(g1 is tf.get_default_graph())
```

```
Out:
True
False
True
```

with 구문으로 세션을 명시적으로 닫지 않고 세션을 시작할 수도 있다. 이 편리한 트릭은 다음
예제에서 다룬다.

3.2.4 페치

첫 번째 그래프 예제에서 sess.run( ) 메서드에 변수를 인수로 지정하여 하나의 특정 노드(노
드 f)의 실행을 요청했다. 이 인수를 페치(fetches)라고 하며, 연산하고자 하는 그래프의 요
소에 해당된다. sess.run( ) 메서드에 요청할 노드들이 담긴 리스트를 넘김으로써 여러 노드
의 출력을 요청할 수도 있다.

```
with tf.Session() as sess:
    fetches = [a,b,c,d,e,f]
    outs = sess.run(fetches)

print("outs = {}".format(outs))
print(type(outs[0]))
```

```
Out:
outs = [5, 2, 3, 10, 5, 5]
<type 'numpy.int32'>
```

반환되어 출력되는 리스트는 입력 리스트 내 노드의 순서에 따른 출력값의 리스트이다. 리스트
의 각 항목의 데이터는 넘파이 타입이다.

> **NOTE_ 넘파이**
> 넘파이[NumPy]는 수학 계산에 사용되는 대중적이고 유용한 파이썬 패키지로 배열의 처리와 관련된 많은 기능을
> 제공한다. 독자들이 넘파이 패키지에 대해서 기본적인 지식을 가지고 있다고 가정하며 이 책에서는 다루지
> 않는다. sess.run()이 넘파이 배열을 반환하는 것에서도 볼 수 있듯 텐서플로와 넘파이는 밀접하게 결합되
> 어 있다. 또 텐서플로 연산 구문의 많은 부분이 넘파이의 함수와 동일하다. 넘파이에 대해서 더 알고 싶다면
> 『SciPy and NumPy』(O'Reilly, 2012)를 참조하자.

텐서플로는 노드 간 의존관계 집합에 따라 필요한 노드만 연산한다고 말한 바 있다. 이 예제
에서도 마찬가지로 만약 노드 d의 출력값을 요청하면 노드 a와 b의 출력값만 계산한다. [그림
3-1]의 (B)에서 또 다른 예를 볼 수 있다. 이는 텐서플로의 큰 장점으로 그래프의 전체 크기
나 복잡도에 상관없이 필요한 일부분만 실행하는 게 가능하다.

> **NOTE_ 자동으로 세션 종료**
> with 구문을 사용하여 세션을 열면 모든 연산이 완료된 후 자동으로 세션이 닫힌다.

3.3 텐서의 흐름

이 절에서는 텐서플로에서 노드와 변이 실제로 표현되는 방법과 이들의 특성을 제어하는 방법
을 설명한다. 텐서의 작동 원리를 설명하기 위해서 텐서의 값을 초기화하는 데 사용되는 소스
연산에 초점을 맞춘다.

3.3.1 노드는 연산, 변은 텐서 객체

tf.add( ) 등으로 그래프에서 노드를 만들 때, 실제로는 연산 인스턴스가 생성된다. 생성된 연산들은 그래프가 실행되기 전에는 실제 값을 내놓지 않고, 계산된 결과를 다른 노드로 전달할 수 있는 핸들, 즉 **흐름**으로서 참조된다. 이 핸들은 그래프에서 변으로 간주할 수 있으며 텐서 객체^{Tensor object}라고 부른다. 텐서플로라는 이름은 여기서 유래했다.

텐서플로는 모든 구성 요소가 담긴 그래프의 골격을 먼저 만들도록 설계되었다. 이 시점에는 실제 데이터는 흐르지 않으며 연산도 수행되지 않는다. 세션이 실행되어 그래프에 데이터가 입력되고 계산될 때 연산이 수행된다(그림 3-4). 이렇게 하면 전체 그래프 구조를 고려한 효율적인 계산이 가능하다.

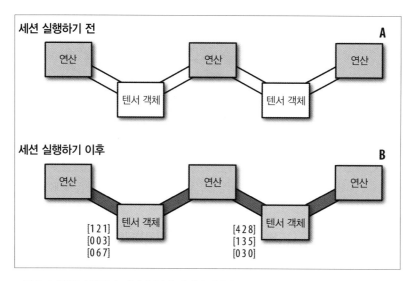

그림 3-4 세션을 실행하기 전(A)과 후(B). 세션이 실행되어야 실제 데이터가 그래프에서 '흘러간다'.

앞 절의 예제에서는 tf.constant( )에 값을 지정하여 노드를 만들었다. 생성자를 출력해보면 이것이 실제 텐서 객체의 인스턴스임을 알 수 있다. 텐서 객체는 동작을 제어하도록 생성 시에 정의할 수 있는 메서드와 속성을 가지고 있다.

다음 예제에서 변수 c는 32비트 부동소수점 스칼라 값을 갖도록 지정된 텐서 객체를 저장한다 (텐서플로 내부에서 Const_52:0이라는 이름으로 처리된다).

```
c = tf.constant(4.0)
print(c)
```

```
Out:
Tensor("Const_52:0", shape=(), dtype=float32)
```

> **NOTE_ 생성자에 대해서**
>
> tf.<*operator*> 함수를 생성자라 생각할 수도 있지만, 정확히는 생성자가 아니며 연산자 객체를 생성하는
> 것 이외에도 더 많은 기능을 가진 팩토리 메서드이다.

소스 연산을 통한 속성 설정

텐서플로의 각 텐서 객체는 저마다의 name, shape, dtype 같은 속성이 있어 해당 객체의 특징을 식별하고 설정할 수 있다. 이 속성은 노드를 만들 때 설정할 수 있고, 지정하지 않으면 텐서플로가 자동으로 설정한다. 다음 절에서 이 속성들에 대해서 살펴볼 것이다. **소스 연산**source operation이라는 이름의 연산으로 텐서 객체를 생성함으로써 이를 살펴볼 것이다. 소스 연산은 이전에 처리된 입력을 사용하지 않고 데이터를 생성하는 연산을 말한다. 이 연산을 사용해서 배열이나 여러 타입의 데이터, 그리고 tf.constant() 메서드에서 본 것과 같은 스칼라 값을 만들 수 있다.

3.3.2 데이터 타입

그래프를 통해 전달되는 데이터의 기본 단위는 숫자, 참거짓값, 스트링 요소들이다. 앞의 예제에서 텐서 객체 c를 출력해봤을 때 데이터 타입이 부동소수점 숫자로 나오는 것을 확인했다. 데이터 타입을 지정하지 않았기 때문에 텐서플로가 자동으로 데이터 타입을 유추했다. 예를 들어 5는 정수로 간주하고, 5.1과 같이 소수점이 있는 수는 부동소수점 숫자로 간주한다.

텐서 객체를 만들 때 데이터 타입을 지정하여 명시적으로 선택할 수도 있다. 텐서 객체의 데이터 타입은 dtype 속성을 통해 확인할 수 있다.

```
c = tf.constant(4.0, dtype=tf.float64)
```

```
print(c)
print(c.dtype)
```

```
Out:
Tensor("Const_10:0", shape=(), dtype=float64)
<dtype: 'float64'>
```

(적당한 크기의) 정수를 명시적으로 요청하면 메모리를 절약할 수는 있지만 소수점 이하의 자리를 무시하므로 정확성은 떨어지게 된다.

형 변환

일치하지 않는 두 데이터 타입을 가지고 연산을 실행하면 예외가 발생하므로 그래프에서 데이터 타입이 일치하는지 확인하는 것은 매우 중요하다. 텐서 객체의 데이터 타입을 변경하려면 tf.cast()에 해당 텐서와 새로이 적용할 데이터 타입을 각각 첫 번째와 두 번째 인수로 넘긴다.

```
x = tf.constant([1,2,3],name='x',dtype=tf.float32)
print(x.dtype)
x = tf.cast(x,tf.int64)
print(x.dtype)
```

```
Out:
<dtype: 'float32'>
<dtype: 'int64'>
```

텐서플로는 [표 3-2]에 수록된 다양한 데이터 타입을 지원한다.

표 3-2 텐서플로에서 사용 가능한 텐서 데이터 타입

데이터 타입 이름	파이썬 데이터 타입	설명
DT_FLOAT	tf.float32	32비트 부동소수점 숫자
DT_DOUBLE	tf.float64	64비트 부동소수점 숫자
DT_INT8	tf.int8	8비트 정수
DT_INT16	tf.int16	16비트 정수
DT_INT32	tf.int32	32비트 정수

DT_INT64	tf.int64	64비트 정수
DT_UINT8	tf.uint8	8비트 부호 없는 정수
DT_UINT16	tf.uint16	16비트 부호 없는 정수
DT_STRING	tf.string	가변 길이 바이트 배열이며 텐서의 각 요소는 바이트의 배열이다.
DT_BOOL	tf.bool	참거짓값
DT_COMPLEX64	tf.complex64	2개의 32비트 부동소수점 숫자로 구성된 복소수로 각각 실수부와 허수부로 이루어짐
DT_COMPLEX128	tf.complex128	2개의 64비트 부동소수점 숫자로 구성된 복소수로 각각 실수부와 허수부임
DT_QINT8	tf.qint8	양자화 연산quantized operation에 사용되는 8비트 정수
DT_QINT32	tf.qint32	양자화 연산에 사용되는 32비트 정수
DT_QUINT8	tf.quint8	양자화 연산에 사용되는 8비트 부호 없는 정수

3.3.3 텐서 배열과 형태

텐서라는 명칭이 서로 다른 두 개의 용도로 사용되기 때문에 혼란의 여지가 있다. 앞의 절에서 사용된 **텐서**^{Tensor}는 그래프에서 연산의 결과에 대한 핸들로 파이썬 API에서 사용하는 객체의 이름이다. 하지만 **텐서**^{tensor}는 n차원 배열을 가리키는 수학 용어이기도 하다. 예를 들어 1×1 텐서는 스칼라, $1 \times n$ 텐서는 벡터, $n \times n$ 텐서는 행렬이며 $n \times n \times n$ 텐서는 3차원 배열이다. 물론 이를 모든 차원에 대해 일반적으로 사용한다. 텐서플로에서는 다차원 배열이건, 벡터건, 행렬이건, 스칼라건 간에 그래프에서 전달되는 모든 단위 데이터를 텐서로 간주한다. 텐서라는 이름의 텐서플로 객체는 이러한 수학적 용어로서의 텐서에서 이름을 따왔다.

dtype을 통해 명시적으로 데이터 타입을 지정하지 않으면 텐서플로는 자동으로 데이터의 형태^{shape}를 유추한다. 이 절의 첫 번째 예제에서 (tf.constant 등으로 만든) 텐서 객체를 출력했을 때, 스칼라이므로 그 형태는 ( )로 나타냈다(출력 결과 중 shape=( ) 부분).

설명 용도로는 스칼라가 좋지만 실제 작업에서는 대부분 다차원 배열이 사용된다. 파이썬의 리스트나 넘파이 배열을 입력하여 고차원 배열을 초기화할 수 있다. 다음 예제에서는 파이썬 리스트를 사용한 2×3 행렬의 입력과 3차원 넘파이 배열을 사용한 $2 \times 2 \times 3$, 즉 2×3 행렬 2개를 입력으로 사용했다.

```
import numpy as np
c = tf.constant([[1,2,3],
                 [4,5,6]])
print("Python List input: {}".format(c.get_shape()))

c = tf.constant(np.array([
                [[1,2,3],
                 [4,5,6]],

                 [[1,1,1],
                  [2,2,2]]
                 ]))

print("3d NumPy array input: {}".format(c.get_shape()))
```

```
Out:
Python list input: (2, 3)
3d NumPy array input: (2, 2, 3)
```

get_shape() 메서드는 텐서의 형태를 정수의 튜플로 반환한다. 튜플 원소의 개수는 텐서의 차원 수에 해당하며 각 정수는 해당 차원의 배열 항목의 개수이다. 예를 들어 (2, 3) 튜플은 2개의 원소로 이루어져 있으므로 행렬임을 알 수 있고, 각 원소를 보면 행렬의 형태가 2×3임을 알 수 있다.

다른 유형의 소스 연산 생성자는 상수 값으로 채우거나 난수를 만들거나 일련의 숫자열을 만드는 등 텐서플로에서 상수를 초기화하는 데 유용한 것들이다.

난수 생성기는 텐서플로 변수의 초깃값을 지정하는 데 널리 사용되므로 매우 중요하며, 머지 않아 설명할 것이다. 유용한 초기화 방법의 예로, 먼저 형태, 평균, 표준편차를 tf.random.normal()에 순서대로 인수로 넣으면 **정규분포**를 따르는 난수들을 생성할 수 있다. **절단정규분포** 초기화는 이름에서 알 수 있듯 평균으로부터 표준편차를 기준으로 크거나 작은 값들을 제거한 것이고 **균등분포** 초기화는 정해진 구간 [a,b) 사이에서 균등하게 값을 추출한다.

[그림 3-5]는 이들 각각의 초기화로 추출한 값들의 예이다.

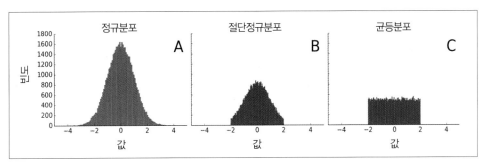

그림 3-5 (A) 표준정규분포, (B) 절단정규분포, (C) [−2, 2) 구간의 균등분포

문법이 넘파이와 같으므로 넘파이에 익숙하다면 몇몇 초기화 방법이 친숙해 보일 것이다. 한 예로 tf.linspace(a, b, n)는 a와 b 사이에서 같은 간격으로 n개의 값을 만드는 시퀀스 생성기이다.

tf.InteractiveSession()을 사용하면 객체의 데이터 내용을 쉽게 탐색할 수 있다. .eval() 메서드를 같이 사용하면 세션 객체를 계속 참조하지 않고도 값을 자세히 들여다볼 수 있다.

```
sess = tf.InteractiveSession()
c = tf.linspace(0.0, 4.0, 5)
print("The content of 'c':\n {}\n".format(c.eval()))
sess.close()
```

```
Out:
The content of 'c':
[ 0.  1.  2.  3.  4.]
```

NOTE_ 대화형 세션
일반적으로 쓰이는 tf.Session() 대신 tf.InteractiveSession()을 쓰면 연산 실행에 필요한 세션을 저장할 변수를 따로 지정하지 않아도 된다. 예를 들어 아이파이썬 노트북과 같은 대화형 파이썬 환경을 사용할 때 유용하다.

지금까지 몇몇 소스 연산에 대해서만 언급했는데, [표 3−3]에 몇몇 유용한 초기화 함수를 간단히 정리했다.

표 3-3 초기화 함수

텐서플로 연산	설명
tf.constant(*value*)	인수 *value*에 지정한 값 또는 값들로 채워진 텐서를 생성
tf.fill(*shape*, *value*)	*shape*에 지정한 형태의 텐서를 만들고, *value*에 지정한 값으로 초기화
tf.zeros(*shape*)	*shape*에 지정한 형태의 텐서를 만들고, 모든 원소의 값을 0으로 초기화
tf.zeros_like(*tensor*)	*tensor*와 동일한 타입과 형태의 텐서를 만들고, 모든 원소의 값을 0으로 초기화
tf.ones(*shape*)	*shape*에 지정한 형태의 텐서를 만들고, 모든 원소의 값을 1로 초기화
tf.ones_like(*tensor*)	*tensor*와 동일한 타입과 형태의 텐서를 만들고, 모든 원소의 값을 1로 초기화
tf.random_normal(*shape*, *mean*, *stddev*)	정규분포를 따르는 난수를 생성
tf.truncated_nor mal(*shape*, *mean*, *stddev*)	절단정규분포(평균을 기준으로 표준편차보다 크거나 작은 데이터를 제외)를 따르는 난수를 생성
tf.random_uni form(*shape*, *minval*, *maxval*)	[*minval*, *maxval*) 구간의 균등분포의 값을 생성
tf.random_shuffle(*tensor*)	첫 번째 차원에 따라 텐서를 무작위로 뒤섞음

행렬곱

행렬곱은 매우 유용한 산술 연산이다. 텐서플로에서는 두 텐서 객체 A와 B에 대해 tf.matmul (A, B) 함수로 수행한다.

행렬 A를 저장하는 텐서와 벡터 x를 저장하는 텐서가 있다고 가정하고, 다음과 같은 행렬곱을 계산해보자.

$$Ax = b$$

matmul()을 사용하기 전 양쪽 텐서의 차원이 같은지, 그리고 의도대로 계산되도록 순서가 맞춰져 있는지를 확인해야 한다.

아래의 예제는 행렬 A와 벡터 x를 생성한다.

```
A = tf.constant([ [1,2,3],
                  [4,5,6] ])
```

```
print(A.get_shape())

x = tf.constant([1,0,1])
print(x.get_shape())
```

```
Out:
(2, 3)
(3,)
```

이 둘을 곱려면 x에 차원을 추가해 1차원 벡터에서 하나의 열을 가진 2차원 행렬로 변환해야
한다.

즉 텐서에 차원을 추가해야 한다. 추가할 차원의 위치를 두 번째 인수로 가지는 tf.expand_
dims()를 사용하면 차원을 하나 추가할 수 있다. 다음과 같이 두 번째 위치(인덱스 1)에 차원
을 추가하면 행렬곱을 할 수 있다.

```
x = tf.expand_dims(x,1)
print(x.get_shape())

b = tf.matmul(A,x)

sess = tf.InteractiveSession()
print('matmul result:\n {}'.format(b.eval()))
sess.close()
```

```
Out:
(3, 1)

matmul result:
[[ 4]
 [10]]
```

열 벡터를 행 벡터로 바꾸거나 그 반대로 바꾸는 식으로 배열을 뒤집으려면 tf.transpose()
함수를 사용하면 된다. 수학에서는 이를 전치[transpose]라고 한다.

3.3.4 이름

각 텐서 객체마다 고유의 이름을 가진다. 이 이름은 텐서플로 내부에서 사용하는 스트링 형태의 이름이다. 변수의 이름과 헷갈리지 말자. dtype과 마찬가지로 .name 속성을 사용해 객체의 이름을 확인할 수 있다.

```
with tf.Graph().as_default():
    c1 = tf.constant(4,dtype=tf.float64,name='c')
    c2 = tf.constant(4,dtype=tf.int32,name='c')

print(c1.name)
print(c2.name)
```

```
Out:
c:0
c_1:0
```

텐서 객체의 이름은 단순히 해당 연산의 이름('c' 뒤에 콜론이 붙음)이며, 그 뒤에 인덱스가 붙는다. 인덱스 값은 하나 이상일 수 있다.

> **NOTE_ 중복된 이름**
>
> 텐서플로에서 하나의 그래프 내의 객체는 동일한 이름을 가질 수 없다. 그러므로 앞의 결과에서 볼 수 있듯 두 객체를 구분하기 위해 밑줄과 숫자가 자동으로 추가된다. 물론 다른 그래프에 연결된 경우는 두 객체가 같은 이름을 가질 수 있다.

이름 스코프

크고 복잡한 그래프를 처리해야 하는 경우 이를 쉽게 추적하고 관리하기 위해 노드를 묶는 게 편리할 때가 있다. 이를 위해 노드를 이름별로 계층적으로 그룹화할 수 있다. with 구문을 tf.name_scope("접두사")와 함께 사용하면 된다.

```
with tf.Graph().as_default():
    c1 = tf.constant(4,dtype=tf.float64,name='c')
    with tf.name_scope("prefix_name"):
        c2 = tf.constant(4,dtype=tf.int32,name='c')
        c3 = tf.constant(4,dtype=tf.float64,name='c')
```

```
print(c1.name)
print(c2.name)
print(c3.name)
```

```
Out:
c:0
prefix_name/c:0
prefix_name/c_1:0
```

이 예제에서는 변수 c2와 c3에 들어 있는 객체를 prefix_name이라는 스코프로 그룹화했고, 이 스트링이 이름에 접두사 형태로 삽입되었음을 알 수 있다.

접두사는 그래프를 의미에 따라 서브그래프로 나누고자 할 때 특히 유용하다. 예를 들어 그래프의 구조를 시각화하고자 할 때 사용한다.

3.4 변수, 플레이스홀더, 간단한 최적화

이 절에서는 두 가지 중요한 텐서 객체 타입인 변수와 플레이스홀더를 다루며, 이어서 '메인 이벤트'라 할 수 있는 최적화로 넘어갈 것이다.[4] 모델을 최적화하기 위한 기본 구성 요소의 모든 것에 대해서 간단히 이야기한 후 이들을 전부 담은 간단한 데모를 실행해볼 것이다.

3.4.1 변수

최적화 과정은 주어진 모델의 매개변수를 조정하는 역할을 한다. 이를 위해 텐서플로는 **변수** (Variable)라고 불리는 특별한 객체를 사용한다. 세션이 실행될 때마다 '리필'되는 다른 텐서 객체와 달리, 변수는 그래프에서 고정된 상태를 유지할 수 있다. 이 특징이 중요한 까닭은 변수의 현재 상태가, 이후 반복 과정 속에서의 상태에 영향을 줄 수 있기 때문이다. 다른 텐서와 마찬가지로 변수도 그래프 내 다른 연산에 입력값으로 사용될 수 있다.

변수의 사용은 두 단계로 나뉜다. 먼저 tf.Variable() 함수를 사용해 변수를 만들고 어떤 값으로 초기화할지를 정의한다. 이후 tf.global_variables_initializer() 메서드를 사용하

---

4 옮긴이_ 코드 성능을 높이는 게 아니라 모델을 최적화한다는 의미로, 구체적으로는 손실 함수의 최소화를 뜻한다.

여 세션에서 초기화 연산을 명시적으로 수행해야 한다. 이 메서드는 변수에 메모리를 할당하고 초깃값을 설정한다.

다른 텐서 객체와 마찬가지로 변수도 모델이 실행될 때만 계산된다. 다음 예제를 보자.

```python
init_val = tf.random_normal((1,5),0,1)
var = tf.Variable(init_val, name='var')
print("pre run: \n{}".format(var))

init = tf.global_variables_initializer()
with tf.Session() as sess:
    sess.run(init)
    post_var = sess.run(var)

print("\npost run: \n{}".format(post_var))
```

```
Out:
pre run:
Tensor("var/read:0", shape=(1, 5), dtype=float32)

post run:
[[ 0.85962135  0.64885855  0.25370994 -0.37380791  0.63552463]]
```

코드를 다시 실행하면 이름에 자동으로 _1이 붙는 식으로 실행할 때마다 새로운 변수가 만들어 지는 것을 확인할 수 있다.

```
pre run:
Tensor("var_1/read:0", shape=(1, 5), dtype=float32)
```

이 때문에 모델의 재사용이 매우 비효율적일 수 있다(복잡한 모델은 많은 변수를 가질 수 있 다). 예를 들어 이 변수를 여러 다른 입력으로 보내고 싶을 수 있다. 같은 변수를 재사용하려 면 tf.Variable() 대신 tf.get_Variables() 함수를 사용하면 된다. 이에 대한 자세한 내용 은 부록 A.1.1절에 나와 있다.

3.4.2 플레이스홀더

지금까지는 입력 데이터를 생성하는 데 소스 연산을 사용했다. 하지만 텐서플로는 입력값을 공급하기 위한 내장 구조를 가지고 있다. 이 구조를 **플레이스홀더**(placeholder)라고 부른다. 플레이스홀더는 나중에 데이터로 채워질 빈 변수라고 생각하면 된다. 일단 그래프를 구성하고 그래프가 실행되는 시점에 입력 데이터를 밀어 넣는 데 사용한다.

플레이스홀더는 shape 인수를 선택적으로 사용할 수 있다. 값이 지정되지 않거나 None으로 지정되면 플레이스홀더는 모든 크기의 데이터를 받을 수 있다. 흔히 샘플 데이터의 개수에 해당되는 행렬의 차원(일반적으로 데이터의 행에 해당됨)은 None을 사용하는 반면 특징의 길이(일반적으로 데이터의 열에 해당됨)는 고정된 값을 사용한다.

```
ph = tf.placeholder(tf.float32,shape=(None,10))
```

플레이스홀더를 정의하면 반드시 입력값을 밀어 넣어야 하며 그렇게 하지 않으면 예외가 발생한다. 입력 데이터는 딕셔너리 형태로 session.run() 메서드에 전달되며, 딕셔너리의 키는 플레이스홀더 변수의 이름에 대응하며 딕셔너리의 값은 리스트나 넘파이 배열로 구성된 데이터의 값이다.

```
sess.run(s,feed_dict={x: X_data,w: w_data})
```

다른 그래프 예제를 통해 살펴보자. 이번에는 행렬 x와 벡터 w 두 개의 입력에 대한 플레이스홀더가 있다. 행렬곱을 통해 5개의 원소를 가진 벡터 xw를 만든 후 -1의 값으로 채워진 상수 벡터 b를 더한다. 마지막으로 변수 s는 tf.reduce_max() 연산을 사용하여 벡터의 최댓값을 취한다. 5개의 원소를 가진 벡터를 하나의 스칼라로 축소하므로 **축소**[reduce]라는 단어를 사용한다.

```
x_data = np.random.randn(5,10)
w_data = np.random.randn(10,1)

with tf.Graph().as_default():
    x = tf.placeholder(tf.float32,shape=(5,10))
    w = tf.placeholder(tf.float32,shape=(10,1))
    b = tf.fill((5,1),-1.)
    xw = tf.matmul(x,w)

    xwb = xw + b
```

```
    s = tf.reduce_max(xwb)
    with tf.Session() as sess:
        outs = sess.run(s,feed_dict={x: x_data,w: w_data})

    print("outs = {}".format(outs))
```

```
Out:
outs = 3.06512
```

3.4.3 최적화

이제 최적화를 살펴볼 차례다. 먼저 모델 학습의 기초를 설명하면서 학습 과정의 각 구성 요소를 간단히 설명하고 텐서플로에서 어떻게 수행되는지를 설명할 것이다. 그런 다음 간단한 회귀 모형을 최적화하는 전체 과정을 예제로 살펴볼 것이다.

예측을 위한 학습

몇 개의 목표변수 y 를 가지고 있을 때, 이를 특징 벡터 x 를 사용해 설명한다고 가정해보자. 이를 위해 이 둘을 연관 지을 수 있는 모델을 선택해야 한다. 학습 데이터의 값들은 원하는 관계를 잘 포착해내도록 모델을 조정하는 데 사용된다. 심층신경망 모델은 다음 장에서 초점을 맞추고 여기서는 간단한 회귀 문제를 해결할 것이다.

우리의 회귀모형은 다음과 같다.

$$f\left(x_i\right) = w^T x_i + b$$
$$y_i = f\left(x_i\right) + \varepsilon_i$$

$f\left(x_i\right)$ 는 가중치 w 와 절편 b 를 입력 데이터 x_i 와 선형 조합한 결과라고 가정한다. 목표 y_i 는 $f\left(x_i\right)$ 에 가우시안 노이즈 ε_i[5]를 더한 값이다. 여기서 i 는 주어진 하나의 샘플 데이터를 나타낸다.

앞의 예제와 마찬가지로 입력과 출력 데이터에 대한 적합한 플레이스홀더, 가중치와 절편에 사용할 변수를 만들어야 한다.

----

5 옮긴이_ 정규분포(가우스 분포)를 따르는 노이즈

```
x = tf.placeholder(tf.float32,shape=[None,3])
y_true = tf.placeholder(tf.float32,shape=None)
w = tf.Variable([[0,0,0]],dtype=tf.float32,name='weights')
b = tf.Variable(0,dtype=tf.float32,name='bias')
```

플레이스홀더 및 변수를 정의하면 이제 모델을 만들 수 있다. 이 예제는 통계학 용어로는 간단한 다변량 선형회귀로, 예측 출력값 y_pred는 입력값을 담고 있는 x와 가중치 w의 행렬곱에 편향값 b를 더한 것이다.[6]

```
y_pred = tf.matmul(w,tf.transpose(x)) + b
```

손실 함수 정의하기

그다음, 모델의 성능을 평가할 수 있는 좋은 척도가 필요하다. 모델이 예측한 값과 관측값 사이의 불일치를 포착하려면 '거리'를 반영하는 척도가 필요하다. 이 거리를 흔히 **목적**objective 또는 **손실**loss 함수라고 부르며 이 함수의 값을 최소화하는 매개변수(여기서는 가중치와 편향값)의 집합을 찾아내는 것이 바로 모델을 최적화하는 것이다.

이상적인 손실 함수는 존재하지 않으며 보통 실제와 이론을 모두 고려해 가장 적절한 것을 선택하게 된다. 손실 함수는 모델에서 취하는 가정, 최소화의 난도, 반드시 피해야 하는 실수 등 여러 요소에 따라 선택한다.

평균제곱오차와 교차 엔트로피

보통 가장 흔히 사용하는 손실 함수는 평균제곱오차mean square error(MSE)다. 모든 샘플에서 실제 관측값과 모델 예측값 사이의 차를 제곱한 값의 평균이다.

$$L(y,\hat{y}) = \frac{1}{n}\sum_{i=1}^{n}(y_i - \hat{y}_i)^2$$

직관적으로 받아들일 수 있는 손실 함수이다. 즉 관측된 값과 모델의 적합값fitted value 사이의 차이(이를 잔차residual라고 한다)의 제곱값의 평균을 최소화하는 것이 목적이다.

....
6 수식에서 w는 열 벡터이므로 코드에서는 이를 x의 전치행렬과 곱했고, 결과는 수식과 동일하다.

이 선형회귀모형에서는 실제 관측값인 벡터 y_true(y)와 모델의 예측값인 y_pred($\hat{y}$)의 차이를 가지고 이 차이의 제곱을 계산하는 tf.square()를 사용한다. 이 연산은 원소끼리 수행된다. 그다음 tf.reduce_mean() 함수를 사용해 평균을 구한다.

```
loss = tf.reduce_mean(tf.square(y_true-y_pred))
```

주로 범주형 데이터에 널리 사용되는 또 다른 손실 함수로는 앞장의 소프트맥스 분류기에서 사용했던 **교차 엔트로피**cross entropy가 있다. 교차 엔트로피는 다음과 같이 정의된다.

$$H(p,q) = -\sum_x p(x) log\, q(x)$$

정답 레이블이 하나인 분류 문제(대부분의 문제가 그렇다)에서는 정답을 선택할 때 분류기가 부과하는 확률에 로그를 취한 값이 된다.

이를 텐서플로에서는 다음과 같이 표현된다.

```
loss = tf.nn.sigmoid_cross_entropy_with_logits(labels=y_true,logits=y_pred)
loss = tf.reduce_mean(loss)
```

교차 엔트로피는 두 분포 사이의 유사성을 재는 척도이다. 딥러닝에서 사용되는 분류 모델은 보통 각 클래스의 확률값을 계산하므로 실제 클래스(분포 p)와 모델에서 제시한 클래스(분포 q)를 비교할 수 있다. 두 분포가 가까울수록 교차 엔트로피값은 더 작아진다.

경사 하강법 최적화 함수

다음으로 알아야 할 것은 손실 함수를 최소화하는 방법이다. 계산이나 분석을 통해 전역 최솟값을 찾아낼 수 있는 경우도 있지만, 대부분의 경우는 최적화 알고리즘을 사용해야 한다. 최적화 함수는 점점 손실 함수의 값이 줄어드는 방향으로 반복적으로 가중치 집합을 갱신한다.

가장 흔히 사용되는 접근 방법은 가중치의 집합에 대한 손실의 경사[7]를 사용한 **경사 하강법**gradient

---

7 옮긴이_ 수학적 의미에서 경삿값 또는 그레이디언트는 벡터 필드에서 최대의 기울기 방향을 구하는 벡터 미적분과 관련된 연산이다. 미적분학을 수학적으로 다루는 책이 아니므로 미분을 통해 경사를 구하는 연산 정도로 이해하면 충분하며, 그런 의미에서 이 책에서도 널리 쓰이는 '경사'로 옮긴다.

descent이다. 조금 기술적으로 들어가면 손실을 다변수 함수 $F(\overline{w})$라 할 때 어떤 점 $\overline{w}_0$의 이웃 중 $F(\overline{w})$의 가장 가파른 내리막 경사 방향은 $\overline{w}_0$에서 F의 음의 경사 방향으로 이동할 때 얻어 진다.

그러므로 $\overline{w}_0$에서 F의 경사가 $\nabla F(\overline{w}_0)$이고 $\overline{w}_1 = \overline{w}_0 - \gamma \nabla F(\overline{w}_0)$라 할 때 충분히 작은 수 γ에 대해 다음이 성립한다.

$$F(\overline{w}_0) \geq F(\overline{w}_1)$$

경사 하강법 알고리즘은 매우 복잡한 네트워크 구조에서도 잘 동작하므로 다양한 문제에 활용 가능하다. 좀 더 구체적으로 말하면 최근에는 대규모 병렬 시스템을 사용하여 경삿값을 계산할 수 있게 되어 문제의 차원에 맞춰 확장할 수 있다(물론 실제 세상의 대규모 문제에서는 여전히 많은 시간이 필요하다). 볼록함수에서는 최솟값으로의 수렴이 보장되지만 (딥러닝의 세계에 서는 사실상 모든 문제에 해당되는) 비 볼록함수에서는 지역 최솟값에 갇히는 문제가 생길 수 있다. 실무에서는 충분히 좋은 결과를 내는 편이며, 딥러닝 분야의 큰 성공 역시 이를 입증한다.

데이터 생성 방법

경삿값은 모델 매개변수에 대해서 계산되고 주어진 입력 샘플 x_s를 사용해 평가된다. 이를 계 산하기 위해 얼마나 많은 샘플이 필요할까? 직관적으로 사용 가능한 정보의 총량으로부터 이 익을 보려면 전체 데이터 집합의 경삿값을 계산하는 것이 타당하다. 하지만 이 방법은 몇 가지 단점이 있다. 예를 들어 데이터가 사용 가능한 메모리 이상을 필요로 한다면 매우 느리고 다루 기도 어려울 것이다.

가장 보편적인 방법은 확률적 경사 하강법stochastic gradient descent (SGD)으로, 각 단계의 계산을 위 해 알고리즘에 전체 데이터를 투입하는 대신 데이터의 부분집합을 순차적으로 추출한다. 한 번 에 적용하는 데이터의 갯수는 한 단계에 하나에서 수백 개까지 다양하지만 가장 일반적인 크기 는 50~500개 사이이며, 그래서 이를 흔히 **미니배치**mini-batch라고 부른다.

배치 수가 적을수록 빨리 학습할 수 있고, 배치 크기가 작을수록 계산은 빨라진다. 그러나 샘 플의 수가 적으면 하드웨어 사용률이 낮아지고 분산이 커지기 때문에 비용 함수의 결과가 크게 요동친다는 단점이 있다. 그럼에도 이 요동 덕분에 매개변수의 집합이 더 나은 지역 최솟값을 찾을 수 있는 새로운 곳으로 점프할 수 있으므로 꼭 나쁜 것만은 아니라는 점이 밝혀졌다. 따라서 상대적으로 작은 배치 사이즈는 이런 점에서 효과적이며 현재 전반적으로 선호되는 방법이다.

텐서플로의 경사 하강법

텐서플로에서는 경사 하강법 알고리즘을 직관적으로 간편하게 사용할 수 있다. 텐서플로의 최적화 함수는 그래프에 새로운 연산을 추가하는 것만으로 경삿값을 계산할 수 있고 또 알아서 미분을 하며 경삿값을 계산한다. 즉 연산 그래프의 연산과 구조에서 경사 함수를 자동으로 유도하여, 알아서 경삿값을 계산한다는 의미이다.

매개변수 중 학습률을 설정하는 것이 중요한데, 이 값은 각 갱신 반복이 얼마나 적극적으로 이루어지는가(즉, 음의 경사 방향으로 얼마나 크게 이동할 것인가)를 결정한다. 손실 함수의 값이 쓸 만할 정도로 빠르게 감소해야 하지만 동시에 목표한 지점을 넘어서서 오히려 손실 함수의 결과가 더 커질 만큼 크게 이동하는 것은 바람직하지 않다.

우선 원하는 학습률을 인수로 정하고 GradientDescentOptimizer() 함수를 사용해 최적화 함수를 생성한다. 그런 다음 optimizer.minimize() 함수에 손실 함수를 인수로 전달하여 변수를 갱신하는 학습 연산을 생성한다.

```
optimizer = tf.train.GradientDescentOptimizer(learning_rate)
train = optimizer.minimize(loss)
```

학습 연산은 sess.run() 메서드에 입력값이 주어진 후에 실행된다.

예제로 마무리

이제 준비가 끝났다. 이번 절에서 설명한 모든 구성 요소를 결합해 선형회귀와 로지스틱 회귀, 두 모델의 매개변수를 최적화해보자. 이들 예제에서 미리 정한 특성에 따라 합성 데이터를 생성하고 모델이 최적화 과정을 통해 이 특성을 어떻게 복구해나가는지 직접 볼 것이다.

| 예제 1: 선형회귀 |

첫 번째 예제는 목푯값이 각 샘플에 가우시안 노이즈 ε_i를 추가한 어떤 입력 벡터 x의 선형 조합일 때 가중치 w와 편향값 b를 찾아내는 문제이다.

이 예제에서는 넘파이를 사용해 합성 데이터를 생성한다. 3개의 특징을 가진 벡터로 x의 샘플 2000개를 만들고 샘플 각각에 가중치의 집합 w([0.3, 0.5, 0.1])을 내적한 후 여기에 편향값 b(−0.2)와 가우시안 노이즈를 더한다.

```
import numpy as np

# 데이터를 생성하고 결과를 시뮬레이션
x_data = np.random.randn(2000,3)
w_real = [0.3,0.5,0.1]
b_real = -0.2

noise = np.random.randn(1,2000) * 0.1
y_data = np.matmul (w_real, x_data.T) + b_real + noise
```

[그림 3-6]은 노이즈를 추가한 샘플을 보여준다.

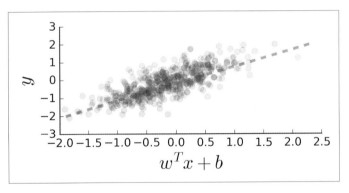

그림 3-6 선형회귀에 사용하기 위해 생성한 데이터. 각 동그라미는 샘플을 나타내며 점선(대각선 방향)은 가우시안 노이즈를 배제했을 때의 기댓값이다.

그다음 정확한 예측이 가능하도록 모델을 최적화하여(즉 최적의 매개변수를 찾아) 가중치의 집합 w와 편향 b를 예측한다. 각 반복마다 현재 매개변수를 한 번 업데이트한다. 이 예제에서는 sess.run() 메서드를 사용해 5번의 반복마다 추정 매개변수의 값을 출력하며, 10회 반복을 실행한다.

변수 초기화를 잊지 말자! 여기서는 가중치와 편향 모두 0으로 초기화한다. 하지만 초깃값을 선택하는 '스마트'한 기술들이 있으며 다음 장에서 이를 살펴볼 것이다. 이름 스코프를 사용해 출력의 추론, 손실 함수의 정의, 학습 객체의 설정 및 생성과 관련된 부분을 그룹으로 묶는다.

```
NUM_STEPS = 10

g = tf.Graph()
wb_ = []
with g.as_default():
    x = tf.placeholder(tf.float32,shape=[None,3])
    y_true = tf.placeholder(tf.float32,shape=None)

    with tf.name_scope('inference') as scope:
        w = tf.Variable([[0,0,0]],dtype=tf.float32,name='weights')
        b = tf.Variable(0,dtype=tf.float32,name='bias')
        y_pred = tf.matmul(w,tf.transpose(x)) + b

    with tf.name_scope('loss') as scope:
        loss = tf.reduce_mean(tf.square(y_true-y_pred))

    with tf.name_scope('train') as scope:
        learning_rate = 0.5
        optimizer = tf.train.GradientDescentOptimizer(learning_rate)
        train = optimizer.minimize(loss)

    # 시작하기 전에 변수를 초기화한다.
    init = tf.global_variables_initializer()
    with tf.Session() as sess:
        sess.run(init)
        for step in range(NUM_STEPS):
            sess.run(train,{x: x_data, y_true: y_data})
            if (step % 5 == 0):
                print(step, sess.run([w,b]))
                wb_.append(sess.run([w,b]))

        print(10, sess.run([w,b]))
```

결과는 다음과 같다.

```
0 [array([[0.2950076 , 0.5146408 , 0.10225995]], dtype=float32), -0.2016249]
5 [array([[0.30161804, 0.50127053, 0.10299627]], dtype=float32), -0.19888571]
10 [array([[0.30161804, 0.50127053, 0.10299627]], dtype=float32), -0.19888571]
```

고작 10회 반복만으로 추정 가중치 $\hat{w} = [0.302, 0.501, 0.103]$과 추정 편향값 $\hat{b} = -0.199$이 나왔다. 실제 매개변수 값은 $w = [0.3, 0.5, 0.1]$과 $b = -0.2$였다. 거의 정확하지 않은가!

| 예제 2: 로지스틱 회귀 |

예제 1과 같은 방식으로 생성한 데이터로 가중치와 편향을 계산해보는데, 이번에는 로지스틱 회귀로 실행해보자. 여기서 선형 성분 $w^T x + b$는 로지스틱 함수라고 불리는 비선형 함수의 입력이 된다. 이 함수는 선형 성분의 값을 [0, 1] 범위 안으로 눌러 넣는데 효과적이다.

$$Pr(y_i = 1 \mid x_i) = \frac{1}{1 + exp^{wx_i - b}}$$

이 값은 참(1) 또는 거짓(0)의 이진 출력 중 어떤 한 결과가 나올 확률로 간주할 수 있고, 모델의 비결정론적인(노이지한) 부분이다.[8]

로지스틱 함수는 일반화할 수 있는 개념이며, 곡선의 경삿값이나 최댓값이 다른 여러 로지스틱 함수를 통칭한다. 우리가 이 예제에서 사용하는 로지스틱 함수는 **시그모이드 함수**sigmoid function라는 이름으로도 불린다.

앞 예제와 같은 가중치의 집합과 편향을 사용해 샘플을 생성한다.

```
N = 20000
def sigmoid(x):
    return 1 / (1 + np.exp(-x))

# 데이터를 생성하고 결과를 시뮬레이션
x_data = np.random.randn(N,3)
w_real = [0.3,0.5,0.1]
b_real = -0.2
wxb = np.matmul(w_real,x_data.T) + b_real

y_data_pre_noise = sigmoid(wxb)
y_data = np.random.binomial(1,y_data_pre_noise)
```

[그림 3-7]에서 이진화 전후의 출력 샘플을 볼 수 있다.

....

8 옮긴이_ 데이터를 모델링할 때 데이터상의 소소한 변화나 측정 도구의 한계로 인한 오류 등을 확률적 노이즈라고 부르는 반면, 로지스틱 함수의 결과처럼 데이터 자체가 복잡해서 그 복잡도로부터 오는 노이즈를 결정론적 노이즈라고 부른다.

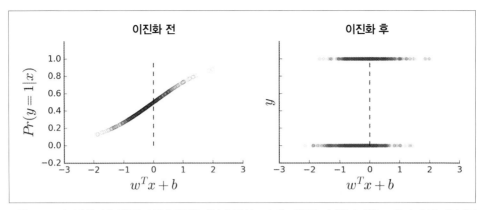

그림 3-7 로지스틱 회귀에 사용하기 위해 생성한 데이터. 각 동그라미는 샘플을 나타낸다. 왼쪽 그래프는 입력 데이터의 선형 조합을 로지스틱 함수에 적용하여 생성된 확률값들을 보여주며, 오른쪽 그래프는 왼쪽 그래프의 확률값 중 무작위로 추출하여 이진화한 목표 출력값을 보여준다.

코드에서 수정할 부분은 사용할 손실 함수뿐이다.

여기서 사용할 손실 함수는 교차 엔트로피의 이진 버전으로, 로지스틱 회귀모형에 사용할 수 있는 손실 함수 중 하나이다.

```
y_pred = tf.sigmoid(y_pred)
loss = -y_true*tf.log(y_pred) - (1-y_true)*tf.log(1-y_pred)
loss = tf.reduce_mean(loss)
```

다행히 텐서플로는 이를 대신해서 사용할 내장 함수가 있다.

```
tf.nn.sigmoid_cross_entropy_with_logits(labels=,logits=)
```

실제 출력값과 모델의 선형 예측값만 인수로 넘겨주면 된다.

```
NUM_STEPS = 50

with tf.name_scope('loss') as scope:
    loss = tf.nn.sigmoid_cross_entropy_with_logits(labels=y_true,logits=y_pred)
    loss = tf.reduce_mean(loss)

# 시작하기 전에 변수를 초기화한다.
init = tf.global_variables_initializer()
with tf.Session() as sess:
```

```
        sess.run(init)
        for step in range(NUM_STEPS):
            sess.run(train,{x: x_data, y_true: y_data})
            if (step % 5 == 0):
                print(step, sess.run([w,b]))
                wb_.append(sess.run([w,b]))

        print(50, sess.run([w,b]))
```

결과는 다음과 같다.

```
0 [array([[0.03419746, 0.0574356 , 0.01252363]], dtype=float32), -0.022899969]
5 [array([[0.1516647 , 0.25633273, 0.05511579]], dtype=float32), -0.10178624]
10 [array([[0.21473068, 0.36460328, 0.07763223]], dtype=float32), -0.14427549]
15 [array([[0.2501268 , 0.42610902, 0.09012728]], dtype=float32), -0.16814017]
20 [array([[0.27059895, 0.4620564 , 0.0972946 ]], dtype=float32), -0.18193415]
25 [array([[0.28266013, 0.48342845, 0.10149131]], dtype=float32), -0.1900508]
30 [array([[0.28984636, 0.49626428, 0.10398012]], dtype=float32), -0.19487984]
35 [array([[0.2941578 , 0.5040196 , 0.10546789]], dtype=float32), -0.19777288]
40 [array([[0.2967557 , 0.5087219 , 0.10636184]], dtype=float32), -0.19951373]
45 [array([[0.29832536, 0.51157886, 0.10690076]], dtype=float32), -0.2005643]
50 [array([[0.29912153, 0.5130345 , 0.10717366]], dtype=float32), -0.20109664]
```

이전 선형회귀 예제에 비해 더 많은 반복 후에야 수렴하며 더 많은 샘플이 필요하지만, 결국은 원래 선택했던 가중치와 꽤 유사한 결과를 얻는다.

3.5 마치며

이 장에서는 연산 그래프와 이를 사용해서 무엇을 할 수 있는지에 대해 알아보았다. 그래프를 만드는 방법과 출력을 계산하는 방법을 살펴보았다. 텐서플로의 주요 구성 요소인 텐서 객체에는 그래프의 연산 및 입력으로 사용할 플레이스홀더, 그리고 모델 학습 과정에서 조정할 변수 두 가지가 있음을 배웠다. 텐서 배열도 배웠으며 데이터 타입, 형태, 이름 속성도 다루었다. 마지막으로 모델 최적화 과정을 설명하고 텐서플로에서 구현하는 방법을 살펴보았다. 다음 장에서는 컴퓨터 비전에 사용되는 더 진보된 심층신경망으로 들어갈 것이다.

## CHAPTER 4

합성곱 신경망

이 장에서는 **합성곱 신경망**convolutional neural network (CNN)과 이와 관련된 구성 요소 및 메서드를 소개한다. 먼저 MNIST 데이터의 분류를 위한 간단한 모델에 합성곱 신경망을 적용해보고, 객체 인식에 사용되는 CIFAR10 데이터를 소개한 후 여러 개의 합성곱 신경망 모델을 적용해볼 것이다. 이 장의 합성곱 신경망 모델은 작고 빠르지만 객체 인식 작업에서 최첨단의 결과를 얻는 데 실제로 사용되는 모델의 대표적인 유형이다.

4.1 CNN 소개

합성곱 신경망은 특히 전망이 좋은 딥러닝으로 지난 몇 년간 특별한 위치를 차지해왔다. 이미지 처리에서 파생된 합성곱 계층은 사실상 모든 딥러닝의 일부분으로 들어갔으며 대부분의 경우 매우 성공적이었다.

완전 연결fully connected 신경망과 **합성곱**convolution 신경망 간의 근본적인 차이점은 이어지는 계층 간의 연결 패턴이다. 완전 연결 신경망은 이름에서 알 수 있듯 각각의 유닛은 앞의 계층의 모든 유닛과 연결되어 있다. 이 예를 2장에서 보았는데, 10개의 출력 유닛이 입력 이미지 픽셀 모두에 연결되어 있었다.

반면 합성곱 계층에서 각각의 유닛은 이전 계층에서 근접해 있는 몇 개의 (보통은 작은 수의) 유닛들에만 연결된다. 게다가 모든 유닛은 이전 계층에 동일한 방법으로 연결되어 같은 값의 가중치와 구조를 공유한다. 이 사이에 **합성곱**^{convolution}이라는 연산이 들어 있어(그림 4-1), 이 신경망을 합성곱 신경망이라 부른다. 다음 절에서 합성곱 연산에 대해서 좀 더 자세히 알아보겠지만, 간단히 말해 뒤에 나올 [그림 4-2]에 묘사된 것처럼 이미지 전체에 가중치의 작은 **윈도** window(**필터**^{filter}라고도 부름)를 적용한다는 뜻이다.

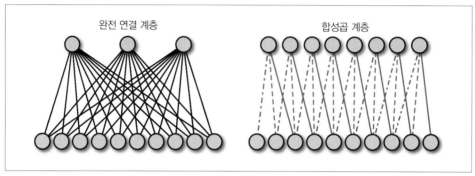

그림 4-1 완전 연결 계층(왼쪽)에서 각 유닛은 이전 계층의 모든 유닛에 연결된다. 합성곱 계층(오른쪽)에서는 각각의 유닛은 이전 계층의 모여 있는 일정한 수의 유닛에 연결된다. 또한 합성곱 계층에서는 연결선의 종류에서 보이듯 연결의 가중치를 유닛 모두가 공유한다.

CNN이 도입된 배경으로는 동기에 따라 여러 가지 설명이 언급된다. 첫 번째는 모델 뒤에 숨어 있는 소위 신경과학적 영감이다. 두 번째는 이미지의 본질에 대한 통찰과 관련이 있으며, 세 번째는 학습 이론에 관한 것이다. 실제 구조로 들어가기 전 이들 각각을 살펴보자.

신경망을 설명할 때, 특히 합성곱 신경망을 설명할 때는 생물학에서 영감을 받은 계산 모델로 설명하는 것이 일반적이다. 때로 뇌가 연산을 수행하는 방법을 흉내 낸 것이라고 주장하기까지 한다. 액면 그대로 받아들이면 오해의 여지가 있지만 생물학적 비유는 꽤나 흥미롭다.

노벨상 수상자인 신경생리학자 데이비드 허블과 토르스텐 비셀[1]은, 1960년대 초반에 뇌의 시각 처리의 첫 단계가 눈으로 보는 모든 영역에 동일한 필터(예를 들어 가장자리를 찾는 필터)를 적용하는 것으로 이루어져 있음을 밝혀냈다. 현재 신경과학 커뮤니티에서 이해하는 바로는 시각 처리가 이루어짐에 따라 정보는 입력의 좀 더 넓은 부분으로 증가해가며 통합되고 이는 계층적으로 이루어진다.

---

1 옮긴이_ 둘은 대뇌 반구의 기능과 시각 정보 처리에 대한 연구로 로저 울컷 스페리와 함께 1981년 노벨 생리의학상을 수상하였다.

합성곱 신경망도 동일한 패턴을 따른다. 각각의 합성곱 계층은 네트워크의 깊은 곳으로 들어감에 따라 이미지의 더 큰 영역을 보게 된다. 일반적으로 합성곱 계층 다음에 완전 연결 계층으로 이어지는데, 생물학에서 영감을 받은 비유로 보면 이 계층은 전역적 정보를 다루는 시각 처리의 상위 단계처럼 동작한다고 할 수 있다.

공학 관점의 두 번째 설명은, 이미지와 그 안에 담긴 내용의 본질에서 출발한다. 이미지 속에서 어떤 물체를 찾을 때, 예를 들어서 고양이의 얼굴을 찾는다고 하면, 이미지 내의 위치와는 무관하게 찾을 수 있어야 한다. 이는 동일한 내용이 이미지의 다른 위치에서 발견될 수 있다는 자연스러운 이미지의 속성을 반영한다. 이것을 **불변성**invariance이라고 하며, 이런 종류의 불변성은 (작은) 회전이 발생하거나 조명 조건이 변하더라도 유지되어야 한다.

그러므로 객체 인식 시스템을 만들 때는 변환에 대한 불변성이 있어야 한다(시나리오에 따라 여러 종류의 회전이나 변환이 있을 수 있지만 이는 다른 문제이다). 그러므로 이미지의 여러 다른 영역에 동일한 연산을 수행하는 것이 타당해 보인다. 이 관점에서 합성곱 신경망은 전체의 공간 영역에서 이미지의 동일한 특징을 계산한다.

마지막으로, 합성곱 구조는 하나의 정규화 메커니즘으로 볼 수 있다. 이 관점에서 합성곱 계층은 완전 연결 계층과 유사하지만 특정 크기의 행렬의 완전한 공간에서 가중치를 찾는 대신 정해진 크기의 합성곱을 설명할 수 있는 행렬로 제한하여, 보통 매우 작은 합성곱의 크기로 자유도degree of freedom를 줄인다.

> **NOTE_ 정규화**
>
> **정규화**regularization라는 용어는 이 책 전체에서 사용된다.[2] 머신러닝이나 통계학에서 정규화는 주로 정답의 복잡도에 페널티를 가해 최적화 문제에 제한을 두는 것을 말하는데, 이는 주어진 데이터에 오버피팅이 발생하는 것을 피하려는 시도이다.
>
> 오버피팅은 학습 데이터를 잘 설명하도록 만들어진 규칙(예를 들어 분류기)이 학습에 사용되지 않은 데이터에 대해 일반화가 제대로 이루어지지 않을 때 발생한다.
>
> 정규화는 원하는 결과가 나오도록 암묵적인 정보를 더하는 방식으로 적용하는 것이 일반적이다(함수 공간을 검색할 때 더 부드러운 함수를 사용하는 식의 방식을 취할 수 있다). 합성곱 신경망의 경우 고정 크기의 합성곱에 해당하는 상대적으로 낮은 차원의 부분 공간에서 가중치를 찾는 방식으로 적용한다.

----

2 옮긴이_ normalization과 구분하여 regularization을 '정형화'로 옮기기도 하나 본 번역서에서는 모두 '정규화'로 옮겼고, 구분해야 하는 곳에는 원문을 병기했다.

이 장에서는 합성곱 신경망과 관련된 계층과 연산의 유형을 다룬다. 앞 장에서 사용했던 MNIST 데이터를 사용하는데, 이번에는 약 99%의 정확도를 가진 모델을 만들 것이다. 이어서 좀 더 흥미로운 객체 인식용 CIFAR10 데이터로 넘어갈 것이다.

4.2 MNIST 분류기: 버전 2

이 절에서는 MNIST 데이터를 다시 사용해 분류기로 작은 합성곱 신경망을 적용해볼 것이다. 이를 위해 우리가 알아야 할 몇 가지 요소와 연산이 있다.

4.2.1 합성곱

합성곱 연산은, 이름 그대로 합성곱 신경망에서 계층이 연결되는 가장 기본적인 방법이다. 텐서플로에서 기본 제공되는 conv2d() 함수를 사용한다.

```
tf.nn.conv2d(x, W, strides=[1, 1, 1, 1], padding='SAME')
```

여기의 x는 입력 이미지 또는 네트워크를 따라 이전 합성곱 계층들에서 얻어진 아래층의 특징 맵 데이터이다. 이전에 설명한 것처럼 일반적인 CNN 모델에서는 합성곱 계층을 층층이 쌓아 올리는데 **특징 맵**feature map은 일반적으로 이들 각 계층의 출력을 칭하는 말이다. 각 계층의 출력을 필터와 몇몇 연산을 적용한 결과인 '처리된 이미지'로 생각하는 것도 한 방법이다. 여기서 필터는 합성곱 필터를 나타내는 네트워크의 학습된 가중치인 W로 매개변수화된다. 이는 [그림 4-2]에서 볼 수 있는 작은 '슬라이딩 윈도'들의 가중치의 집합이다.

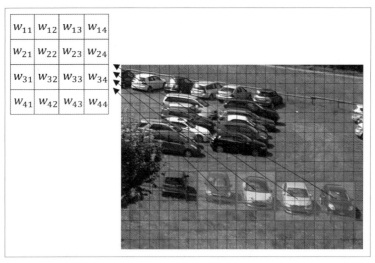

그림 4-2 이미지 전반에 적용된 동일한 '슬라이딩 윈도' 합성곱 필터

이 연산의 결과는 x와 W의 형태에 따라 달라지며, 여기서는 4차원 값이다. 이미지 데이터 x는
다음과 같은 모양이다.

```
[None, 28, 28, 1]
```

이 표현은 이미지의 개수는 모르고, 각각은 28×28, 픽셀이며, 색 채널은 1개(회색조 이미지)
임을 나타낸다. 가중치 W의 형태는 다음과 같다.

```
[5, 5, 1, 32]
```

여기서 앞의 5×5×1은 이미지에서 합성곱에 사용될 작은 '윈도'의 크기를 나타내는데 여기서
는 5×5 영역이다. 다중 색상 채널(1.2절에서 짧게 언급한 RGB)을 갖는 이미지에서 각 이미
지는 RGB 값들의 3차원 텐서로 간주할 수 있지만, 이 예제(MNIST 데이터)의 1채널 데이터
는 2차원 텐서이며 합성곱 필터는 2차원 영역에 적용된다. 뒤에서 볼 CIFAR10 데이터에서 다
중 채널 이미지의 예와 이에 따른 가중치 W의 크기를 정하는 방법을 살펴볼 것이다.

마지막 32는 특징 맵의 수이다. 즉 합성곱 계층의 가중치 집합을 여러 개를 가질 수 있으며, 이
경우는 32개가 있다는 뜻이다. 합성곱 계층의 아이디어가 이미지 전체에 동일한 특징을 계산
하는 것이라고 했음을 떠올려보자. 이러한 동일한 특징 다수를 계산하려는 것이며 그래서 여러

개의 합성곱 필터를 사용하려는 것이다.

strides 인수는 이미지(또는 특징 맵) x 위에서 필터 W의 공간적 이동을 제어한다.

값 [1, 1, 1, 1]은 필터가 각 차원에서 한 픽셀 간격으로 입력 데이터에 적용되며 '완전한' 합성곱에 대응한다는 뜻이다. 이 인수를 다르게 설정하면 필터를 적용할 때 특정 크기만큼 건너뛰게 할 수 있으며 이를 통해 특징 맵을 더 작게 만들 수 있다(뒤에서 적용해보겠지만, 실무에서는 이렇게 하는 게 일반적이다).

마지막으로 padding을 'SAME'으로 설정하면 연산 결과의 크기가 x의 크기와 같도록 x의 테두리에 패딩이 적용된다.[3]

> **NOTE_ 활성화 함수**
>
> 합성곱이건 완전 연결이건 상관없이 선형 계층에 비선형 **활성화 함수**activation function를 적용하는 것이 일반적이다(그림 4–3). 선형 연산의 특성상 연달아 선형 연산을 연결해도 하나의 선형 연산식으로 표현되므로 중간에 비선형 활성화 함수를 사용하지 않으면 네트워크의 깊이가 모델의 표현력에 아무런 도움을 줄 수 없다.

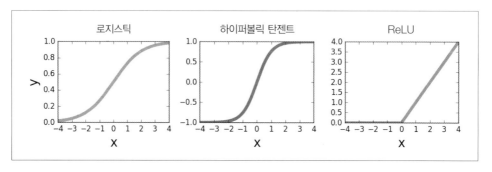

그림 4-3 흔히 사용되는 활성화 함수. 왼쪽부터 차례대로 로지스틱, 하이퍼볼릭 탄젠트, ReLU 함수

---

3 옮긴이_ 예를 들어서 3×3 크기의 필터를 한 픽셀 간격으로 움직이면서 적용하면 결과의 크기는 입력의 크기에 비해서 가로 세로로 두 칸씩 줄어든다. 원 이미지의 가장자리에 적당한 값의 가상의 픽셀이 있다고 가정하면 입력과 같은 크기의 결과를 얻을 수 있다. 이를 패딩이라고 부른다. 이 책 뒤의 RNN에서 시퀀스를 다룰 때 시퀀스의 길이를 맞추기 위해서 더미 데이터(0)를 덧붙일 때도 패딩이라는 용어를 사용하는데, 의미는 같으나 맥락이 다르다. 이 장의 CNN에서는 계층에서 계층으로 넘어갈 때 크기를 유지하기 위한 패딩이며 시퀀스 RNN에서는 길이가 서로 다른 시퀀스를 입력할 때 하나의 텐서로 표현하기 위한 패딩이다.

4.2.2 풀링

합성곱 계층 다음에는 풀링을 하는 것이 일반적이다. 기술적으로 **풀링**^{pooling}의 의미는 보통 각 특징 맵 내에서 어떤 지역적 집계 함수를 사용해 데이터의 크기를 줄이는 것을 뜻한다.

풀링의 배경에는 기술적인 이유와 이론적인 이유 둘 다 있다. 기술적 측면을 보면 풀링은 차례로 처리되는 데이터의 크기를 줄인다. 이 과정으로 모델의 전체 매개변수의 수를 크게 줄일 수 있는데, 합성곱 계층 뒤에 완전 연결 계층을 사용할 때 특히 그러하다.

풀링을 적용하는 이론적인 근거는 계산된 특징이 이미지 내의 위치의 사소한 변화에 영향을 받지 않기를 바란다는 것이다. 예를 들어 이미지의 우상단에서 눈을 찾는 특징은, 카메라를 살짝 오른쪽으로 옮겨 눈이 이미지의 중앙 쪽에 위치하더라도 하더라도 크게 영향을 받지 않아야 한다. '눈을 찾는 특징'을 공간적으로 모아내면 이 장의 앞부분에서 언급한 어떤 형태의 불변성을 찾아내서 이미지 간의 공간적 변화를 극복할 수 있는 모델을 만들 수 있다.

이 예제에서는 각 특징 맵의 2×2 블록에 최댓값 풀링^{max pooling} 연산을 적용한다.

```
tf.nn.max_pool(x, ksize=[1, 2, 2, 1], strides=[1, 2, 2, 1], padding='SAME')
```

최댓값 풀링은 미리 정의한 크기(여기서는 2×2)의 각 영역에서 입력값의 최댓값을 출력한다. `ksize` 인수는 풀링의 크기를 정의하고 `strides` 인수는 합성곱 계층과 마찬가지로 x에서 움직이는 풀링 조각이 얼마나 크게 건너뛸지^{stride} 혹은 미끄러질지^{slide}를 제어한다. 이를 2×2 그리드로 설정하면 풀링의 결과는 원본의 높이와 폭은 절반이 되고 크기는 1/4이 된다.

4.2.3 드롭아웃

모델에 필요한 마지막 요소는 **드롭아웃**^{dropout}이다. 이는 정규화를 위한 트릭이며 네트워크가 전체 뉴런에 걸쳐 학습된 표현을 배포하도록 강제한다. 학습 중 값을 0으로 세팅해서 계층 내의 유닛 중 임의의 사전에 설정된 부분을 '꺼버리는' 방식으로 드롭아웃시킨다. 드롭아웃된 뉴런은 각 연산마다 다르게 무작위로 선택되며, 네트워크가 드롭아웃 이후에도 표현을 학습하도록 강제한다. 이 과정은 여러 네트워크의 '앙상블' 학습으로도 간주할 수 있으며, 따라서 일반화를 강화한다고 할 수 있다. 테스트 시점('추론')에 네트워크를 분류기로 사용할 때는 드롭아웃 없이 네트워크 전체를 그대로 사용한다.

예제에서 드롭아웃을 적용하는 계층에 사용하는 유일한 인수는 keep_prob로, 각 단계에서 학습을 계속할 뉴런의 비율이다.

```
tf.nn.dropout(layer, keep_prob=keep_prob)
```

이 값은 수정 가능해야 하므로(테스트 단계에서는 드롭아웃을 적용하지 않으므로 이 값을 1.0으로 지정해야 한다) tf.placeholder를 사용해야 한다. 학습 단계에서는 0.5를, 테스트 단계에서는 1.0을 넘겨줄 것이다.

4.2.4 모델

먼저 이 장에서 계층을 만드는 데 사용할 헬퍼 함수를 정의하겠다. 이를 사용해서 짧고 가독성이 좋은 코드로 실제 모델을 만들 수 있다(이 책의 뒤쪽에서 딥러닝의 구성 요소를 추상화하는 훌륭한 여러 프레임워크가 존재한다는 사실을 확인하게 될 것이며, 이런 프레임워크를 사용하면 모든 요소를 일일이 정의하는 다소 지루한 작업 대신 네트워크를 빠르게 설계하는 데 집중할 수 있다). 헬퍼 함수는 다음과 같다(*layers.py*).

```
def weight_variable(shape):
    initial = tf.truncated_normal(shape, stddev=0.1)
    return tf.Variable(initial)


def bias_variable(shape):
    initial = tf.constant(0.1, shape=shape)
    return tf.Variable(initial)


def conv2d(x, W):
    return tf.nn.conv2d(x, W, strides=[1, 1, 1, 1], padding='SAME')


def max_pool_2x2(x):
    return tf.nn.max_pool(x, ksize=[1, 2, 2, 1],
                          strides=[1, 2, 2, 1], padding='SAME')


def conv_layer(input, shape):
```

```
    W = weight_variable(shape)
    b = bias_variable([shape[3]])
    return tf.nn.relu(conv2d(input, W) + b)


def full_layer(input, size):
    in_size = int(input.get_shape()[1])
    W = weight_variable([in_size, size])
    b = bias_variable([size])
    return tf.matmul(input, W) + b
```

이들 헬퍼 함수를 하나씩 자세히 살펴보자.

| weight_variable() |

네트워크의 완전 연결 계층이나 합성곱 계층의 가중치를 지정한다. 표준편차가 **0.1**인 절단정규분포를 사용하여 무작위로 초기화한다. 꼬리를 쳐낸 정규분포를 따르는 무작위의 값을 사용하는 초기화는 일반적으로 사용되는 방식이며 결과도 좋게 나오는 편이다(무작위 초기화에 대해서는 뒤에 나오는 노트 참고).

| bias_variable() |

완전 연결 계층이나 합성곱 계층의 편향값을 정의한다. 이들 값은 모두 상수 **0.1**로 초기화된다.

| conv2d() |

일반적으로 사용할 합성곱을 정의한다. 건너뜀 없는 완전한 합성곱으로 입력과 같은 크기를 출력한다.

| max_pool_2x2 |

최댓값 풀링을 통해 높이와 넓이 차원을 각각 절반으로 줄여 전체적으로 특징 맵의 크기를 1/4로 줄인다.

| conv_layer() |

사용할 실제 합성곱 계층으로 conv2d에 정의된 선형 합성곱에 편향값을 더한 후 비선형

ReLU[4]를 적용한다.

| full_layer() |

편향을 적용한 표준적인 완전 연결 계층이다. ReLU를 적용하지 않았음을 주목하자. 이 함수를
사용해 최종 출력에 동일한 계층을 적용하는데, 그러면 비선형 부분이 필요하지 않다.

계층이 정의되면 모델을 구성할 준비가 된 것이다(그림 4-4).

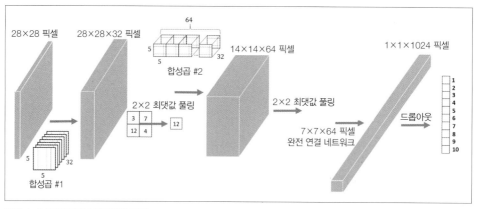

그림 4-4 예제 합성곱 신경망의 구조

```
x = tf.placeholder(tf.float32, shape=[None, 784])
y_ = tf.placeholder(tf.float32, shape=[None, 10])

x_image = tf.reshape(x, [-1, 28, 28, 1])
conv1 = conv_layer(x_image, shape=[5, 5, 1, 32])
conv1_pool = max_pool_2x2(conv1)

conv2 = conv_layer(conv1_pool, shape=[5, 5, 32, 64])
conv2_pool = max_pool_2x2(conv2)
```

---

4 옮긴이_ ReLU 또는 선형 정류(rectifying linear unit) 활성화 함수는 기존에 널리 쓰이던 로지스틱 함수(흔히 시그모이드 함수)를 딥러
닝에 사용했을 때 계층이 늘어남에 따라 학습 단계에서 역전파의 영향력이 급격히 줄어드는 기울기 소실(gradient vanishing) 문제를
해결하기 위해 딥러닝에서 널리 사용되는 '신세대' 활성화 함수이다.

```
conv2_flat = tf.reshape(conv2_pool, [-1, 7*7*64])
full_1 = tf.nn.relu(full_layer(conv2_flat, 1024))

keep_prob = tf.placeholder(tf.float32)
full1_drop = tf.nn.dropout(full_1, keep_prob=keep_prob)

y_conv = full_layer(full1_drop, 10)
```

> **NOTE_ 무작위 초기화**
>
> 이 예제에서 합성곱 계층의 가중치에 사용한 무작위 초기화를 포함하여, 이전 장에서 여러 종류의 초기화를
> 다뤘다.
>
> ```
> initial = tf.truncated_normal(shape, stddev=0.1)
> ```
>
> 딥러닝 모델의 학습에서 초기화의 중요성에 대해서는 많은 이야깃거리가 있는데, 요약하자면 초기화를 엉망
> 으로 하면 학습 과정을 '막히게' 만들거나 초기화 값의 문제로 완전히 실패할 수 있다는 것이다. 상수로 초기
> 화하는 대신 무작위한 값을 사용하면 학습된 특징 간의 대칭성을 무너뜨려 모델이 다양하고 풍부한 표현을
> 학습할 수 있게 된다. 무작위 초기화에 값의 범위를 지정하면 경삿값의 크기를 제어하여 네트워크가 효율적
> 으로 수렴할 수 있게 된다.

먼저 이미지와 정답 레이블의 플레이스홀더(각각 x와 y_)를 정의한다. 다음으로 이미지 데이
터를 $28 \times 28 \times 1$ 크기의 2차원 이미지 형식으로 재구성reshape한다. 이전 장의 MNIST 모델에서
는 모든 픽셀 간의 관계를 고려하지 않고 처리하였으므로 데이터의 공간적인 요소를 고려할 필
요가 없었다. 하지만 이미지를 대상으로 하는 합성곱 신경망 프레임워크에서는 공간적 의미의
활용이 가장 중요한 요소이다.

이어서 두 개의 연속된 합성곱 계층과 풀링 계층을 만든다. 각각 5×5 합성곱과 32 및 64개의
특징 맵을 가지며, 그 뒤에 1024개의 유닛을 가진 하나의 완전 연결 계층이 이어진다. 완전 연
결 계층에서는 더 이상 공간적 측면을 고려할 필요가 없으므로 완전 연결 계층을 적용하기 전
에 이미지를 하나의 벡터 형태로 평탄화flatten한다.

두 개의 합성곱과 풀링 계층에서 나오는 이미지의 크기는 $7 \times 7 \times 64$이다. 원래의 28×28 픽
셀 이미지는 두 번의 풀링 과정에서 14×14의 크기로 축소된 후 다시 7×7의 크기로 축소된
다. 두 번째 합성곱 계층에서 만들어진 특징 맵의 수는 64개이다. 모델에서 학습된 매개변수의

전체 개수는 완전 연결 계층에서는 큰 비율로 증가한다(7×7×64에서 1024개로 증가하므로 320만 개 매개변수). 최댓값 풀링을 사용하지 않는다면 이 수는 16배로 증가했을 것이다(28×28×64×1024는 약 5100만쯤 된다).

마지막으로 출력은 데이터의 레이블의 개수에 해당하는 10개의 유닛을 가진 완전 연결 계층이다(MNIST는 필기체 숫자 데이터이므로 10개의 레이블이 존재한다).

나머지는 2장의 첫 번째 MNIST 모델과 동일하지만 살짝 바뀐 것들이 있다.

| train_accuracy |

매 100회의 학습이 진행될 때마다 모델의 정확도를 출력한다. 학습 단계가 완료되기 **전에** 해당 중간 시점에서 학습 데이터에 대한 모델의 성능을 추정할 수 있다.

| test_accuracy |

테스트 과정을 1,000개의 이미지로 구성된 10개의 블록으로 나누었다. 대량의 데이터를 사용하는 경우 매우 중요한 작업이다.

전체 코드는 다음과 같다(*mnist_cnn.py*).

```python
mnist = input_data.read_data_sets(DATA_DIR, one_hot=True)

cross_entropy = tf.reduce_mean(tf.nn.softmax_cross_entropy_with_logits(logits=y_conv,
                                                                       labels=y_))

train_step = tf.train.AdamOptimizer(1e-4).minimize(cross_entropy)

correct_prediction = tf.equal(tf.argmax(y_conv, 1), tf.argmax(y_, 1))
accuracy = tf.reduce_mean(tf.cast(correct_prediction, tf.float32))

with tf.Session() as sess:
    sess.run(tf.global_variables_initializer())
    for i in range(STEPS):
        batch = mnist.train.next_batch(50)

        if i % 100 == 0:
            train_accuracy = sess.run(accuracy, feed_dict={x: batch[0],
```

```
                                                        y_: batch[1],
                                                        keep_prob: 1.0})
            print("step {}, training accuracy {}".format(i, train_accuracy))

        sess.run(train_step, feed_dict={x: batch[0], y_: batch[1],
                                        keep_prob: 0.5})

    X = mnist.test.images.reshape(10, 1000, 784)
    Y = mnist.test.labels.reshape(10, 1000, 10)
    test_accuracy = np.mean([sess.run(accuracy,
                        feed_dict={x:X[i], y_:Y[i],keep_prob:1.0})
                        for i in range(10)])

print("test accuracy: {}".format(test_accuracy))
```

이 모델의 성능은 상당히 좋은데 고작 5에폭^{epoch}[5] (크기가 50인 미니배치를 5,000번 반복) 학습 이후에 정확도가 99%를 넘어선다.

수년간 이 데이터에 적용된 모델의 목록을 참고하거나, 결과를 어떻게 더 향상할 것인지에 대한 아이디어를 얻으려면 *http://yann.lecun.com/exdb/mnist/*를 참조하자.

4.3 CIFAR10

CIFAR10은 컴퓨터 비전과 머신러닝에서 오랜 역사를 가진 또 하나의 데이터다. MMIST와 마찬가지로 다양한 방법을 테스트하여 비교하는 데 널리 사용되고 있다. CIFAR10 데이터셋 (*http://www.cs.toronto.edu/~kriz/cifar.html*)은 32×32 화소 크기의 6만 개의 컬러 이미지 셋으로 각각의 이미지는 비행기, 자동차, 새, 고양이, 사슴, 개, 개구리, 말, 배, 트럭의 10개 분류 중 하나에 속한다.

이 데이터에 적용된 최신 딥러닝 방법은 사람이 분류하는 것과 다를 바 없이 훌륭하다. 이번 절에서는 상대적으로 빠르게 실행되는 매우 간단한 방법들을 적용해볼 것이며, 이어서 이 방법들

---

5 머신러닝, 특히 딥러닝에서 학습 과정 시 데이터 전체를 적용한 회수의 단위를 에폭(epoch)이라 부른다. 즉 학습 모델이 학습 데이터 각각을 정확히 한 번 본 횟수를 뜻한다.

과 최신 기술의 차이에 대해서 간단하게 이야기하겠다.[6]

4.3.1 CIFAR10 데이터 읽어 들이기

먼저 MNIST에서 사용했던 내장된 input_data.read_data_sets()와 유사하게 CIFAR10에 사용할 데이터 관리자를 만든다.[7]

먼저 파이썬 버전의 데이터를 다운로드하고(*https://www.cs.toronto.edu/~kriz/cifar-10-python.tar.gz*) 로컬 디렉터리에 압축을 풀자. 다음의 파일들이 있어야 한다.

- *data_batch_1, data_batch_2, data_batch_3, data_batch_4, data_batch_5*
- *test_batch*
- *batches_meta*
- *readme.html*

data_batch_X 파일은 학습 데이터가 포함된 직렬화된 데이터 파일들이며, *test_batch* 파일은 테스트 데이터가 포함된 유사한 직렬화 파일들이다. *batches_meta* 파일은 숫자에서 의미 레이블로의 매핑을 담고 있다. *readme.html* 파일은 'CIFAR-10 데이터셋' 웹 페이지의 사본이다.

상대적으로 작은 데이터이므로 전체를 메모리에 올려 실행하겠다(*cifar_cnn.py*).

```python
class CifarLoader(object):
    def __init__(self, source_files):
        self._source = source_files
        self._i = 0
        self.images = None
        self.labels = None

    def load(self):
        data = [unpickle(f) for f in self._source]
```

6　옮긴이_ 이하 예제들을 실행하려면 matplotlib이 필요하고, python-tk 모듈도 필요할 수 있다. 전자는 pip 또는 pip3로 설치하면 된다. 후자는 최근 3.x 공식 배포판에는 기본 포함되어 있으나, 없다면 우분투 리눅스의 경우 sudo apt-get install python3-tk(또는 python-tk)로 설치한다.

7　여기서 데이터 관리자를 만드는 주 목적은 설명을 위한 것이다. 오픈소스 라이브러리들은 대중적인 데이터에 사용할 수 있는 내장 데이터 래퍼를 포함하고 있다. 케라스의 데이터 모듈인 keras.datasets, 그중에서도 keras.datasets.cifar10이 한 예이다.

```
        images = np.vstack([d["data"] for d in data])
        n = len(images)
        self.images = images.reshape(n, 3, 32, 32).transpose(0, 2, 3, 1)\
                            .astype(float) / 255
        self.labels = one_hot(np.hstack([d["labels"] for d in data]), 10)
        return self

    def next_batch(self, batch_size):
        x, y = self.images[self._i:self._i+batch_size],
                self.labels[self._i:self._i+batch_size]
        self._i = (self._i + batch_size) % len(self.images)
        return x, y
```

위 코드에서 사용한 두 유틸리티 함수는 다음과 같다.[8]

```
DATA_PATH = "/path/to/CIFAR10"

def unpickle(file):
    with open(os.path.join(DATA_PATH, file), 'rb') as fo:
        dict = cPickle.load(fo)
    return dict

def one_hot(vec, vals=10):
    n = len(vec)
    out = np.zeros((n, vals))
    out[range(n), vec] = 1
    return out
```

unpickle() 함수는 이미지 데이터와 레이블 값에 해당하는 data와 lables 필드를 가진 dict를 반환한다. one_hot()은 0에서 9까지의 정수인 레이블 값을 길이가 10인 벡터로 바꾸는데, 이 벡터는 레이블 값에 해당하는 위치의 원소는 1이고 나머지는 모두 0인 벡터이다.

마지막으로 학습 및 테스트 데이터를 모두 포함하는 데이터 관리자를 만든다.

```
class CifarDataManager(object):
    def __init__(self):
        self.train = CifarLoader(["data_batch_{}".format(i)
        for i in range(1, 6)])
```

----

8 옮긴이_ 이하 이 책의 코드에서 사소한 경로 지정 부분은 추가로 설명하지 않는다.

```
        .load()
    self.test = CifarLoader(["test_batch"]).load()
```

matplotlib(맷플롯립)과 데이터 관리자를 사용하여 CIFAR10 이미지의 일부를 출력해보면 데이터의 내용을 더 잘 이해할 수 있다.

```
def display_cifar(images, size):
    n = len(images)
    plt.figure()
    plt.gca().set_axis_off()
    im = np.vstack([np.hstack([images[np.random.choice(n)] for i in range(size)])
                    for i in range(size)])
    plt.imshow(im)
    plt.show()

d = CifarDataManager()
print("Number of train images: {}".format(len(d.train.images)))
print("Number of train labels: {}".format(len(d.train.labels)))
print("Number of test images: {}".format(len(d.test.images)))
print("Number of test images: {}".format(len(d.test.labels)))
images = d.train.images
display_cifar(images, 10)
```

NOTE_ matplotlib
matplotlib은 플로팅(그래프 등 그리기)을 위한 유용한 파이썬 라이브러리로서, 매트랩^{MATLAB}의 플롯처럼 그리거나 작동하도록 설계되었다. 데이터를 빠르게 플롯하고 시각화하는 가장 쉬운 방법일 때가 많다. **pip/ pip3**으로 설치 가능하다.

display_cifar() 함수는 images(이미지를 담고 있는 파이썬 이터러블^{iterable})와 size(출력하고자 하는 이미지의 수)를 인수로 받아 size×size 이미지 격자를 생성하고 출력한다. 실제 이미지를 수직, 수평으로 연결하여 큰 이미지를 만들어낸다.

이미지 격자를 출력하기 전에 학습/테스트 데이터의 크기를 출력한다. CIFAR10에는 5만 개의 학습용 이미지와 만 개의 테스트용 이미지가 들어 있다.

```
Number of train images: 50000
Number of train labels: 50000
```

```
Number of test images: 10000
Number of test images: 10000
```

[그림 4-5]를 보면 CIFAR10 이미지가 실제로 어떤 모양인지를 알 수 있다. 이들 작은 32×32 픽셀 이미지는 이 낮은 해상도에서도 어느 정도 인식 가능한 하나의 완전한 객체가 가운데에 들어 있다는 것을 알 수 있다.

그림 4-5 100개의 무작위 CIFAR10 이미지

4.3.2 간단한 CIFAR10 모델

앞 절에서 MNIST 데이터를 대상으로 좋은 결과를 보여준 모델로 시작해보자. MNIST 데이터는 28×28 픽셀의 회색조 이미지로 구성되어 있었던 반면, CIFAR10 이미지는 32×32 픽셀의 컬러 이미지로 구성되어 있다. 이 때문에 연산 그래프의 설정을 조금 바꿔야 한다.

```
cifar = CifarDataManager()

x = tf.placeholder(tf.float32, shape=[None, 32, 32, 3])
```

```
y_ = tf.placeholder(tf.float32, shape=[None, 10])
keep_prob = tf.placeholder(tf.float32)

conv1 = conv_layer(x, shape=[5, 5, 3, 32])
conv1_pool = max_pool_2x2(conv1)

conv2 = conv_layer(conv1_pool, shape=[5, 5, 32, 64])
conv2_pool = max_pool_2x2(conv2)

conv2_flat = tf.reshape(conv2_pool, [-1, 8 * 8 * 64])

full_1 = tf.nn.relu(full_layer(conv2_flat, 1024))
full1_drop = tf.nn.dropout(full_1, keep_prob=keep_prob)

y_conv = full_layer(full1_drop, 10)

cross_entropy = tf.reduce_mean(tf.nn.softmax_cross_entropy_with_logits(logits=y_conv,
                                                            labels=y_))

train_step = tf.train.AdamOptimizer(1e-3).minimize(cross_entropy)

correct_prediction = tf.equal(tf.argmax(y_conv, 1), tf.argmax(y_, 1))
accuracy = tf.reduce_mean(tf.cast(correct_prediction, tf.float32))

def test(sess):
    X = cifar.test.images.reshape(10, 1000, 32, 32, 3)
    Y = cifar.test.labels.reshape(10, 1000, 10)
    acc = np.mean([sess.run(accuracy, feed_dict={x: X[i], y_: Y[i],
                                                 keep_prob: 1.0})
                   for i in range(10)])
    print("Accuracy: {:.4}%".format(acc * 100))

with tf.Session() as sess:
    sess.run(tf.global_variables_initializer())

    for i in range(STEPS):
        batch = cifar.train.next_batch(BATCH_SIZE)
        sess.run(train_step, feed_dict={x: batch[0], y_: batch[1],
                                        keep_prob: 0.5})

    test(sess)
```

첫 번째 시도는 몇 분 안에 약 70%의 정확도를 달성한다(배치 크기는 100을 사용했으며 소요 시간은 하드웨어의 성능과 구성에 따라 달라질 수 있다). 얼마나 좋은 결과일까? 현재의 최신 딥러닝 방법을 적용하면 이 데이터에서 95% 이상의 정확도를 얻을 수 있다.[9] 하지만 훨씬 더 큰 모델을 사용하며 보통 엄청나게 많은 학습 시간이 필요하다.

이전 절의 MNIST와 비슷하지만 몇가지 다른 점이 있다. 먼저 $32 \times 32 \times 3$ 크기의 이미지로 입력이 구성되어 있는데 세 번째 차원은 3개의 색상 채널이다.

```
x = tf.placeholder(tf.float32, shape=[None, 32, 32, 3])
```

비슷하게 두 번의 풀링 연산을 거친 후 8×8 크기의 64개의 특징 맵만 남는다.

```
conv2_flat = tf.reshape (conv2_pool, [-1, 8 * 8 * 64])
```

마지막으로 편의상 테스트 과정을 test( )라는 이름의 별도의 함수로 분리하고 학습 과정의 정확도 값은 출력하지 않는다(MNIST 모델과 동일한 코드를 사용해 추가할 수 있다).

(간단한 MNIST 모델이건 다른 데이터를 대상으로 하는 최신 모델이건 간에) 기준으로 삼을 수 있는 정확도값을 가진 모델이 있다면, 실제로 해야 할 일은 일련의 개조와 변화의 과정을 통해서 원하는 수준의 정확도에 도달할 때까지 모델을 개선하는 것이다.

여기서는 나머지는 동일하게 둔 채로 128개의 특징 맵과 드롭아웃을 가진 세 번째 합성곱 계층을 추가해보자. 또 완전 연결 계층의 유닛 수를 1024개에서 512개로 줄여보자.

```
x = tf.placeholder(tf.float32, shape=[None, 32, 32, 3])
y_ = tf.placeholder(tf.float32, shape=[None, 10])
keep_prob = tf.placeholder(tf.float32)

conv1 = conv_layer(x, shape=[5, 5, 3, 32])
conv1_pool = max_pool_2x2(conv1)

conv2 = conv_layer(conv1_pool, shape=[5, 5, 32, 64])
conv2_pool = max_pool_2x2(conv2)

conv3 = conv_layer(conv2_pool, shape=[5, 5, 64, 128])
conv3_pool = max_pool_2x2(conv3)
```

---

9 관련 기법과 논문의 목록은 http://bit.ly/2srV5OO를 참조하자.

```
conv3_flat = tf.reshape(conv3_pool, [-1, 4 * 4 * 128])
conv3_drop = tf.nn.dropout(conv3_flat, keep_prob=keep_prob)

full_1 = tf.nn.relu(full_layer(conv3_drop, 512))
full1_drop = tf.nn.dropout(full_1, keep_prob=keep_prob)

y_conv = full_layer(full1_drop, 10)
```

이 모델을 실행하는데는 시간이 조금 걸리며(물론 성능이 좋은 하드웨어가 없다 할 지라도 한 시간은 넘지 않을 것이다) 정확도는 약 75% 정도가 나온다.

이 방법과 널리 알려진 방법들 사이에는 여전히 큰 차이가 있다. 이 차이를 좁히기 위해서 시도할 수 있는 여러 개별 작업이 있다.

| 모델의 크기 |

CIFAR10 데이터나 이와 유사한 데이터의 처리는 더 많은 조정 가능한 매개변수를 가진 더 심층적인 네트워크를 적용해 개선할 수 있다.

| 계층이나 기법 추가 |

여기서 사용한 계층 이외에 지역 응답 정규화local response normalization[10]와 같은 다른 유형의 계층을 추가할 수 있다.

| 최적화 트릭 |

이 책 후반부에 더 자세히 다룬다.

| 도메인 지식 |

도메인 지식을 활용한 전처리를 통해 결과를 개선할 수 있다. 이런 예제의 경우 전통적인 방식의 이미지 처리 과정을 적용할 수 있다.

| 데이터 확대 |

주어진 데이터를 사용하여 학습 데이터를 추가로 생성할 수 있다. 예를 들어서 개의 이미지

---

10 옮긴이_ 지역 응답 정규화는 7장의 노트를 참조하자. 여기서 정규화는 regularization이 아니다.

는 가로 방향으로 뒤집어도 역시 개의 이미지이다(하지만 세로 방향으로 뒤집으면 어떻게 될까?). 살짝 이동하거나 회전하는 방법도 널리 사용된다.

| 성공적인 기법이나 아키텍처의 재활용 |

대부분의 공학 분야와 마찬가지로, 입증된 기법에서 출발해 이를 사용자의 요구에 맞도록 조정하는 것도 좋은 방법이다. 딥러닝에서는 사전 학습된 모델을 미세 조정하는 식으로 이루어지곤한다.

이번 장의 최종 CIFAR10 데이터 분류 모델은, 이 데이터에 잘 맞는 유명한 모델의 축소판이다. 이 모델은 여전히 작고 빠르지만 150에폭을 넘어서면 약 83%의 정확도를 얻을 수 있다.

```python
C1, C2, C3 = 30, 50, 80
F1 = 500

conv1_1 = conv_layer(x, shape=[3, 3, 3, C1])
conv1_2 = conv_layer(conv1_1, shape=[3, 3, C1, C1])
conv1_3 = conv_layer(conv1_2, shape=[3, 3, C1, C1])
conv1_pool = max_pool_2x2(conv1_3)
conv1_drop = tf.nn.dropout(conv1_pool, keep_prob=keep_prob)

conv2_1 = conv_layer(conv1_drop, shape=[3, 3, C1, C2])
conv2_2 = conv_layer(conv2_1, shape=[3, 3, C2, C2])
conv2_3 = conv_layer(conv2_2, shape=[3, 3, C2, C2])
conv2_pool = max_pool_2x2(conv2_3)
conv2_drop = tf.nn.dropout(conv2_pool, keep_prob=keep_prob)

conv3_1 = conv_layer(conv2_drop, shape=[3, 3, C2, C3])
conv3_2 = conv_layer(conv3_1, shape=[3, 3, C3, C3])
conv3_3 = conv_layer(conv3_2, shape=[3, 3, C3, C3])
conv3_pool = tf.nn.max_pool(conv3_3, ksize=[1, 8, 8, 1], strides=[1, 8, 8, 1],
                            padding='SAME')
conv3_flat = tf.reshape(conv3_pool, [-1, C3])
conv3_drop = tf.nn.dropout(conv3_flat, keep_prob=keep_prob)

full1 = tf.nn.relu(full_layer(conv3_drop, F1))
full1_drop = tf.nn.dropout(full1, keep_prob=keep_prob)

y_conv = full_layer(full1_drop, 10)
```

이 모델은 세 블록의 합성곱 계층으로 구성되어 있으며 그 뒤에는 앞에서 여러 번 본 적 있는 완전 연결 계층과 출력 계층이 이어진다. 합성곱 계층의 각 블록에는 3개의 연속적인 합성곱 계층이 들어 있으며 하나씩의 풀링과 드롭아웃으로 이어진다.

상수 C1, C2, C3는 각각 합성곱 블록 각 계층의 특징 맵의 수를 제어하고, 상수 F1은 완전 연결 계층의 유닛의 수를 제어한다.

합성곱 계층의 세 번째 블록 다음에는 8×8의 최댓값 풀링 계층을 사용한다.

```
conv3_pool = tf.nn.max_pool(conv3_3, ksize=[1, 8, 8, 1], strides=[1, 8, 8, 1],
                            padding='SAME')
```

이 시점에서 특징 맵의 크기는 8×8이므로(32×32 크기의 사진이 앞의 두 풀링을 통해 각각 절반씩 축소된다) 전체적으로 각 특징 맵을 풀링하여 그중 최댓값을 저장한다. 세 번째 블록의 특징 맵의 수는 80으로 설정되어 있으므로 이 시점에서(최댓값 풀링 이후) 표현은 80개로 줄어든다. 이를 통해서 완전 연결 계층으로 전환할 때의 매개변수의 수가 80×500으로 유지되므로 모델의 크기가 줄어든다.

4.4 마치며

이 장에서는 합성곱 신경망과 그것을 이루는 일반적인 여러 구성 요소를 살펴봤다. 일단 작은 모델을 정상적으로 돌릴 수 있다면 같은 원리를 사용해 이를 더 크고 깊게 만들어보자. 최신 문헌을 들여다보고 어떤 효과가 있는지를 살펴볼 수도 있지만 시행 착오를 통해 그중 일부를 스스로 이해하는 과정에서 많은 것을 배울 수 있다. 다음 장에서는 텍스트 및 시퀀스 데이터로 작업하는 방법과 CNN 모델을 쉽게 구축하기 위한 텐서플로 추상화 사용 방법을 살펴볼 것이다.

## CHAPTER 5

텍스트 1: 텍스트와 시퀀스 처리 및 텐서보드 시각화

이번 장에서는 텐서플로에서 시퀀스^{sequence}, 특히 텍스트를 어떻게 다루는지를 보여준다. 우선 순환신경망^{recurrent neural network} (RNN)을 소개하는데, 이는 자연어처리^{natural language processing} (NLP)에 특히 유용하고 널리 사용되는 강력한 종류의 딥러닝 알고리즘이다. RNN 모델을 밑바닥부터 구현하는 방법을 살펴보고, 몇 가지 중요한 텐서플로 기능을 도입할 것이며, 대화형 텐서보드로 모델을 시각화해볼 것이다. 이어서 단어 임베딩 학습^{word-embedding training}과 함께, 지도 학습을 사용한 텍스트 분류에 RNN을 사용하는 방법을 탐구한다. 마지막으로 LSTM^{long short-term memory}[1] 네트워크를 적용한 고급 RNN 모델을 만드는 방법과 가변 길이의 시퀀스를 다루는 방법을 다루겠다.

5.1 시퀀스 데이터의 중요성

앞 장에서 이미지의 공간 구조를 사용하여 뛰어난 결과를 보여주는 고급 모델을 만들 수 있음을 알았고, 구조를 활용하는 것이 매우 중요하다는 교훈을 얻었다. 곧 보게 되겠지만 순차형^{sequential} 구조 또한 매우 중요하고 유용한 유형의 구조다. 데이터 과학의 측면에서 생각해보면 순차형 구조는 모든 도메인의 많은 데이터에서 찾을 수 있다. 컴퓨터 비전에서 동영상은 시간의 흐름에 따른 순차적인 시각 콘텐츠이다. 음성에서는 오디오 신호가, 유전체학에서는 유전자

---

1 옮긴이_ '장기-단기 기억'으로 번역하기도 한다.

서열이 그러하다. 헬스케어 분야에서의 장기간에 걸친 진료 기록이나 주식시장의 재무 데이터 등도 그러하다(그림 5-1).

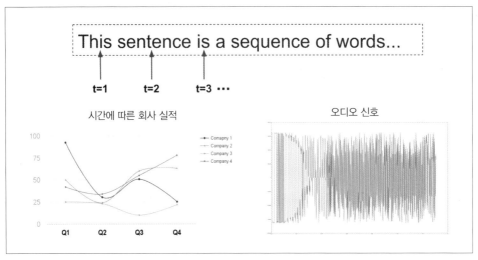

그림 5-1 어디에나 있는 시퀀스 데이터

강한 순차형 구조를 가지는 특히 중요한 유형의 데이터는 자연어, 즉 텍스트 데이터이다. 글자, 단어, 문장, 단락, 문서와 같은 텍스트에 내재된 순차형 구조를 활용하는 딥러닝 방법은 자연어이해natural language understanding(NLU)의 최전방에 있으며 기존에 사용되던 방법들을 역사의 뒤안길로 보내고 있다. 문서 분류부터 강력한 언어 모델을 구축하는 것까지, 질문에 자동으로 답하는 것부터 인간 수준의 대화형 에이전트를 만드는 것까지 자연어이해를 통해 해결해야 할 많은 종류의 문제가 있다. 이러한 작업은 난이도가 꽤 높아서 학계와 업계 양측 인공지능 커뮤니티 전체의 노력과 관심이 집중되고 있다.

이 장에서는 기본 구성 요소 및 작업에 중점을 두고 텐서플로에서 시퀀스, 주로 텍스트를 다루는 방법을 보여준다. 깊은 이해가 가능하도록 텐서플로의 시퀀스 모델의 핵심 요소에 대해서 자세히 살펴보고 그중 일부를 밑바닥부터 구현해볼 것이다. 다음 6장에서는 텐서플로를 사용한 더 발전된 텍스트 모델링 기법을 보여주며, 7장에서는 더 간단하면서도 고수준으로 모델을 구현할 수 있는 추상화 라이브러리를 사용해볼 것이다.

시퀀스(특히 텍스트)를 다루는 데 가장 중요하고 또 대중적인 딥러닝 모델인 RNN에서 시작해보자.

5.2 RNN 소개

순환 신경망recurrent neural network (RNN)은 강력하고 널리 사용되는 신경망 구조로 시퀀스 데이터의 모델링에 사용된다. RNN 모델의 바탕에는, 시퀀스에서 현재 이후의 각 데이터는 새로운 정보를 제공하므로, 이 정보로 모델의 현재 상태를 갱신한다는 아이디어가 깔려 있다.

CNN 모델로 컴퓨터 비전 문제를 다뤘던 앞 장에서, 인간의 뇌가 시각 정보를 처리하는 방법에 대한 오늘날의 과학적 통찰이 CNN 구조에 어떻게 영감을 주었는지 이야기했다. 일상생활 속에서 연속된 정보를 다루는 방법에 관해서도 비슷하게 과학적 통찰을 얻을 수 있다.

우리가 새로운 정보를 접했을 때는 '역사'나 '기억'이 사라지는 대신 '갱신'된다. 어떤 텍스트에서 문장을 읽을 때 각각의 새로운 단어로 현재 상태의 정보가 갱신되는데 이 상태는 새롭게 등장한 단어뿐 아니라 이전의 단어에도 종속적이다.

머신러닝을 통해 시퀀스 패턴을 모델링하기 위한 구성 요소로 흔히 사용되는 통계나 확률 기반의 수학적 구조는 마르코프 체인 모델이다. 비유적으로 말하자면 데이터 시퀀스를 '체인'으로 볼 수 있는데, 체인의 각 노드는 이전 노드로부터 어떤 식으로든 종속적이므로 '과거'는 지워지지 않고 이어진다.

RNN 모델도 체인 구조 개념을 기반으로 하고 있으며 정보를 유지하고 갱신하는 방법에 따라 종류가 다양하다. '순환'이라는 이름에서 유추할 수 있듯 RNN은 일종의 '루프'로 이루어진다. [그림 5-2]에서 볼 수 있듯 어떤 시점 t에서 네트워크는 입력값 x_t(문장 중 하나의 단어)를 관찰하고 '상태 벡터'를 이전의 h_{t-1}에서 h_t로 갱신한다. 새로운 입력(다음 단어)을 처리하는 과정은 h_t에 의존하는 어떤 방법이 되므로 과거 시퀀스에 종속적이다(이미 관찰한 이전 단어가 현재 단어의 이해에 영향을 미친다). 그림에서 보는 것처럼, 순환 구조는 하나의 긴 펼쳐놓은 체인으로 단순화해서 생각할 수 있다. 체인의 각 노드는 이전 노드의 결과로부터 얻은 '메시지'에 기반한 동일한 종류의 '단계'를 수행한다. 이는 물론 앞에서 언급한 마르코프 체인 모델, 그리고 이 책에서 다루진 않지만 그 확장인 은닉 마르코프 모델hidden Markov model (HMM)[2]과도 관계가 있다.

---

[2] 옮긴이_ 은닉 마르코프 모델은 통계적 마르코프 모델의 일종으로, 마르코프 체인의 각각에서 상태는 관찰 가능한 반면 은닉 마르코프 모델은 상태는 관찰 불가능하며(은닉) 관찰 가능한 것은 결과라는 점에서 다르다. 은닉 마르코프 모델은 이 은닉 상태가 결과를 야기하므로 역으로 관찰된 결과를 통해 은닉 상태를 이해할 수 있다고 설명한다. 온라인 필기 인식과 같은 상태 정보가 주어지는 분류 문제에 한때 널리 사용되었다.

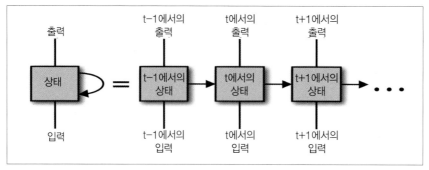

그림 5-2 시간의 흐름에 따라 수신되는 새로운 정보로 갱신되는 RNN

5.2.1 기본적인 RNN 구현

이 절에서는 기초적인 RNN을 바닥부터 구현하고 내부 동작을 탐험하면서 텐서플로를 사용해 시퀀스를 다루는 방법에 대해서 알아본다. 시퀀스 데이터를 다룰 수 있도록 텐서플로가 제공하는 몇 가지 강력한 저수준 도구도 소개한다.

다음 절에서는 고수준 RNN 모듈을 사용하는 방법을 볼 것이다.

일단 기초 모델을 수학적으로 정의하는 데서 시작해보자. 이 작업은 주로 순환 구조, 즉 RNN의 갱신 단계를 정의하는 것으로 이루어진다. 간단한 기본적인 RNN의 갱신 단계는 다음과 같다.

$$h_t = tanh\left(W_x x_t + W_h h_{t-1} + b\right)$$

여기서 W_h, W_x, b는 학습할 가중치와 편향값의 변수이며, $tanh(\cdot)$는 [−1, 1]의 범위를 가지는 하이퍼볼릭 탄젠트 함수로 이전 장들에서 사용된 시그모이드 함수와 밀접한 관계가 있다.[3] x_t와 h_t는 앞 절에서 설명한 것과 같이 입력과 상태 벡터이다. 마지막으로 숨은 상태 벡터에 가중치의 집합을 곱해서 [그림 5−2]에 나온 결과를 얻는다.

---

3 옮긴이_ 시그모이드 활성화 함수와 하이퍼볼릭 탄젠트 함수는 모양은 비슷하지만, 하이퍼볼릭 탄젠트 함수는 좌표계의 원점을 기준으로 점대칭의 형태를 띤다. *https://ko.wikipedia.org/wiki/쌍곡선함수* 참조.

시퀀스로서의 MNIST 이미지

시퀀스 모델의 능력과 일반적인 적용 가능성을 알아보기 위해, 이제 익숙해진 MNIST 이미지 분류를 수행하는 첫 번째 RNN을 만들어보겠다. 이 장의 뒷부분에서는 텍스트의 시퀀스에 초점을 맞춰서 NLU 작업을 해결할 때 신경망 시퀀스 모델이 텍스트를 조작하고 정보를 뽑아내는 방식을 살펴본다.

그런데, 이미지와 시퀀스가 무슨 상관이 있는지 궁금할 수도 있다.

앞 장에서 확인했지만 합성곱 신경망의 아키텍처는 이미지의 공간 구조를 활용한다. 자연의 이미지 구조는 CNN 모델에 매우 적합하지만 다양한 각도에서 이미지를 살펴보면 달리 볼 수도 있다. 최첨단 딥러닝 연구 경향을 보면 고급 모델은 이미지의 다양한 종류의 시퀀스 구조를 활용하여 각 이미지를 만들어내는 '생성 프로세스'를 포착하려고 시도한다. 그리고 직관적으로 이미지의 인접 영역이 어떤 식으로든 연관되어 있으므로 이 구조를 모델링해봐야 한다는 생각에 도달하게 된다.

여기서는 기초적인 RNN과 시퀀스를 다루는 방법을 소개하기 위해 이미지를 간단한 시퀀스로 처리한다. 데이터의 각 이미지를 행(또는 열)의 시퀀스로 본다. MNIST 데이터에서 28×28 픽셀의 각 이미지를 28의 길이를 가진 시퀀스로, 시퀀스의 각 원소는 28개의 픽셀을 가진 하나의 벡터로 볼 수 있다는 뜻이다(그림 5-3). 이미지를 위에서 아래로(행) 또는 왼쪽에서 오른쪽으로(열) 스캔하여 RNN의 입력으로 사용한다고 생각할 수도 있다.

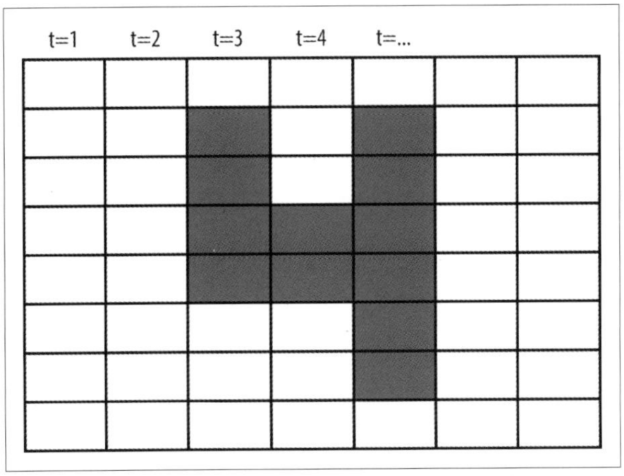

그림 5-3 픽셀 열이라는 시퀀스의 관점으로 본 이미지

먼저 데이터를 읽어 들이고 매개변수를 정의하며 데이터에 사용할 플레이스홀더를 만든다 (*vanilla_rnn_with_tfboard.py*).

```python
import tensorflow as tf

# MNIST 데이터 임포트
from tensorflow.examples.tutorials.mnist import input_data
mnist = input_data.read_data_sets("/tmp/data/", one_hot=True)

# 매개변수 정의
element_size = 28
time_steps = 28
num_classes = 10
batch_size = 128
hidden_layer_size = 128

# 텐서보드 모델 요약을 저장할 위치
LOG_DIR = "logs/RNN_with_summaries"

# 입력과 레이블을 위한 플레이스홀더 생성
_inputs = tf.placeholder(tf.float32,shape=[None, time_steps,
                                            element_size],
                                     name='inputs')
y = tf.placeholder(tf.float32, shape=[None, num_classes],
                                 name='labels')
```

element_size는 시퀀스 벡터 각각의 차원으로, 여기서는 행 또는 열의 픽셀 크기인 28이다. time_steps는 한 시퀀스 내에 들어 있는 이들 원소의 수이다.

이전 장에서 보았듯 MNIST 내장 데이터 로더를 사용하여 데이터를 읽어 들이면 784픽셀의 풀린 벡터로 저장된다. 학습 과정에서 데이터를 일괄 로딩할 때(이 절의 뒤에서 다룬다) 각 펼쳐진 벡터를 [batch_size, time_steps, element_size]의 형태로 간단히 변경한다.

```python
batch_x, batch_y = mnist.train.next_batch(batch_size)
# 28개의 시퀀스를 얻기 위해 각 데이터를 28픽셀의 형태로 변환
batch_x = batch_x.reshape((batch_size, time_steps, element_size))
```

hidden_layer_size는 임의로 128로 설정하여 앞에서 언급한 숨은 RNN 상태 벡터의 크기를 제어한다.

LOG_DIR은 텐서보드 시각화를 위해 모델의 요약 정보를 저장하는 디렉터리이다. 따라가다 보면 무슨 뜻인지 알게 될 것이다.

NOTE_ 텐서보드 시각화

이 장에서는 텐서보드 시각화를 간단하게 소개할 것이다. 텐서보드를 사용하여 모델의 구조, 가중치 및 학습 과정을 모니터링하고 탐색할 수 있으며 이를 위해서 코드를 조금만 추가하면 된다. 이 장과 다음 장에서 이 방법을 소개한다.

마지막으로 입력값과 레이블의 플레이스홀더를 적절한 차원으로 생성한다.

RNN 단계

RNN 단계의 수학적 모델을 구현해보자.

우선 요약을 기록할 함수를 만든다. 이 함수는 나중에 텐서보드에서 모델과 학습 과정을 시각화하는 데 사용된다(이 코드를 이해하는 것이 당장은 중요하지 않다).

```
# 요약을 로깅하는 몇몇 연산을 추가하는 헬퍼 함수(텐서플로 문서에서 발췌)
def variable_summaries(var):
    with tf.name_scope('summaries'):
      mean = tf.reduce_mean(var)
      tf.summary.scalar('mean', mean)
      with tf.name_scope('stddev'):
        stddev = tf.sqrt(tf.reduce_mean(tf.square(var - mean)))
      tf.summary.scalar('stddev', stddev)
      tf.summary.scalar('max', tf.reduce_max(var))
      tf.summary.scalar('min', tf.reduce_min(var))
      tf.summary.histogram('histogram', var)
```

다음으로 RNN 단계에서 사용할 가중치와 편향값 변수를 만든다.

```
# 입력 및 은닉 계층에 적용할 가중치와 편향값
with tf.name_scope('rnn_weights'):
    with tf.name_scope("W_x"):
        Wx = tf.Variable(tf.zeros([element_size, hidden_layer_size]))
        variable_summaries(Wx)
    with tf.name_scope("W_h"):
        Wh = tf.Variable(tf.zeros([hidden_layer_size, hidden_layer_size]))
```

```
        variable_summaries(Wh)
    with tf.name_scope("Bias"):
        b_rnn = tf.Variable(tf.zeros([hidden_layer_size]))
        variable_summaries(b_rnn)
```

tf.scan()으로 RNN 단계 적용

이전 절에서 만든 변수를 사용해 기초적인 RNN 단계를 구현하는 함수를 만들 차례다. 이제는
다음의 텐서플로 코드를 이해하는 것이 어렵지 않을 것이다.

```
def rnn_step(previous_hidden_state,x):

        current_hidden_state = tf.tanh(
            tf.matmul(previous_hidden_state, Wh) +
            tf.matmul(x, Wx) + b_rnn)

        return current_hidden_state
```

그리고 이 함수를 28 단계의 스텝에 걸쳐 적용한다.

```
# scan 함수로 입력값 처리
# 입력의 형태: (batch_size, time_steps, element_size)
processed_input = tf.transpose(_inputs, perm=[1, 0, 2])
# 변형된 입력의 형태: (time_steps, batch_size, element_size)

initial_hidden = tf.zeros([batch_size,hidden_layer_size])
# 시간의 흐름에 따른 상태 벡터 구하기
all_hidden_states = tf.scan(rnn_step,
                            processed_input,
                            initializer=initial_hidden,
                            name='states')
```

이 작은 코드 블록에는 이해하고 넘어가야 할 몇 개의 중요한 요소가 있다. 먼저 [batch_size,
time_steps, element_size]의 입력값을 [time_steps, batch_size, element_size]의 형
태로 바꿨다. tf.transpose()의 perm 인수는 변경할 축을 지정한다. 변경 이후에는 입력 텐
서의 첫 번째 축이 시간축을 나타내므로 제공되는 tf.scan() 함수를 사용하여 모든 시간 단
계를 반복할 수 있다. 이 함수는 순서대로 모든 원소의 시퀀스에 반복해서 호출 가능한 객체

callable[4](함수)를 적용한다. 다음 노트를 참고하자.

> **NOTE_ tf.scan()**
>
> tf.scan()은 같은 연산을 명시적으로 복제해가면서 루프를 '풀어놓지' 않고 연산 그래프에 루프를 사용할 수 있게 해주는 중요한 함수이다. 기술적으로 접근하자면 이 함수는 리듀스 연산과 유사한 고계함수higher-order function이지만, 시간의 흐름에 따른 중간 누적값을 모두 반환한다. 몇 가지 장점이 있는 접근법인데 그중에서 도 고정된 계산 속도 향상이나 최적화 방법에 비해 그래프 구성 시 동적으로 반복의 횟수를 정할 수 있다는 점이 최고의 장점이다.

이 함수의 사용법을 설명하기 위해 다음 간단한 예제를 보자. 이 절의 RNN 코드와는 무관한 예제다(*scan_example.py*).

```python
import numpy as np
import tensorflow as tf

elems = np.array(["T","e","n","s","o","r", " ", "F","l","o","w"])
scan_sum = tf.scan(lambda a, x: a + x, elems)

sess=tf.InteractiveSession()
sess.run(scan_sum)
```

결과는 다음과 같다.

```
array([b'T', b'Te', b'Ten', b'Tens', b'Tenso', b'Tensor', b'Tensor ',
       b'Tensor F', b'Tensor Fl', b'Tensor Flo', b'Tensor Flow'],
      dtype=object)
```

tf.scan()을 사용하여 산술 누적값을 구하는 것과 비슷한 방식으로 스트링에 글자를 순차적 으로 붙였다.

---

4 옮긴이_ 파이썬에서 모든 함수는 기본적으로 객체인데, 객체라고 모두 함수인 것은 아니다. 함수가 아닌 객체 중에서도 함수처럼 ()를 사용해 호출 가능한 대상이 있다. __call__ 메서드를 실행할 수 있는 객체가 그 예이다. 파이썬에서 제공하는 callable 함수를 사용 하면 호출 가능한 객체인지 여부를 확인할 수 있다. tf.scan 함수는 첫 번째 인수로 callable 객체를 받는다.

시퀀스 출력

이전에 보았듯이, RNN에서는 각 시간 단계에 대한 상태 벡터에 가중치를 곱하여 데이터의 새로운 표현인 출력 벡터를 얻는다. 이것을 구현해보자.

```
# 출력에 적용할 가중치
layers with tf.name_scope('linear_layer_weights') as scope:
    with tf.name_scope("W_linear"):
        Wl = tf.Variable(tf.truncated_normal([hidden_layer_size,
                                               num_classes],
                                              mean=0,stddev=.01))
        variable_summaries(Wl)

    with tf.name_scope("Bias_linear"):
        bl = tf.Variable(tf.truncated_normal([num_classes],
                                             mean=0,stddev=.01))
        variable_summaries(bl)

# 상태 벡터에 선형 계층 적용
def get_linear_layer(hidden_state):
    return tf.matmul(hidden_state, Wl) + bl

with tf.name_scope('linear_layer_weights') as scope:
    # 시간에 따라 반복하면서 모든 RNN 결과에 선형 계층 적용
    all_outputs = tf.map_fn(get_linear_layer, all_hidden_states)
    # 최종 결과
    output = all_outputs[-1]
    tf.summary.histogram('outputs', output)
```

RNN에 들어가는 입력은 연속적이며 출력도 그러하다. 이 시퀀스 분류 예제에서는 연결된 선형 계층에 마지막 상태 벡터를 적용해서 출력 벡터를 얻는다(예측값을 생성하기 위해서 나중에 소프트맥스 활성화 함수도 사용할 것이다). 기초적인 시퀀스 분류에서 일반적으로 사용되는 방법인데, 여기서 마지막 벡터는 전체 시퀀스를 표현하는 '누적된' 정보를 가지고 있다고 가정한다.

이를 구현하기 위해 먼저 선형 계층의 가중치와 편향값을 정의하고 이 계층에 대한 팩토리 함수를 만든다. 이어서 이 계층을 `tf.map_fn()`를 사용해 모든 출력에 적용하는데, 이는 전형적인 맵 함수와 흡사하다. 즉 원소 쌍끼리의 시퀀스/이터러블에 함수를 적용한다.

마지막으로 네거티브 인덱싱[5]을 사용해 각 데이터 인스턴스의 최종 출력을 뽑아낸다. 뒷부분에 서는 최종 출력을 뽑는 다른 방법들을 살펴보고, 결과와 상태를 더 깊이 탐구해볼 것이다.

RNN 분류

이제 이전 장의 방식으로 분류기를 학습할 준비가 되었다. 손실 함수의 계산, 최적화, 예측을 위한 연산을 정의하고, 텐서보드에 사용할 요약을 추가한 다음 모든 요약을 하나의 연산으로 병합한다.

```
with tf.name_scope('cross_entropy'):
    cross_entropy = tf.reduce_mean(
        tf.nn.softmax_cross_entropy_with_logits(logits=output, labels=y))
    tf.summary.scalar('cross_entropy', cross_entropy)

with tf.name_scope('train'):
    # RMSPropOptimizer 사용
    train_step = tf.train.RMSPropOptimizer(0.001, 0.9)\
                                    .minimize(cross_entropy)

with tf.name_scope('accuracy'):
    correct_prediction = tf.equal(
                            tf.argmax(y,1), tf.argmax(output,1))
    accuracy = (tf.reduce_mean(
                    tf.cast(correct_prediction, tf.float32)))*100
    tf.summary.scalar('accuracy', accuracy)

# 요약을 병합
merged = tf.summary.merge_all()
```

지금쯤은 손실 함수를 정의하고 최적화하는 데 사용하는 대부분의 구성 요소에 익숙해져 있어 야 한다. 여기서는 몇 개의 표준 하이퍼파라미터hyperparameter[6]를 가진 잘 알려진 강력한 경사 하 강법 알고리즘을 구현한 RMSPropOptimizer를 사용한다. 물론 다른 최적화 함수를 고를 수도 있다(이 책 전반에 걸쳐 반드시 그런 시도를 해보길 권한다).

---

5 옮긴이_ 파이썬에서 배열의 인덱스 값을 음수로 지정하면 제일 마지막 원소부터 차례로 접근할 수 있다.

6 옮긴이_ 딥러닝에서 매개변수(파라미터)는 학습을 통해서 얻는 가중치나 편향값과 같은 변수를 뜻한다. 이에 반해 하이퍼파라미터는 일 종의 모델 메타데이터로 볼 수 있는데, 학습을 통해 매개변수를 얻기 위해서 설정해야 하는 매개변수로 이해하면 된다. 학습 데이터의 수, 반복 횟수, 학습률, 그리고 개념을 확장하면 데이터에 적용하기 위해 선택한 모델의 종류 같은 것들이 하이퍼파라미터에 속한다.

학습에 사용하지 않은 MNIST 이미지로 작은 테스트 데이터를 생성하고 텐서보드에서 사용할 로깅을 기록하기 위한 몇 가지 기술적인 연산과 명령을 추가한다. 모델을 실행하고 결과를 확인해보자.

```python
# 작은 테스트 데이터 생성
test_data = mnist.test.images[:batch_size].reshape((-1, time_steps,
                                                     element_size))
test_label = mnist.test.labels[:batch_size]

with tf.Session() as sess:
    # LOG_DIR에 텐서보드에서 사용할 요약을 기록
    train_writer = tf.summary.FileWriter(LOG_DIR + '/train',
                                         graph=tf.get_default_graph())
    test_writer = tf.summary.FileWriter(LOG_DIR + '/test',
                                        graph=tf.get_default_graph())

    sess.run(tf.global_variables_initializer())

    for i in range(10000):
            batch_x, batch_y = mnist.train.next_batch(batch_size)
            # 데이터를 28픽셀로 구성된 28개의 시퀀스로 변환
            batch_x = batch_x.reshape((batch_size, time_steps,
                                       element_size))
            summary,_ = sess.run([merged,train_step],
                              feed_dict={_inputs:batch_x, y:batch_y})
            # 요약을 추가
            train_writer.add_summary(summary, i)

            if i % 1000 == 0:
                acc,loss, = sess.run([accuracy,cross_entropy],
                                  feed_dict={_inputs: batch_x,
                                             y: batch_y})
                print ("Iter " + str(i) + ", Minibatch Loss= " + \
                    "{:.6f}".format(loss) + ", Training Accuracy= " + \
                    "{:.5f}".format(acc))
            if i % 10:
                # MNIST 테스트 이미지에서 정확도를 계산해서 요약에 추가
                summary, acc = sess.run([merged, accuracy],
                                  feed_dict={_inputs: test_data,
                                             y: test_label})
                test_writer.add_summary(summary, i)
```

```
        test_acc = sess.run(accuracy, feed_dict={_inputs: test_data,
                                                  y: test_label})
        print ("Test Accuracy:", test_acc)
```

학습 및 테스트 정확도 결과가 출력된다.

```
Iter 0, Minibatch Loss= 2.303386, Training Accuracy= 7.03125
Iter 1000, Minibatch Loss= 1.238117, Training Accuracy= 52.34375
Iter 2000, Minibatch Loss= 0.614925, Training Accuracy= 85.15625
Iter 3000, Minibatch Loss= 0.439684, Training Accuracy= 82.81250
Iter 4000, Minibatch Loss= 0.077756, Training Accuracy= 98.43750
Iter 5000, Minibatch Loss= 0.220726, Training Accuracy= 89.84375
Iter 6000, Minibatch Loss= 0.015013, Training Accuracy= 100.00000
Iter 7000, Minibatch Loss= 0.017689, Training Accuracy= 100.00000
Iter 8000, Minibatch Loss= 0.065443, Training Accuracy= 99.21875
Iter 9000, Minibatch Loss= 0.071438, Training Accuracy= 98.43750
Testing Accuracy: 97.6563
```

이번 절에서 배운 내용을 요약하자면 이렇다. 우리는 원본 MNIST 픽셀을 가지고 이를 28개의 픽셀을 가진 하나의 열(또는 행)을 하나의 시간 스텝으로 하는 시퀀스 데이터로 간주했다. 그런 다음 기초적인 RNN을 적용하여 각 시간 스텝에 해당하는 결과를 출력했고 마지막 결과를 사용해 전체 시퀀스(이미지)의 분류를 수행했다.

텐서보드로 모델 시각화하기

텐서보드는 학습 과정을 시각화하고 학습된 모델을 탐색할 수 있는 브라우저 기반의 대화형 도구이다.

텐서보드를 사용하려면 명령줄 터미널에서 요약 데이터를 기록한 위치를 지정해서 텐서보드에 알려줘야 한다.

```
tensorboard --logdir=LOG_DIR
```

여기서 *LOG_DIR*은 실제 로그가 위치한 디렉터리 이름으로 변경해야 한다. 윈도우에서 실행 중 정상적으로 동작하지 않는다면 터미널이 로그 데이터가 있는 해당 드라이브에서 실행 중인지 확인하고, 텐서보드가 경로를 찾을 때 오류가 나는 걸 방지하기 위해서 해당 디렉터리에 이름을 추가하는 것도 방법이다.

```
tensorboard --logdir=rnn_demo:LOG_DIR
```

텐서보드에서는 콜론을 사용해 드라이브 이름과 경로로 구성된 각각의 로그 디렉터리를 지정할 수 있다. 여러 개의 로그 디렉터리를 사용할 때는 다음과 같이 쉼표로 구분된 로그 디렉터리의 목록을 사용할 수도 있다.

```
tensorboard --logdir=rnn_demo1:LOG_DIR1, rnn_demo2:LOG_DIR2
```

이 예제에서는 단 하나의 로그 디렉터리를 사용한다. tensorboard 명령을 실행하면 브라우저에서 입력할 URL을 다음과 같이 알려준다.

```
Starting TensorBoard b'39' on port 6006
(You can navigate to http://10.100.102.4:6006)
```

만약 주소가 유효하지 않다면, *http://localhost:6006*으로 이동하자. 이 주소는 항상 작동할 것이다.[7]

텐서보드는 tfevents 로그 데이터를 포함하는 *LOG_DIR*의 하위 디렉터리를 찾아 디렉터리 구조를 재귀적으로 탐색한다. 책의 예제를 여러 번 수행할 때 로그 파일을 덮어써버리는 상황을 피하려면 실행할 때마다 *LOG_DIR* 디렉터리를 삭제하거나 *LOG_DIR/run1/train*, *LOG_DIR/run2/train* 등 *LOG_DIR* 내 별도의 하위 디렉터리에 로그를 기록해야 한다.

브라우저에서 텐서보드가 제공하는 시각화를 한번 살펴보자. 다음 절에서는 텐서보드를 사용한 고차원 데이터의 대화형 시각화를 살펴볼 예정이다. 당장은 학습 과정의 요약과 학습된 가중치의 도식화에 집중한다. 먼저 브라우저에서 SCALAS 탭으로 이동해보자. 여기서 가장 궁금한 내용인 학습 및 테스트 정확도뿐 아니라 변수에 관한 몇몇 요약통계 등 모든 스칼라 요약 데이터를 보여준다(그림 5-4). 점 위로 마우스를 가져가면 몇 가지 수치도 확인할 수 있다.

---

7 옮긴이_ 윈도우 방화벽에서 보안상의 이유로 localhost 접근이 막혀 있을 수도 있다.

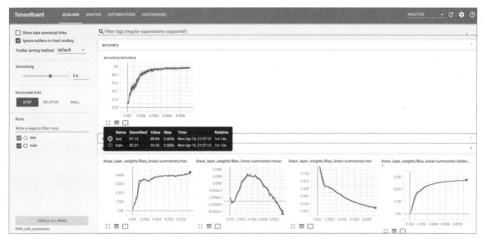

그림 5-4 텐서보드 스칼라 요약

또 GRAPHS 탭에서는 확대가 가능한 대화형 시각화를 통해 고차원 뷰에서 기본 연산까지 연산 그래프를 볼 수 있다(그림 5-5).

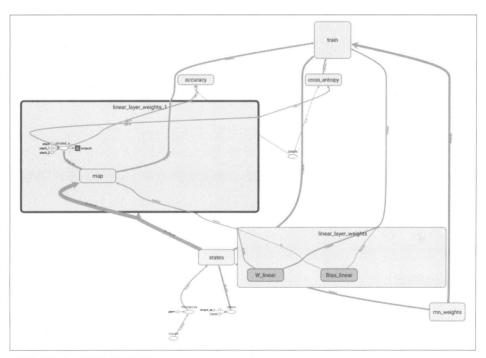

그림 5-5 연산 그래프를 확대해보기

마지막으로 HISTOGRAMS 탭에서 학습 과정 중 가중치의 히스토그램을 볼 수 있다(그림 5-6). 물론 이 히스토그램을 보려면 코드에서 tf.summary.histogram()을 사용해서 값들의 히스토그램을 명시적으로 추가해야 한다.

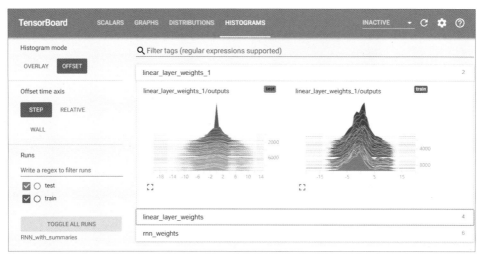

그림 5-6 학습 과정 전반에 걸친 가중치의 히스토그램

5.2.2 텐서플로 내장 RNN 기능

앞의 예제를 통해 완전 밑바닥부터 그래프를 구현해보면서 시퀀스를 가지고 작업하는 기본적이고 강력한 방법들을 배웠다. 실무에서는 기본 제공되는 고수준 모듈과 함수를 사용하는 것이 당연히 좋다. 코드를 더 짧고 쉽게 만들 수 있을 뿐 아니라 텐서플로가 구현해서 제공하는 많은 저수준 최적화를 활용할 수 있다.

이번 절에서는 새롭고 더 짧은 버전의 코드 전체를 제시한다. 대부분의 디테일은 변하지 않았으므로 새로운 요소인 tf.contrib.rnn.BasicRNNCell과 tf.nn.dynamic_rnn()에 집중해보자(*BasicRNNCell.py*).

```
import tensorflow as tf
from tensorflow.examples.tutorials.mnist import input_data
mnist = input_data.read_data_sets("/tmp/data/", one_hot=True)
```

```python
element_size = 28;time_steps = 28;num_classes = 10
batch_size = 128;hidden_layer_size = 128

_inputs = tf.placeholder(tf.float32,shape=[None, time_steps,
                                           element_size],
                                           name='inputs')
y = tf.placeholder(tf.float32, shape=[None, num_classes],name='inputs')

# 텐서플로의 기본 제공 함수들
rnn_cell = tf.contrib.rnn.BasicRNNCell(hidden_layer_size)
outputs, _ = tf.nn.dynamic_rnn(rnn_cell, _inputs, dtype=tf.float32)

Wl = tf.Variable(tf.truncated_normal([hidden_layer_size, num_classes],
                                     mean=0,stddev=.01))
bl = tf.Variable(tf.truncated_normal([num_classes],mean=0,stddev=.01))

def get_linear_layer(vector):
    return tf.matmul(vector, Wl) + bl

last_rnn_output = outputs[:,-1,:]
final_output = get_linear_layer(last_rnn_output)

softmax = tf.nn.softmax_cross_entropy_with_logits(logits=final_output,
                                                  labels=y)
cross_entropy = tf.reduce_mean(softmax)
train_step = tf.train.RMSPropOptimizer(0.001, 0.9).minimize(cross_entropy)

correct_prediction = tf.equal(tf.argmax(y,1), tf.argmax(final_output,1))
accuracy = (tf.reduce_mean(tf.cast(correct_prediction, tf.float32)))*100

sess=tf.InteractiveSession()
sess.run(tf.global_variables_initializer())

test_data = mnist.test.images[:batch_size].reshape((-1,
                                                    time_steps, element_size))
test_label = mnist.test.labels[:batch_size]

for i in range(3001):
    batch_x, batch_y = mnist.train.next_batch(batch_size)
    batch_x = batch_x.reshape((batch_size, time_steps, element_size))
    sess.run(train_step,feed_dict={_inputs:batch_x,
                                   y:batch_y})
    if i % 1000 == 0:
        acc = sess.run(accuracy, feed_dict={_inputs: batch_x,
```

```
                                              y: batch_y})
          loss = sess.run(cross_entropy,feed_dict={_inputs:batch_x,
                                                     y:batch_y})
          print ("Iter " + str(i) + ", Minibatch Loss= " + \
                 "{:.6f}".format(loss) + ", Training Accuracy= " + \
                 "{:.5f}".format(acc))

    print ("Testing Accuracy:",
        sess.run(accuracy, feed_dict={_inputs: test_data, y: test_label}))
```

tf.contrib.rnn.BasicRNNCell과 tf.nn.dynamic_rnn()

텐서플로의 RNN 셀은 각 순환 '셀'이 수행하는 기본 연산과 이와 연관된 상태를 표현하는 추상 화이다(그림 5-2). 이들은 rnn_step() 함수와 필요한 관련 변수를 '대체'한다. 물론 이 셀의 많은 변형과 유형이 있으며 각각은 많은 메서드와 특성을 가지고 있다. 다른 몇 개의 고급 셀을 이 장의 마지막이나 이 책의 뒷부분에서 설명한다.

rnn_cell을 생성하고 나면 이를 tf.nn.dynamic_rnn()에 밀어 넣는다. 이 함수는 기초적인 RNN 구현의 tf.scan()을 대체하고 rnn_cell에 지정된 RNN을 만든다.

이 책을 쓰는 시점인 2017년 초에 텐서플로에 RNN을 생성하는 정적 및 동적 함수가 추가되었 다. 이것이 무슨 뜻일까? 정적 버전의 함수는 [그림 5-2]에서와 같이 고정된 길이의 펼쳐진 그 래프를 생성한다. 동적 버전은 tf.while_loop를 사용하여 실행 시점에 그래프를 동적으로 구 성하여 그래프를 빠르게 생성할 수 있는데, 경우에 따라 중요한 기능이 된다. 이 동적 구조는 다른 방식으로도 매우 유용한데, 이 중 일부를 이 장 마지막에 가변 길이 시퀀스를 논할 때 다 룰 것이다.

contrib이 의미하는 바는 텐서플로에서 오픈소스 커뮤니티에서 개발에 기여한 코드를 반영했 으나[8] 아직 테스트가 필요하다는 뜻이다. contrib 라이브러리에 대해서는 7장에서 더 자세히 설명한다. BasicRNNCell은 텐서플로 1.0부터 개발이 진행 중인 부분에 해당하는 contrib으 로 이동되었다. 버전 1.2에서는 많은 RNN 함수와 클래스가 핵심 네임스페이스로 들어갔는데 역호환성을 유지하기 위해서 contrib을 별칭으로 유지하고 있다. 역호환성이 의미하는 바는

---

8 옮긴이_ 오픈소스 생태계에는 많은 플레이어들이 참여하며 이들 중 일부는 기능을 추가하거나 오류를 수정하는 등 직접 코드의 생산에 기여한다.

이 책을 쓰는 시점에는 모든 1.X 버전의 텐서플로에서 앞의 코드가 동작한다는 뜻이다.[9]

5.3 텍스트 시퀀스용 RNN

이번 장은 텐서플로에서 RNN 모델을 구현하는 방법으로 시작했다. 설명을 편하게 하기 위해 MNIST 이미지의 픽셀로 만든 시퀀스를 처리하는 RNN을 구현하고 사용하는 방법을 살펴보았다. 이제는 시퀀스 모델을 텍스트 시퀀스에 사용하는 방법을 보여줄 차례이다.

텍스트 데이터에는 이미지 데이터와 다른 몇 가지 특징이 있다(곧 설명한다). 처음에는 이 특징 때문에 텍스트 데이터를 다루기가 다소 어려울 수 있으며, 이런 특징을 다루기 위한 몇 가지 전처리 과정이 텍스트 데이터 처리에 반드시 들어가야 한다. 여기서는 텐서플로에서의 텍스트 처리 방식을 소개하기 위한 핵심 구성 요소에 집중하고자 바로 적용 가능한(즉 별도의 전처리가 필요 없는) 최소한의 작위적인 텍스트 데이터를 사용할 것이다. 7장에서 RNN 모델을 영화 리뷰의 감성 분류에 적용할 때 전처리 과정을 다룰 것이다.

예제 데이터를 놓고 우리가 다룰 텍스트 데이터의 주요 속성을 논의하는 것부터 시작하자.

5.3.1 텍스트 시퀀스

앞에서 본 MNIST RNN 예제에서 각 시퀀스는 이미지의 넓이 또는 높이로 고정된 크기였고, 시퀀스의 각 원소는 28픽셀의 꽉 찬 벡터였다. 자연어처리 작업과 자연어 데이터에는 또 다른 종류의 '그림'이 있다.

텍스트 시퀀스는 문장을 구성하는 단어들, 문단을 구성하는 문장들, 심지어 단어를 구성하는 문자들, 혹은 하나의 전체 문서 등으로 구성될 수 있다.

다음의 문장을 검토해보자.

Our company provides smart agriculture solutions for farms, with advanced AI, deep-learning.

---

9 옮긴이_ 텐서플로 홈페이지에서 최신 버전부터 1.1 버전까지의 API 문서를 확인할 수 있다. 1.1 버전과 이후 버전의 `BasicRNNCell`의 항목을 비교해보자.

온라인 뉴스 블로그에서 이 문장을 가져다가 머신러닝 시스템으로 처리하려 한다고 가정해보자.

이 문장의 각 단어는 ID로 표현될 수 있다(ID는 정수이며 일반적으로 NLP에서 토큰 ID라고 부른다). 예를 들어 'agriculture'라는 단어는 정수 3452에, 'farm'이라는 단어는 12로, 'AI'라는 단어는 150으로, 'deep-learning'은 0으로 매핑할 수 있다. 정수 식별자로 이 단어들을 표현하는 것은 이미지 데이터를 픽셀의 벡터로 표현하는 것과 여러 가지로 매우 다르다. 뒤에서 단어 임베딩을 다룰 때, 그리고 6장에서 이 중요한 포인트를 짧게 다룰 것이다.

구체적인 설명을 위해서 단순한 텍스트 데이터를 만들어보자.

시뮬레이션된 데이터는 두 분류의 아주 짧은 '문장'으로 구성되는데 하나는 홀수 숫자로, 다른 하나는 짝수 숫자(아라비아숫자가 아니라 영어로 쓰인 숫자)로 구성되어 있다. 짝수를 나타내는 단어로 구성된 문장과 홀수를 나타내는 단어로 구성된 문장을 만든다. 예제는 지도 학습을 통해 홀수나 짝수로 구성된 각 문장을 분류하는 것을 목적으로 한다.

물론, 사실 이런 작업에 머신러닝을 동원할 필요는 없다. 그저 설명을 목적으로 하는 예제일 뿐이다.

뒤에서 설명할 몇 가지 상수를 정의하는 것으로 시작한다(*LSTM_supervised_embeddings.py*).

```
import numpy as np
import tensorflow as tf

batch_size = 128;
embedding_dimension = 64;
num_classes = 2
hidden_layer_size = 32;
times_steps = 6;
element_size = 1
```

그다음 문장을 만든다. 임의로 숫자를 샘플링해서 해당 '단어'에 매핑한다(예를 들어 1은 'One'에, 7은 'Seven' 등으로 매핑).

실제 자연어 데이터가 그러하듯 텍스트 시퀀스는 일반적으로 길이가 정해져 있지 않다(이 페이지에 인쇄된 문장들만 봐도 그러할 것이다).

문장의 길이를 다르게 시뮬레이션하기 위해 각 문장마다 `np.random.choice(range(3, 7))` 을 사용하여 3과 6 사이의 무작위한 값으로 길이를 지정한다. 파이썬의 `range(,)`는 하한은 포함하지만 상한은 포함하지 않는다.

이제 입력 문장들을 (일괄 처리하는 데이터 인스턴스당) 하나의 텐서에 넣으려면 어떻게든 같은 크기로 맞춰야 한다. 따라서 6보다 작은 길이의 문장은 0(또는 *PAD* 스트링)으로 채워서 (인위적으로) 모든 문장의 길이를 맞춘다. 이러한 전처리 단계를 **제로 패딩**^{zero-padding}이라고 부른다. 이 작업을 수행하는 코드는 다음과 같다.

```python
digit_to_word_map = {1:"One",2:"Two", 3:"Three", 4:"Four", 5:"Five",
                     6:"Six",7:"Seven",8:"Eight",9:"Nine"}
digit_to_word_map[0]="PAD"

even_sentences = []
odd_sentences = []
seqlens = []
for i in range(10000):
    rand_seq_len = np.random.choice(range(3,7))
    seqlens.append(rand_seq_len)
    rand_odd_ints = np.random.choice(range(1,10,2),
                                     rand_seq_len)
    rand_even_ints = np.random.choice(range(2,10,2),
                                      rand_seq_len)

    # 패딩
    if rand_seq_len<6:
        rand_odd_ints = np.append(rand_odd_ints,
                                  [0]*(6-rand_seq_len))
        rand_even_ints = np.append(rand_even_ints,
                                   [0]*(6-rand_seq_len))

    even_sentences.append(" ".join([digit_to_word_map[r] for
                                    r in rand_odd_ints]))
    odd_sentences.append(" ".join([digit_to_word_map[r] for
                                   r in rand_even_ints]))

data = even_sentences+odd_sentences
# 홀수, 짝수 시퀀스의 seq 길이
seqlens*=2
```

6의 길이로 패딩된 문장을 확인해보자.

```
even_sentences[0:6]
```

```
Out:
['Four Four Two Four Two PAD',
 'Eight Six Four PAD PAD PAD',
 'Eight Two Six Two PAD PAD',
 'Eight Four Four Eight PAD PAD',
 'Eight Eight Four PAD PAD PAD',
 'Two Two Eight Six Eight Four']
```

```
odd_sentences[0:6]
```

```
Out:
['One Seven Nine Three One PAD',
 'Three Nine One PAD PAD PAD',
 'Seven Five Three Three PAD PAD',
 'Five Five Three One PAD PAD',
 'Three Three Five PAD PAD PAD',
 'Nine Three Nine Five Five Three']
```

PAD 단어(토큰)를 데이터와 digit_to_word_map 딕셔너리에 추가하고, 짝수 및 홀수 문장과 패딩 전의 원래 길이를 별도로 저장한다.

출력한 문장의 원 시퀀스 길이를 살펴보자.

```
seqlens[0:6]
```

```
Out:
[5, 3, 4, 4, 3, 6]
```

왜 원래 문장의 길이를 저장해야 할까? 제로 패딩을 사용해 기술적인 문제 하나는 해결했지만 다른 문제가 생겼다. 만약 패딩된 문장을 RNN 모델에 그대로 전달하면 RNN 모델은 의미 없는 *PAD* 스트링까지 처리할 것이다. 이 '잡음'을 처리하느라 모델의 정확도를 망칠 수 있고 계산 시간도 늘어난다. 이 문제를 해결하기 위해 원래 시퀀스의 길이를 seqlens 배열에 저장하고 텐서플로의 tf.nn.dynamic_rnn()에 각 문장이 끝나는 위치를 전달한다.

이 장에서 다루는 데이터는 가상의 데이터로 예제를 위해서 만든 것이다. 실제 응용프로그램에서는 문서(예를 들어 한 문장으로 된 트윗)들의 모음을 가지고 와 각 단어를 정수 ID에 매핑하는 것부터 시작한다.

그래서 단어를 키로, 인덱스(단어의 **식별자**^{identifier})를 값으로 하는 딕셔너리를 생성하는 방식으로 단어를 인덱스에 매핑한다. 또 역방향의 매핑도 생성한다. 이때 단어 ID와 각 단어를 표현하는 숫자 사이에는 아무런 관련이 없음을 알아두자.[10] 실제 데이터를 다루는 다른 NLP 응용프로그램과 마찬가지로 각각의 ID 값에는 특별한 의미를 부여하지 않는다.

```python
# 단어를 인덱스에 매핑
word2index_map ={}
index=0
for sent in data:
    for word in sent.lower().split():
        if word not in word2index_map:
            word2index_map[word] = index
            index+=1
# 역방향 매핑
index2word_map = {index: word for word, index in word2index_map.items()}
vocabulary_size = len(index2word_map)
```

지도 학습을 통한 분류 작업이므로 다른 예제와 마찬가지로 원-핫^{one-hot}[11] 포맷의 레이블의 배열, 학습과 테스트 데이터, 데이터 인스턴스의 일괄 작업을 생성하는 함수 및 플레이스홀더가 필요하다.

먼저 레이블을 만들고 데이터를 학습 데이터와 테스트 데이터로 나눈다.

```python
labels = [1]*10000 + [0]*10000
for i in range(len(labels)):
    label = labels[i]
    one_hot_encoding = [0]*2
    one_hot_encoding[label] = 1
    labels[i] = one_hot_encoding
```

---

10 옮긴이_ 단어 'three'의 ID가 3이어야 할 이유는 없다.

11 옮긴이_ 원-핫 포맷은 범주형 데이터의 레이블을 표현하는 방식 중 하나로, 범주만큼의 차원을 가지는 벡터에 해당 범주의 값만 1로 나머지 값은 0으로 표현하는 방식이다. 예를 들어 맑음, 흐림, 비 세 개의 날씨 상태를 표현한다고 할 때 이를 원-핫 포맷으로 표현하면 맑음은 (1, 0, 0), 흐림은 (0, 1, 0), 비는 (0, 0, 1)로 표현할 수 있다. 맑음, 흐림, 비를 하나의 변수로 각각 0, 1, 2로 표현할 수도 있으나 범주형 데이터의 경우 순서에 의미가 없으므로 이런 식으로 표현하는 경우 데이터의 왜곡이 발생할 수 있다.

```
    data_indices = list(range(len(data)))
    np.random.shuffle(data_indices)
    data = np.array(data)[data_indices]

    labels = np.array(labels)[data_indices]
    seqlens = np.array(seqlens)[data_indices]
    train_x = data[:10000]
    train_y = labels[:10000]
    train_seqlens = seqlens[:10000]

    test_x = data[10000:]
    test_y = labels[10000:]
    test_seqlens = seqlens[10000:]
```

이어서 문장의 일괄 처리 데이터를 생성하는 함수를 만든다. 일괄 처리 데이터의 각 문장은 단어에 대응하는 정수 ID의 리스트이다.

```
def get_sentence_batch(batch_size,data_x,
                          data_y,data_seqlens):
    instance_indices = list(range(len(data_x)))
    np.random.shuffle(instance_indices)
    batch = instance_indices[:batch_size]
    x = [[word2index_map[word] for word in data_x[i].lower().split()]
         for i in batch]
    y = [data_y[i] for i in batch]
    seqlens = [data_seqlens[i] for i in batch]
    return x,y,seqlens
```

마지막으로 데이터에 사용할 플레이스홀더를 만든다.

```
_inputs = tf.placeholder(tf.int32, shape=[batch_size,times_steps])
_labels = tf.placeholder(tf.float32, shape=[batch_size, num_classes])

# 동적 계산을 위한 seqlens
_seqlens = tf.placeholder(tf.int32, shape=[batch_size])
```

원래 시퀀스 길이에 대한 플레이스홀더를 만든 것을 주목하자. RNN에서 이들을 사용하는 방법을 곧 알게 될 것이다.

5.3.2 지도 학습 방식의 단어 임베딩

이제 텍스트 데이터는 단어 ID의 리스트로 인코딩되었고, 각 문장은 단어에 대응하는 정수들의 시퀀스가 되었다. 각 단어가 ID로 표현되는 이런 **원자적**atomic 표현은 실제 NLU에서 접하게 되는 많은 수의 어휘를 다루는 딥러닝 모델의 학습에 사용할 수 있을 만큼 확장력이 있지는 않다. 단어 ID가 수백만 개에 이를 수 있으며 각각이 원-핫 범주 형식으로 인코딩되면 데이터 희소성과 계산 효율성 면에서 문제가 심각해진다. 이와 관련한 내용은 6장에서 자세히 다룬다.

이 문제를 해결하는 강력한 접근법은 **단어 임베딩**word embedding을 사용하는 것이다. 임베딩은 간단히 말해 고차원의 원-핫 벡터를 저차원의 고밀도 벡터로 매핑하는 것이다. 예를 들어 어휘의 크기가 10만이라면 원-핫 표현에서 각 단어는 10만의 크기를 가지게 된다. 이에 해당하는 단어 벡터, 즉 단어 임베딩의 크기는 예를 들어 300쯤 될 것이다. 고차원의 원-핫 벡터는 훨씬 더 낮은 차원의 연속 벡터 공간으로 '임베드'된다.

6장에서는 word2vec라는 이름의 널리 사용되는 '비지도' 학습 방법을 통해 단어 임베딩으로 더 깊숙이 들어갈 것이다.

이 예제의 최종 목표는 텍스트 분류 문제를 해결하는 것으로 이를 위해서 지도 학습 방식으로 단어 벡터를 학습하고 임베딩된 단어 벡터를 튜닝하여 분류 문제를 해결해본다.

단어 임베딩을 기본 해시 테이블이나 룩업 테이블로 간주하고 단어를 고밀도 벡터의 값에 매핑한다고 생각하면 이해하기 쉽다. 이 벡터는 학습 과정에서 최적화된다. 앞에서는 각 단어에 정수 인덱스를 부여했고 문장은 이들 인덱스 값의 시퀀스로 표현되었다. 임베딩에서는 기본 제공되는 `tf.nn.embedding_lookup()` 함수를 사용해 주어진 단어 인덱스 시퀀스에 포함된 각 단어의 벡터를 효율적으로 가지고 올 수 있다.

```
with tf.name_scope("embeddings"):
    embeddings = tf.Variable(
        tf.random_uniform([vocabulary_size,
                           embedding_dimension],
                          -1.0, 1.0),name='embedding')
embed = tf.nn.embedding_lookup(embeddings, _inputs)
```

뒤에서 단어의 벡터 표현의 예와 시각화를 보여줄 것이다.

5.3.3 LSTM과 시퀀스 길이의 활용

이 장 시작에 나온 RNN 입문 예제에서는 기초적인 RNN 모델을 구현하고 사용했다. 실제로는 이보다 더 발전된 RNN 모델을 흔히 사용하는데, 이들의 숨은 상태를 갱신하는 방법과 시간에 따라 정보를 전파하는 방법에 따라 모델의 형태가 달라진다. 가장 대중적인 순환신경망은 LSTM 네트워크이다. 기초적인 RNN과 다른 점은 특별한 **기억 메커니즘**memory mechanism을 가지고 있어 순환 셀이 오랜 시간 동안의 정보를 더 잘 저장할 수 있으며 따라서 일반 RNN보다 장기간에 걸친 종속성을 잘 반영할 수 있다는 점이다.

이러한 기억 메커니즘은 별반 특이할 것은 없다. RNN이 최적화 문제를 해결하고 정보를 전파할 수 있도록 단순히 각 순환 셀에 몇 개의 매개변수를 추가하는 것뿐이다. 이들 학습 가능한 매개변수는 어떤 정보가 '기억'하고 전달할 만한 가치가 있는지, 그리고 어떤 것은 '잊어버려야' 할지에 대한 필터 역할을 한다. 이들은 네트워크의 다른 매개변수와 동일하게 경사 하강법 알고리즘과 역전파를 사용하여 학습된다. 이 책에서 수식을 언급하지는 않지만 세부 사항을 다루는 많은 자료가 있다.

이 장 처음에 했던 것과 비슷하게 `tf.contrib.rnn.BasicLSTMCell()`으로 LSTM 셀을 만들고 `tf.nn.dynamic_rnn()`에 데이터를 넣는다. 또 앞에서 만든 `_seqlens` 플레이스홀더를 사용해 `dynamic_RNN()`에 예제 데이터의 배치로 처리할 각 시퀀스의 길이를 지정한다. 텐서플로는 이 길이를 사용해 시퀀스상의 실제 마지막 항목 이후의 모든 RNN 단계를 중단시킨다. 또 시간의 경과에 따른 모든 출력 벡터를 반환하는데 이때 시퀀스의 실제 마지막 항목 이후는 모두 제로 패딩된다. 예를 들어 원래의 시퀀스 길이가 5이고 길이 15까지 제로 패딩했다면 길이 5를 넘어서는 모든 시간 단계에서의 출력은 0이 될 것이다.

```
with tf.variable_scope("lstm"):
    lstm_cell = tf.contrib.rnn.BasicLSTMCell(hidden_layer_size,
                                             forget_bias=1.0)
    outputs, states = tf.nn.dynamic_rnn(lstm_cell, embed,
                                        sequence_length = _seqlens,
                                        dtype=tf.float32)

weights = {
    'linear_layer': tf.Variable(tf.truncated_normal([hidden_layer_size,
                                                     num_classes],
                                                     mean=0,stddev=.01))
}
```

```
biases = {
    'linear_layer':tf.Variable(tf.truncated_normal([num_classes],
                                            mean=0,stddev=.01))
}

# 최종 상태를 뽑아 선형 계층에 적용
final_output = tf.matmul(states[1],
                        weights["linear_layer"]) + biases["linear_layer"]
softmax = tf.nn.softmax_cross_entropy_with_logits(logits = final_output,
                                            labels = _labels)

cross_entropy = tf.reduce_mean(softmax)
```

마지막 유효한 출력 벡터(예제에서는 dynamic_rnn()에서 반환되는 states 텐서에서 얻는다)를 가져와서 소프트맥스 함수를 적용한 선형 계층에 전달하여 최종 예측으로 사용한다. 다음 절에서 예제의 시퀀스에서 dynamic_rnn()으로 생성된 결과를 살펴볼 때 마지막 유의미한 출력과 제로 패딩의 의미를 좀 더 자세히 살펴볼 것이다.

5.3.4 임베딩 학습과 LSTM 분류기

퍼즐의 조각을 모두 모았다. 이 조각을 모두 사용해서 단어 벡터와 분류기 모델 모두의 최종 학습을 마무리해보자.

```
train_step = tf.train.RMSPropOptimizer(0.001, 0.9).minimize(cross_entropy)
correct_prediction = tf.equal(tf.argmax(_labels,1),
                              tf.argmax(final_output,1))
accuracy = (tf.reduce_mean(tf.cast(correct_prediction,
                            tf.float32)))*100

with tf.Session() as sess:
    sess.run(tf.global_variables_initializer())

    for step in range(1000):
        x_batch, y_batch,seqlen_batch = get_sentence_batch(batch_size,
                                                train_x,train_y,
                                                train_seqlens)
        sess.run(train_step,feed_dict={_inputs:x_batch, _labels:y_batch,
                                _seqlens:seqlen_batch})
```

```
            if step % 100 == 0:
                acc = sess.run(accuracy,feed_dict={_inputs:x_batch,
                                                   _labels:y_batch,
                                                   _seqlens:seqlen_batch})
                print("Accuracy at %d: %.5f" % (step, acc))

        for test_batch in range(5):
            x_test, y_test,seqlen_test = get_sentence_batch(batch_size,
                                                            test_x,test_y,
                                                            test_seqlens)
            batch_pred,batch_acc = sess.run([tf.argmax(final_output,1),
                                             accuracy],
                                            feed_dict={_inputs:x_test,
                                                       _labels:y_test,
                                                       _seqlens:seqlen_test})
            print("Test batch accuracy %d: %.5f" % (test_batch, batch_acc))

        output_example = sess.run([outputs],feed_dict={_inputs:x_test,
                                                       _labels:y_test,
                                                       _seqlens:seqlen_test})
        states_example = sess.run([states[1]],feed_dict={_inputs:x_test,
                                                         _labels:y_test,
                                                         _seqlens:seqlen_test})
```

결과는 다음과 같다. 매우 간단한 텍스트 분류 문제다운 결과다.

```
Accuracy at 0: 32.81250
Accuracy at 100: 100.00000
Accuracy at 200: 100.00000
Accuracy at 300: 100.00000
Accuracy at 400: 100.00000
Accuracy at 500: 100.00000
Accuracy at 600: 100.00000
Accuracy at 700: 100.00000
Accuracy at 800: 100.00000
Accuracy at 900: 100.00000
Test batch accuracy 0: 100.00000
Test batch accuracy 1: 100.00000
Test batch accuracy 2: 100.00000
Test batch accuracy 3: 100.00000
Test batch accuracy 4: 100.00000
```

또 앞 절에서 예고한 대로 제로 패딩 및 마지막 유의미한 출력의 의미를 자세히 설명하기 위해 dynamic_rnn()에서 생성된 일괄 처리 출력의 예제도 계산해보았다.

제로 패딩된 문장에 대해서 출력된 예제 중 하나를 살펴보자(무작위 일괄 처리 데이터에서 다른 출력이 나올 수도 있다. 물론 seqlen이 최대 6보다 작은 문장에 대해 실행해야 한다).

```
seqlen_test[1]
```

```
Out:
4
```

```
output_example[0][1].shape
```

```
Out:
(6, 32)
```

이 결과는 기대한 것처럼 6개의 시간 단계를 가지며 각 벡터의 크기는 32이다. 들어 있는 값을 살펴보자(처음 몇 개의 차원만 출력했다).

```
output_example[0][1][:6,0:3]
```

```
Out:
array([[-0.44493711, -0.51363373, -0.49310589],
       [-0.72036862, -0.68590945, -0.73340571],
       [-0.83176643, -0.78206956, -0.87831545],
       [-0.87982416, -0.82784462, -0.91132098],
       [ 0.        ,  0.        ,  0.        ],
       [ 0.        ,  0.        ,  0.        ]], dtype=float32)
```

원래 길이가 4인 문장이며, 마지막 두 단계는 패딩으로 인하여 값이 0인 벡터임을 알 수 있다.

마지막으로 dynamic_rnn()에서 반환한 상태 벡터를 들여다보자.

```
states_example[0][1][0:3]
```

```
Out:
array([-0.87982416, -0.82784462, -0.91132098], dtype=float32)
```

마지막 유의미한 출력 벡터를 저장하고 있음을 알 수 있다(이 값들은 바로 위의 제로 패딩 이전의 유의미한 출력 벡터와 일치한다).

이 시점이 되면 단어 벡터에 접근하여 이를 조작하여 훈련된 표현을 탐색하는 방법이 궁금해질 만하다. 다음 장에서 이 방법을 대화식 임베딩 시각화를 포함하여 살펴볼 것이다.

여러 개의 LSTM을 쌓아 올리기

앞에서는 설명을 용이하게 하기 위해 1개의 계층을 가진 LSTM 네트워크에 초점을 맞췄다. 여러 개의 RNN 셀을 하나의 다층 셀로 결합하는 `MultiRNNCell()`을 사용하면 계층을 추가할 수 있다.

예를 들어 앞의 예에서 2개의 LSTM 계층을 쌓으려 한다고 가정하자. 다음과 같이 할 수 있다.[12]

```
num_LSTM_layers = 2
with tf.variable_scope("lstm"):
    lstm_cell_list = [tf.contrib.rnn.BasicLSTMCell(hidden_layer_size,forget_bias=1.0)
                      for i in range(num_LSTM_layers)]
    cell = tf.contrib.rnn.MultiRNNCell(cells=lstm_cell_list,
                                       state_is_tuple=True)
    outputs, states = tf.nn.dynamic_rnn(cell, embed,
                                        sequence_length = _seqlens,
                                        dtype=tf.float32)
```

먼저 이전처럼 LSTM 셀을 정의한 후 `tf.contrib.rnn.MultiRNNCell()` 래퍼에 밀어 넣는다.

이제 네트워크에는 두 개의 LSTM 계층이 있으므로 최종 상태 벡터를 뽑아내려 할 때 형태의 문제가 발생한다. 두 번째 계층의 최종 상태를 얻으려면 다음과 같이 인덱스를 맞춰주면 된다.

```
# 최종 상태를 뽑아 선형 계층에 적용
final_output = tf.matmul(states[num_LSTM_layers-1][1],
                         weights["linear_layer"]) + biases["linear_layer"]
```

---

[12] 옮긴이_ *LSTM_supervised_embeddings.py* 파일 뒷부분에 주석 처리되어 포함되어 있긴 하나 원서 오탈자 페이지 내용이 반영되어 있지 않다. 여기서는 수정 내용을 반영한 코드를 옮긴다.

5.4 마치며

이 장에서는 텐서플로의 시퀀스 모델을 소개했다. 텍스트와 이미지 데이터에 대해 `tf.scan()`
과 기본 제공 모듈을 사용을 사용하여 기초적인 RNN 모델을 밑바탕부터 구현하는 방법과 고
급 LSTM 네트워크를 구현하는 방법을 살펴보았다. 마지막으로 단어 임베딩을 사용해 텍스트
분류 RNN을 학습하고 가변 길이의 시퀀스를 다루는 방법을 보여줬다. 다음 장에서는 단어 임
베딩과 word2vec에 대해서 더 깊이 들어간다. 7장에서는 텐서플로를 확장하는 훌륭한 추상
화 라이브러리들을 사용해 훨씬 간단한 코드로 고급 텍스트 분류 RNN 모델을 학습하는 방법
을 살펴볼 것이다.

## CHAPTER 6

텍스트 2: 단어 벡터, 고급 RNN, 임베딩 시각화

이 장에서는 5장에서 다룬 텍스트 시퀀스 작업과 관련된 중요한 주제를 좀 더 깊이 살펴본다. 먼저 **word2vec**이라는 비지도 학습 방법을 사용하여 단어 벡터를 학습하는 방법과 텐서보드를 사용해서 임베딩을 대화형으로 시각화하는 방법을 보여준다. 이어서 대량의 공개 데이터로 사전 학습된 단어 벡터를 지도 학습 텍스트 분류에 적용해보고 최신의 시스템에서 널리 사용되는 더욱 발전된 RNN 구성 요소도 소개한다.

6.1 단어 임베딩 소개

5장에서는 RNN 모델을 소개하고 텐서플로에서 텍스트 시퀀스를 다루는 방법을 소개했다. 지도 학습의 일환으로 단어 ID를 저차원의 연속 벡터로 매핑함으로써 단어 벡터를 학습시켰다. 이런 작업을 수행한 이유는 RNN 계층의 입력으로 사용할 확장 가능한 표현이 필요했기 때문이다. 하지만 단어 벡터를 사용하는 더 근본적인 이유가 있으며, 이를 알아볼 것이다.

[그림 6-1]에는 앞 장에서 봤던 문장이 들어 있다.

Our company provides smart agriculture solutions for farms, with advanced AI, deep-learning.

이 문장은 아마도 회사를 홍보하는 블로그나 트윗 등으로부터 가져왔을 것이다. 데이터 과학자나 엔지니어라면 고급 기계 지능 시스템의 일부로 이를 처리하여 트윗에서 추려내고 자동으로 의미 있는 내용(예를 들어 대중의 감성)을 추출하고 싶어 할 것이다.

텍스트를 처리하는 전통적인 NLP 접근법 중 하나는 문장의 각 단어를 정수 ID로 표시하는 방식이다. 앞 장에서 했던 것처럼 예를 들어 'agriculture'라는 단어는 정수 3452로, 'farm'은 12, 'AI'는 150, 'deep-learning'은 0으로 매핑할 수 있다.

이런 표현을 사용함으로써 기초적인 NLP 작업에서는 실제로 훌륭한 결과를 얻었고, 한정된 단어로 이루어진 텍스트 분류 등 여러 경우에 이 방법이 여전히 사용되고 있지만, 여기에는 몇 가지 중요한 문제가 내재되어 있다. 먼저 이러한 고립된 표현을 사용함으로써 단어 내에 숨어 있는 모든 의미를 잃어버리게 되고 따라서 단어 사이의 의미적 근접성과 관련 정보를 놓치게 된다. 예제 문장에서 agriculture(농업)와 farm(농장), AI(인공지능)와 deep-learning(딥러닝)은 서로 밀접한 단어인 반면, deep-learning과 farm은 서로 별 관련이 없다. 이러한 내용은 임의의 정수 ID에 반영되지 않는다.

이 방법의 또 다른 중요한 문제는 단어의 수가 어마어마하게 많다는 데서 기인한다. 단어 식별자를 수백만 개씩 들고 있다면 데이터의 표현은 매우 희소해지고 학습이 어려워지며 비용이 더 많이 들어간다.

5.1절에서 사용한 MNIST 데이터처럼 이미지라면 경우가 다르다. 물론 이미지의 차원도 커질 수 있지만, 픽셀 값이라는 표현 자체에 이미 어떠한 의미가 부호화되어 있으므로, 매우 고밀도^{dense}의 표현이라 할 수 있다. 실제로 5장에서 본 것과 같은 RNN 모델이 제대로 동작하려면 고밀도 벡터 표현이 필요하다.

따라서 의미를 지니고 있는 단어에 대해서도 고밀도 벡터 표현을 사용하고자 한다. 하지만 어떻게 고밀도 단어 벡터를 얻을 수 있을까?

5장에서는 레이블이 붙어 있는 데이터를 사용해서 특정 작업을 수행하는 단어 벡터에 지도 학습을 적용했다. 하지만 개인 또는 단체가 항상 이렇게 할 수 있는 것은 아니다. 일일이 텍스트에 레이블을 붙이거나 쓸 만한 레이블이 붙어 있는 데이터를 확보하는 것은 자원, 시간, 노력의 측면에서 꽤나 비용이 큰 일이다. 반면 레이블이 붙어 있지 않은 대량의 데이터를 얻는 일은 그렇게 어려운 일이 아니다. 따라서 레이블이 없는 대량의 데이터를 사용해 비지도 학습으로 단어 표현을 학습하는 방법이 있다면 더 좋을 것이다.

사실 여전히 사용되는 전통적인 자연어처리 방식이건 신경망을 사용하는 새로운 방식이건, 단어 임베딩을 비지도 학습하는 방법은 여러 가지가 있다. 어떤 방법이든 그 핵심은 **분포 가설** distributional hypothesis에 의지하며, 이 가설은 언어학자 존 루퍼트 퍼스John Rupert Firth의 유명한 말로 쉽게 설명되곤 한다. "단어는 포함된 문맥 속에서 이해할 수 있다." 즉 비슷한 맥락에서 함께 나타나는 경향이 있는 단어들은 비슷한 의미를 가지는 경향이 있다.

이 책에서는 신경망을 기반으로 하는 강력한 단어 임베딩에 초점을 맞춘다. 5장에서는 텍스트 분류 작업의 일부분으로서 단어 임베딩을 학습하는 방법을 살펴보았다. 여기서는 단어 벡터를 비지도 방식으로 학습하는 방법과 웹상의 대량의 텍스트를 사용하여 학습된 사전 학습된 벡터를 사용하는 방법을 살펴본다.

6.2 word2vec

word2vec은 잘 알려진 비지도 방식의 단어 임베딩 접근법이다. 실제로는 (분포 가설의 정신에 따라) 단어의 표현을 알기 위해서 단어가 나타난 문맥을 활용하는 여러 알고리즘의 모음 같은 것이다. 여기에서는 그 가운데 가장 대중적인 word2vec 구현에 초점을 맞출 것이다. 이 구현은 단어의 입력이 주어지면 **스킵-그램**skip-gram이라는 것을 사용해 단어의 문맥을 예측하는 모델을 학습한다. 예제에서 설명하겠지만 실제로는 꽤 단순하다.

앞에서 본 문장인 'Our company provides smart agriculture solutions for farms, with advanced AI, deep-learning.'을 다시 보자. 단순화해서, 단어의 '문맥'을 근접한 이웃 단어들, 즉 왼쪽 단어와 오른쪽 단어라고 정의하겠다. 이에 따르면 'company'의 문맥은 [our, provides]이며 'AI'의 문맥은 [advanced, deep-learning]이 된다(그림 6-1).

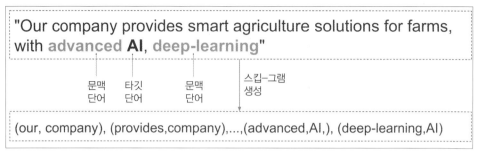

그림 6-1 텍스트에서 스킵-그램 생성하기

스킵-그램 word2vec 모델에서는 입력 단어를 기반으로 문맥을 예측하는 모델을 학습한다. 이건 바로 (our, company), (provides, company), (advanced, AI), (deep-learning, AI) 식으로 학습 데이터와 레이블의 쌍을 만든다는 의미이다.

데이터에서 추출한 이와 같은 쌍에 더해 '가짜' 쌍도 추출한다. 주어진 입력 단어(예를 들어 'AI')에 대해 문맥에 무작위 노이즈 단어들(예를 들어 'monkeys')을 추가한다는 뜻인데 이를 **네거티브 샘플링**negative sampling이라고 부른다. 이렇게 진짜 쌍과 가짜 쌍을 섞어 학습 데이터와 레이블을 만들고 이 둘을 구분할 수 있는 이진 분류기를 학습시킨다. 이 분류기에서 학습 가능한 매개변수는 벡터 표현, 즉 단어 임베딩이다. 이 벡터를 튜닝하여 문맥에 맞는 단어와 무작위로 추출된 단어의 차이를 설명할 수 있는 이진 분류기를 만들어낸다.

텐서플로를 사용하면 멀티스레드와 고수준 추상화 라이브러리를 활용한 최적화된 짧은 코드로 정교하고 잘 최적화된 word2vec 모델을 여러 방법으로 구현할 수 있다. 여기서는 기본적인 접근법을 통해 핵심 아이디어와 연산을 소개할 것이다.

텐서플로 코드로 핵심 아이디어를 구현해보자.

6.2.1 스킵-그램

데이터를 준비하고 스킵-그램을 추출하는 데서 시작한다. 5장에서처럼, 데이터는 매우 짧은 두 종류의 '문장'으로 구성되는데 하나는 홀수 숫자로, 다른 하나는 짝수 숫자로 이루어져 있다 (숫자는 영어로 적혀 있다). 설명을 쉽게 하기 위해 여기서는 같은 길이의 문장들을 만들 텐데, 사실 이는 word2vec의 학습에 큰 영향을 미치지 않는다. 먼저 매개변수를 설정하고 문장

들을 만들어보자(*word2vec.py*).[1]

```python
import os
import math
import numpy as np
import tensorflow as tf
from tensorflow.contrib.tensorboard.plugins import projector


batch_size = 64
embedding_dimension = 5
negative_samples = 8
LOG_DIR = "/absolute/path/logs/word2vec_intro"


digit_to_word_map = {1:"One",2:"Two", 3:"Three", 4:"Four", 5:"Five",
                     6:"Six",7:"Seven",8:"Eight",9:"Nine"}
sentences = []

# 홀수 시퀀스/짝수 시퀀스 두 종류의 문장을 생성
for i in range(10000):
    rand_odd_ints = np.random.choice(range(1,10,2),3)
    sentences.append(" ".join([digit_to_word_map[r] for r in rand_odd_ints]))
    rand_even_ints = np.random.choice(range(2,10,2),3)
    sentences.append(" ".join([digit_to_word_map[r] for r in rand_even_ints]))
```

생성된 문장을 살펴보자.

```
sentences[0:10]
```

```
Out:
['Seven One Five',
 'Four Four Four',
 'Five One Nine',
 'Eight Two Eight',
 'One Nine Three',
 'Two Six Eight',
```

---

1 옮긴이_ 예제 코드의 */absolute/path*는 텐서플로 로그의 상위 디렉터리의 절대경로를 사용해서 임베딩 메타정보와 일치시켜야 한다 (원서 깃허브 파일에는 없는 부분이다). 상대경로를 사용하면 tensorboard 실행 시 지정한 *logdir*의 경로 아래의 상대경로에서 임베 딩 기록을 찾기 때문에 텐서보드에서 오류가 발생한다. 예를 들어 현재 파이썬 파일의 절대경로가 */home/tftest*라고 한다면 LOG_DIR 은 /home/tftest/logs/word2vec_intro로 설정하고, 텐서보드는 tensorboard --logdir=logs로 실행하면 된다.

```
 'Nine Seven Seven',
 'Six Eight Six',
 'One Five Five',
 'Four Six Two']
```

이어서, 5장에서처럼 단어를 키로, 인덱스를 값으로 하는 딕셔너리를 생성해 단어를 인덱스에 매핑하고 역 매핑도 생성한다.

```
# 단어를 인덱스에 매핑
word2index_map ={}
index=0
for sent in sentences:
    for word in sent.lower().split():
        if word not in word2index_map:
            word2index_map[word] = index
            index+=1

index2word_map = {index: word for word, index in word2index_map.items()}
vocabulary_size = len(index2word_map)
```

word2vec 데이터의 준비 과정으로 스킵-그램을 만들자.

```
# 스킵-그램 쌍 생성
skip_gram_pairs = []
for sent in sentences:
    tokenized_sent = sent.lower().split()
    for i in range(1, len(tokenized_sent)-1) :
        word_context_pair = [[word2index_map[tokenized_sent[i-1]],
                              word2index_map[tokenized_sent[i+1]]],
                              word2index_map[tokenized_sent[i]]]
        skip_gram_pairs.append([word_context_pair[1],
                                word_context_pair[0][0]])
        skip_gram_pairs.append([word_context_pair[1],
                                word_context_pair[0][1]])


def get_skipgram_batch(batch_size):
    instance_indices = list(range(len(skip_gram_pairs)))
    np.random.shuffle(instance_indices)
    batch = instance_indices[:batch_size]
    x = [skip_gram_pairs[i][0] for i in batch]
```

```
    y = [[skip_gram_pairs[i][1]] for i in batch]
    return x,y
```

각 스킵–그램 쌍은 타깃과 문맥 단어 인덱스(word2index_map 딕셔너리로서 각 단어가 나타내는 실제 숫자와는 무관한 값)로 구성된다. 한번 들여다보자.

```
skip_gram_pairs[0:10]
```

```
Out:
[[1, 0],
 [1, 2],
 [3, 3],
 [3, 3],
 [1, 2],
 [1, 4],
 [6, 5],
 [6, 5],
 [4, 1],
 [4, 7]]
```

단어 인덱스의 시퀀스의 배치를 생성할 수 있고, 앞에서 만든 역방향의 딕셔너리로 원래 문장을 구할 수도 있다.

```
# 배치 예제
x_batch,y_batch = get_skipgram_batch(8)
x_batch
y_batch
[index2word_map[word] for word in x_batch]
[index2word_map[word[0]] for word in y_batch]

x_batch
```

```
Out:
[6, 2, 1, 1, 3, 0, 7, 2]
```

```
y_batch
```

```
Out:
[[5], [0], [4], [0], [5], [4], [1], [7]]
```

```
[index2word_map[word] for word in x_batch]
```

Out:
```
['two', 'five', 'one', 'one', 'four', 'seven', 'three', 'five']
```

```
[index2word_map[word[0]] for word in y_batch]
```

Out:
```
['eight', 'seven', 'nine', 'seven', 'eight',
 'nine', 'one', 'three']
```

마지막으로 입력과 레이블에 사용할 플레이스홀더를 생성한다.

```python
# 입력 데이터와 레이블
train_inputs = tf.placeholder(tf.int32, shape=[batch_size])
train_labels = tf.placeholder(tf.int32, shape=[batch_size, 1])
```

6.2.2 텐서플로에서의 임베딩

5장에서 지도 학습 RNN을 구현할 때는 기본 제공되는 `tf.nn.embedding_lookup()` 함수를 사용했다. 여기서도 같은 방식이 사용된다. 또한 단어 임베딩은 단어를 벡터값으로 매핑하는 룩업 테이블로도 볼 수 있는데, 손실 함수의 값을 최소화하도록 학습하는 과정에서 최적화된다. 다음 절에서 보겠지만 5장과 달리 여기서는 비지도 방식을 고려한 손실 함수를 사용한다. 하지만 주어진 단어 인덱스의 시퀀스 내의 각 단어에 대해서 벡터를 효율적으로 찾아올 수 있는 임베딩 룩업 테이블은 동일하게 유지된다.

```python
with tf.name_scope("embeddings"):
    embeddings = tf.Variable(
        tf.random_uniform([vocabulary_size, embedding_dimension],
                          -1.0, 1.0),name='embedding')
    # 본질적으로 룩업 테이블이다.
    embed = tf.nn.embedding_lookup(embeddings, train_inputs)
```

6.2.3 잡음 대비 추정(NCE) 손실 함수

스킵-그램을 소개할 때, 진짜 문맥-타깃 단어 쌍 외에 무작위 문맥 단어를 사용하여 만든 '가짜' 잡음 쌍도 삽입한다고 이야기했다. 좋은 단어의 표현을 알 수 있도록, 이 둘을 구분하는 방법을 학습시켜야 한다. 무작위 잡음 쌍을 일일이 만들어도 되긴 하지만, 다행히 텐서플로는 이 작업에 사용할 수 있도록 설계된 잡음 대비 추정$^{noise-contrastive\ estimation}$ (NCE)이라는 쓸 만한 손실 함수를 제공한다. tf.nn.nce_loss()를 사용하면 (세션 내에서) 손실을 계산할 때 허위('잡음') 표본을 자동으로 만들어낸다.

```
# 잡음 대비 추정(NCE) 손실 계산을 위한 변수 생성
nce_weights = tf.Variable(
        tf.truncated_normal([vocabulary_size, embedding_dimension],
                            stddev=1.0 / math.sqrt(embedding_dimension)))
nce_biases = tf.Variable(tf.zeros([vocabulary_size]))

loss = tf.reduce_mean(
    tf.nn.nce_loss(weights = nce_weights, biases = nce_biases, inputs = embed,
        labels = train_labels, num_sampled = negative_samples, num_classes =
            vocabulary_size))
```

이 손실 함수의 자세한 수식을 다루지는 않지만 이전 장에서 소개한 분류 작업에서 사용되는 일반적인 소프트맥스 함수를 효율적으로 근사하는 함수의 일종으로 이해하면 충분하다. 임베딩 벡터를 튜닝하여 이 손실 함수를 최적화하게 된다. 더 자세한 내용은 텐서플로 공식 문서 (*https://www.tensorflow.org/api_docs/python/tf/nn/nce_loss*)와 해당 문서 내의 참고 자료를 찾아보자.

이제 학습 준비가 끝났다. 텐서플로에서 단어 임베딩을 구하는 것에 덧붙여, 이어서 최적화 과정의 학습률 조정과 임베딩의 대화형 시각화의 두 가지 유용한 기능을 설명하겠다.

6.2.4 학습률 감소

이전 장에서 언급했듯 경사 하강법 최적화는 손실 함수를 최소화하는 방향으로 조금씩 이동하면서 가중치를 조정한다. learning_rate 하이퍼파라미터는 이 이동하는 크기를 결정한다. 모델을 경사 하강법으로 학습하는 과정에서는 일반적으로 이 값의 크기를 점차 감소시켜, 매개변수 공간상의 좋은 위치로 접근할 때 최적화 프로세스가 '안정화'되도록 한다. 학습 과정에 이 기능을 살짝 더하는 것만으로도 실제 결과가 크게 향상될 수 있으므로 일반적으로 이 방식을 염두에 두는 것이 좋다.

tf.train.exponential_decay()는 학습률을 지수적으로 감소시키는데, 다음 코드에서 볼 수 있듯 감소의 형태를 결정하는 몇 개의 하이퍼파라미터가 있다. 자세한 내용은 텐서플로 공식 문서(*https://www.tensorflow.org/api_docs/python/tf/train/exponential_decay*)를 참조하자. 여기의 예제에서는 1,000단계마다 감소시키며 감소되는 학습률은 계단 함수(이름에서 유추할 수 있듯 일정 범위에서 값이 고정된 상수로 계단 모양을 보이는 함수)의 형태를 따른다.

```
# 학습률 감소
global_step = tf.Variable(0, trainable=False)
learningRate = tf.train.exponential_decay(learning_rate=0.1,
                                          global_step= global_step,
                                          decay_steps=1000,
                                          decay_rate= 0.95,
                                          staircase=True)
train_step = tf.train.GradientDescentOptimizer(learningRate).minimize(loss)
```

6.2.5 텐서보드를 사용하여 학습하고 시각화하기

다른 예제와 마찬가지로 세션 내에서 그래프를 학습할 때 몇 줄의 코드만 추가하면 텐서보드에서 대화형 시각화가 가능하다. 2016년 하반기에 텐서플로에 추가된 텐서보드는 고차원 데이터(일반적으로 이미지나 단어 벡터)의 임베딩을 시각화하는 기능을 제공한다.

먼저 TSV(탭으로 구분된 값) 형식의 메타데이터 파일을 생성한다. 이 파일은 임베딩 벡터를 연관 레이블이나 이미지와 연결한다. 이 예제에서 각 임베딩 벡터는 그 벡터가 나타내는 단어의 레이블을 가지고 있다.

그런 다음 텐서보드에 임베딩 변수(이 경우에는 단 하나)를 지정하고 이 변수를 메타데이터 파일에 연결한다.

마지막으로 최적화가 끝난 후 세션을 닫기 전에 단어 임베딩 벡터를 단위 길이로 정규화하는 표준 후처리 과정을 진행한다.[2]

```
# 모든 요약 연산을 병합
merged = tf.summary.merge_all()
```

---

2 옮긴이_ 임베딩 벡터를 정규화하는 데 사용되는 tf.reduce_sum의 인수 중 keep_dims는 텐서플로 1.5.0에서 폐기(deprecated)되었으며, 대신 keepdims를 사용하면 된다.

```
with tf.Session() as sess:
    train_writer = tf.summary.FileWriter(LOG_DIR,
                                          graph=tf.get_default_graph())
    saver = tf.train.Saver()

    with open(os.path.join(LOG_DIR,'metadata.tsv'), "w") as metadata:
        metadata.write('Name\tClass\n')
        for k,v in index2word_map.items():
            metadata.write('%s\t%d\n' % (v, k))

    config = projector.ProjectorConfig()
    embedding = config.embeddings.add()
    embedding.tensor_name = embeddings.name
    # 임베딩을 메타데이터 파일과 연결
    embedding.metadata_path = os.path.join(LOG_DIR,'metadata.tsv')
    projector.visualize_embeddings(train_writer, config)

    tf.global_variables_initializer().run()

    for step in range(1000):
        x_batch, y_batch = get_skipgram_batch(batch_size)
        summary,_ = sess.run([merged,train_step],
                             feed_dict={train_inputs:x_batch,
                                        train_labels:y_batch})
        train_writer.add_summary(summary, step)

        if step % 100 == 0:
            saver.save(sess, os.path.join(LOG_DIR, "w2v_model.ckpt"), step)
            loss_value = sess.run(loss,
                                  feed_dict={train_inputs:x_batch,
                                             train_labels:y_batch})
            print("Loss at %d: %.5f" % (step, loss_value))

    # 사용 전 임베딩 정규화
    norm = tf.sqrt(tf.reduce_sum(tf.square(embeddings), 1, keep_dims=True))
    normalized_embeddings = embeddings / norm
    normalized_embeddings_matrix = sess.run(normalized_embeddings)
```

6.2.6 임베딩 확인해보기

결과로 얻은 단어 벡터를 간단히 살펴보자. 단어 'one'을 선택해 다른 모든 단어 벡터를 얼마나 가까우냐에 따라서 내림차순으로 정렬한다.

```
ref_word = normalized_embeddings_matrix[word2index_map["one"]]

cosine_dists = np.dot(normalized_embeddings_matrix,ref_word)
ff = np.argsort(cosine_dists)[::-1][1:10]
for f in ff:
    print(index2word_map[f])
    print(cosine_dists[f])
```

이제 'one' 단어 벡터와 다른 단어들 사이의 거리를 살펴보자.

```
Out:
seven
0.946973
three
0.938362
nine
0.755187
five
0.701269
eight
-0.0702622
two
-0.101749
six
-0.120306
four
-0.159601
```

벡터 내적의 결과로 보면, 홀수를 나타내는 단어 벡터가 'one'에 가깝고, 짝수를 나타내는 단어 벡터는 'one'에 가깝지 않다는 것을 알 수 있다('one'을 나타내는 벡터와 음의 내적이 된다).[3] 임베딩된 벡터를 학습하여 짝수와 홀수를 구분할 수 있게 되었다. 홀수와 짝수 각각에 속한 벡터들은 서로 멀리 분리되어 각 단어(홀수 또는 짝수)가 나타내는 맥락을 구성한다.

이제 텐서보드에서 PROJECTOR 탭으로 이동해보자.[4] 이 탭은 임베디드된 벡터의 공간을 돌아다니면서 다양한 '각도'로 탐색하며 확대하는 등의 일을 할 수 있는 3차원 대화형 시각화 패

---

3 옮긴이_ 두 벡터의 유사성을 측정할 때는 벡터의 방향이 얼마나 유사한지를 비교하며 이를 코사인 유사도(cosine similarity)라고 부른다. 두 벡터의 방향성이 비슷하면 코사인 유사도는 1에 가깝고($\cos(0°) = 1$), 두 벡터의 방향성이 다르면 코사인 유사도는 -1에 가까워진다($\cos(180°) = -1$). 코사인 유사도와 내적의 관계는 내적의 정의를 생각해보면 쉽게 유추할 수 있다. 길이를 1로 정규화한 벡터 간의 내적은 그 자체로 코사인 유사도가 된다.

4 옮긴이_ 예전 버전의 텐서보드에서는 EMBEDDINGS 탭에서 확인할 수 있다.

널이다. [그림 6-2]와 [그림 6-3]에서 그 예를 볼 수 있다. 이 도구를 사용하면 좀 더 편하게 시각적으로 데이터를 이해하고 모델을 해석할 수 있다. 예를 들어 홀수와 짝수가 특징 공간의 서로 다른 영역을 점유하고 있다는 사실을 확인할 수 있다.

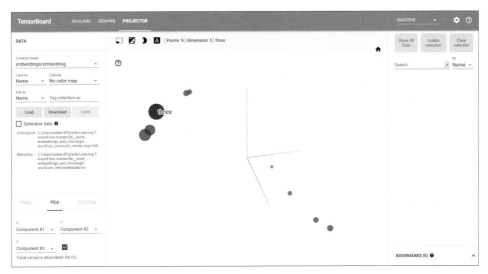

그림 6-2 단어 임베딩의 대화식 시각화

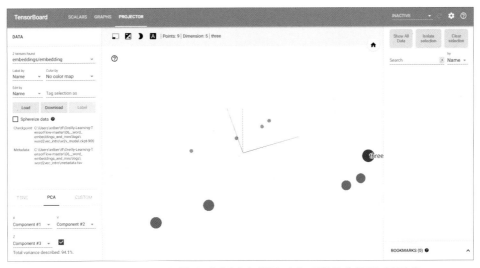

그림 6-3 다양한 각도에서 단어 벡터를 탐색할 수 있다(대량의 어휘를 가진 고차원 문제에 특히 유용하다).

7장에서 살펴볼 예제나 임베딩 프로젝터 텐서플로 데모(*https://projector.tensorflow.org*)와 같이 더 많은 어휘가 있어서 이에 대응되는 임베딩 벡터의 수도 매우 많은 실제 텍스트 분류 문제에서 이런 유형의 시각화의 진가를 확인할 수 있다. 여기서는 데이터와 딥러닝 모델을 어떻게 대화식으로 탐색할 수 있는지만 보였다.

6.3 사전 학습된 임베딩과 고급 RNN

앞에서 설명한 것처럼 단어 임베딩은 텍스트 처리를 위한 딥러닝 모델의 강력한 구성 요소이다. 많은 응용프로그램에서 널리 사용되는 접근 방법은 대량의 (레이블이 없는) 텍스트 데이터상에서 word2vec와 같은 방법으로 단어 벡터를 학습한 다음, 이 벡터를 사용해 지도 학습 방식의 문서 분류와 같은 후속 작업을 수행하는 것이다.

앞 절에서는 단어 벡터를 비지도 방식으로 맨 처음부터 학습시켰다. 이렇게 하려면 일반적으로 위키백과의 내용이나 웹 페이지 같은 대량의 말뭉치들이 필요하다. 실전에서는 대량의 말뭉치들을 사용해 학습된 사전 학습된 단어 임베딩pretrained word embedding을 쓰는 경우가 종종 있는데 앞 장에서 본 학습시켜 사용한 단어 임베딩 방식과 제법 많이 닮았다.

이 절에서는 간단한 텍스트 분류 작업을 통해 텐서플로에서 사전 학습된 단어 임베딩을 사용하는 방법을 보여준다. 흥미를 더하기 위해서 자연어이해를 위한 최신 딥러닝 응용프로그램에서 널리 사용되는 더 유용하고 강력한 양방향 RNN 계층bidirectional RNN layer과 게이트 정류 유닛gated recurrent unit(GRU) 셀을 소개한다.

변경된 부분에 초점을 맞추며 5장의 텍스트 분류 예제를 확장하여 적용해본다.

6.3.1 사전 학습된 단어 임베딩

여기서는 웹 데이터를 기반으로 학습된 단어 벡터를 가져와서(설명용으로 만들어진) 텍스트 분류 작업에 통합하는 방법을 보여준다. 임베딩 방법은 **GloVe**라는 방법이다. 여기서 세세한 내용을 살펴보지는 않지만 전반적인 아이디어는 그 단어들이 등장하는 문맥에 따라 단어의 표현을 학습한다는 것으로 word2vec와 유사하다. 학습 기법과 작성자 등의 정보와 사전 학습된 벡터 데이터는 프로젝트 웹사이트(*http://nlp.stanford.edu/projects/glove/*)에서 찾아 볼 수 있다.

Common Crawl 벡터(840B 개의 토큰을 가진 *glove.840B.300d.zip*)를 내려받아 예제에 사용하겠다.

먼저 내려받은 단어 벡터의 경로와 몇몇 다른 매개변수를 설정한다(*GRU_pretrained_GloVe.py*).

```python
import zipfile
import numpy as np
import tensorflow as tf

path_to_glove = "path/to/glove/file"
PRE_TRAINED = True
GLOVE_SIZE = 300
batch_size = 128
embedding_dimension = 64
num_classes = 2
hidden_layer_size = 32
times_steps = 6
```

이어서 5장에서와 같이 설명을 위해서 만들어진 간단한 시뮬레이션 데이터를 생성한다(자세한 내용은 5장을 참조).

```python
digit_to_word_map = {1:"One",2:"Two", 3:"Three", 4:"Four", 5:"Five",
                     6:"Six",7:"Seven",8:"Eight",9:"Nine"}
digit_to_word_map[0]="PAD_TOKEN"
even_sentences = []
odd_sentences = []
seqlens = []
for i in range(10000):
    rand_seq_len = np.random.choice(range(3,7))
    seqlens.append(rand_seq_len)
    rand_odd_ints = np.random.choice(range(1,10,2),
                                     rand_seq_len)
    rand_even_ints = np.random.choice(range(2,10,2),
                                      rand_seq_len)
    if rand_seq_len<6:
        rand_odd_ints = np.append(rand_odd_ints,
```

```
                                [0]*(6-rand_seq_len))
        rand_even_ints = np.append(rand_even_ints,
                                   [0]*(6-rand_seq_len))

    even_sentences.append(" ".join([digit_to_word_map[r] for
                          r in rand_odd_ints]))
    odd_sentences.append(" ".join([digit_to_word_map[r] for
                         r in rand_even_ints]))

data = even_sentences+odd_sentences
# 홀수, 짝수 시퀀스의 seq 길이
seqlens*=2
labels = [1]*10000 + [0]*10000
for i in range(len(labels)):
    label = labels[i]
    one_hot_encoding = [0]*2
    one_hot_encoding[label] = 1
    labels[i] = one_hot_encoding
```

다음은 단어-인덱스 맵을 만든다.

```
word2index_map ={}
index=0
for sent in data:
    for word in sent.split():
        if word not in word2index_map:
            word2index_map[word] = index
            index+=1

index2word_map = {index: word for word, index in word2index_map.items()}

vocabulary_size = len(index2word_map)
```

이 맵이 어떤 내용이었는지 떠올려보자. 단순히 단어에서 임의의 인덱스로의 매핑이다.

```
word2index_map
```

```
Out:
{'Eight': 7,
 'Five': 1,
 'Four': 6,
```

```
    'Nine': 3,
    'One': 5,
    'PAD_TOKEN': 2,
    'Seven': 4,
    'Six': 9,
    'Three': 0,
    'Two': 8}
```

이제 단어 벡터를 구할 준비가 끝났다. 내려받은 사전 학습된 GloVe 임베딩 속의 어휘는 220만 개이며 책의 간단한 예제는 9개에 불과하다. 9개 단어에 대해서만 GloVe 벡터를 가져온다.

```python
def get_glove(path_to_glove,word2index_map):
    embedding_weights = {}
    count_all_words = 0
    with zipfile.ZipFile(path_to_glove) as z:
        with z.open("glove.840B.300d.txt") as f:
            for line in f:
                vals = line.split()
                word = str(vals[0].decode("utf-8"))
                if word in word2index_map:
                    print(word)
                    count_all_words+=1
                    coefs = np.asarray(vals[1:], dtype='float32')
                    coefs/=np.linalg.norm(coefs)
                    embedding_weights[word] = coefs

                if count_all_words==vocabulary_size -1:
                    break

    return embedding_weights

word2embedding_dict = get_glove(path_to_glove,word2index_map)
```

GloVe 파일을 한 줄씩 뒤져가면서 필요한 단어 벡터를 가지고 와서 정규화한다. 필요한 9개 단어를 추출하고 나면 처리를 중단하고 루프에서 빠져나온다. 이 함수의 결과는 각 단어로부터 대응되는 벡터에 매핑되는 딕셔너리이다.

다음 단계로 이 벡터를 행렬에 배치해 텐서플로에 사용할 수 있는 형식으로 변환해야 한다. 이 행렬에서 각 행 인덱스는 단어 인덱스에 대응되도록 한다.

```
embedding_matrix = np.zeros((vocabulary_size ,GLOVE_SIZE))

for word,index in word2index_map.items():
    if not word == "PAD_TOKEN":
        word_embedding = word2embedding_dict[word]
        embedding_matrix[index,:] = word_embedding
```

PAD_TOKEN 스트링에 대해서 이에 대응되는 벡터를 0으로 설정한 부분을 주목하자. 5장에서 보았듯이 dynamic_rnn()을 호출할 때 원래 시퀀스 길이를 전달하여 패딩된 토큰은 무시하도록 한다.

이제 학습 데이터와 테스트 데이터를 생성한다.

```
data_indices = list(range(len(data)))
np.random.shuffle(data_indices)
data = np.array(data)[data_indices]
labels = np.array(labels)[data_indices]
seqlens = np.array(seqlens)[data_indices]
train_x = data[:10000]
train_y = labels[:10000]
train_seqlens = seqlens[:10000]

test_x = data[10000:]
test_y = labels[10000:]
test_seqlens = seqlens[10000:]

def get_sentence_batch(batch_size,data_x,
                       data_y,data_seqlens):
    instance_indices = list(range(len(data_x)))
    np.random.shuffle(instance_indices)
    batch = instance_indices[:batch_size]
    x = [[word2index_map[word] for word in data_x[i].split()]
         for i in batch]
    y = [data_y[i] for i in batch]
    seqlens = [data_seqlens[i] for i in batch]
    return x,y,seqlens
```

입력을 위한 플레이스홀더도 만든다.

```
_inputs = tf.placeholder(tf.int32, shape=[batch_size,times_steps])
```

```
embedding_placeholder = tf.placeholder(tf.float32, [vocabulary_size,
                                                    GLOVE_SIZE])

_labels = tf.placeholder(tf.float32, shape=[batch_size, num_classes])
_seqlens = tf.placeholder(tf.int32, shape=[batch_size])
```

embedding_placeholder를 만들어 여기에 단어 벡터를 밀어 넣는다.

```
if PRE_TRAINED:
        embeddings = tf.Variable(tf.constant(0.0, shape=[vocabulary_size,
                                             GLOVE_SIZE]),
                                 trainable=True)
        # 사전 학습된 임베딩을 사용한다면 인베딩 변수에 할당
        embedding_init = embeddings.assign(embedding_placeholder)
        embed = tf.nn.embedding_lookup(embeddings, _inputs)
else:
        embeddings = tf.Variable(
            tf.random_uniform([vocabulary_size,
                               embedding_dimension],
                              -1.0, 1.0))
        embed = tf.nn.embedding_lookup(embeddings, _inputs)
```

예제의 임베딩은 embedding_placeholder의 값으로 초기화되는데 assign() 함수를 사용해 embeddings 변수에 초깃값을 대입한다. trainable=True로 설정하여 텐서플로가 현재 작업에 맞춰 단어 벡터의 값을 최적화하여 갱신하도록 지정한다. 하지만 어떤 경우에는 trainable=False로 설정하여 갱신되지 않도록 설정하는 것이 나을 때도 있다. 예를 들어서 충분한 양의 레이블된 데이터가 확보되지 않은 상황이거나 단어 벡터가 이미 충분히 '훌륭'해서 이후의 패턴을 찾아내는 데 문제가 없다는 확신이 있는 경우가 이에 해당된다.

단어 벡터를 학습에 완전히 통합하는 데는 한 단계가 더 필요하다. embedding_placeholder에 embedding_matrix의 값을 넣는 과정이다. 그 전에 우선 그래프를 완성해보자. 이를 위해 양방향 RNN 계층과 GRU 셀을 소개한다.

6.3.2 양방향 RNN과 GRU 셀

양방향 RNN 계층은 5장에서 살펴본 RNN 계층을 단순하게 확장한 것이다. 양방향 RNN 계층의 기본적인 형태는 왼쪽에서 오른쪽의 시퀀스를 읽는 계층과 오른쪽에서 왼쪽으로 시퀀스를 읽는 두 개의 평범한 RNN 계층으로 구성된다. 각 RNN 계층은 왼쪽에서 오른쪽으로의 벡터

h_1 와 오른쪽에서 왼쪽으로의 벡터 h_2 의 숨겨진 표현을 산출한다. 두 벡터는 이후 하나의 벡터로 합쳐진다. 이러한 표현의 가장 큰 이점은 양방향으로부터의 단어의 문맥을 찾아낼 가능성인데 이를 통해서 자연어와 텍스트에 내재된 의미를 더 잘 이해할 수 있게 된다. 실제로 양방향 RNN 계층을 사용하면 복잡한 작업에서 정확도가 향상되기도 한다. 품사를 태깅할 때 문장에서 각 단어의 예측 태그를 만드는 예를 들어보자(예를 들어 '명사', '형용사' 등). 주어진 단어의 품사 태그를 예측하기 위해서는 그 단어의 앞과 뒤 양방향의 주위 단어의 정보를 알아야 한다.[5]

게이트 정류 유닛gated recurrent unit (GRU) 셀은 LSTM 셀의 간소화된 유형 중 하나이다. 여기에도 기억 메커니즘이 있지만 LSTM에 비해서 꽤 적은 수의 매개변수를 갖는다. 사용 가능한 데이터가 적을 때 흔히 사용되며 계산도 더 빠르다. 이론을 설명하는 것이 이 책의 목적이 아니므로 수학적으로 상세하게 들어가지는 않는다. 인터넷에서 GRU가 무엇인지, 또 LSTM과 어떻게 다른지를 설명하는 많은 훌륭한 자료를 찾을 수 있다.

텐서플로는 양방향 계층을 위한 dynamic_rnn()의 확장판인 tf.nn.bidirectional_dynamic_rnn()을 제공한다. 각각 왼쪽에서 오른쪽 및 오른쪽에서 왼쪽 벡터에 해당하는 cell_fw와 cell_bw RNN 셀이 필요하다. 여기서는 정방향 및 역방향 표현을 찾는 데 GRUCell()를 사용하고 DropoutWrapper()를 사용해 정규화를 위한 드롭아웃을 추가한다.

```
with tf.name_scope("biGRU"):
    with tf.variable_scope('forward'):
        gru_fw_cell = tf.contrib.rnn.GRUCell(hidden_layer_size)
        gru_fw_cell = tf.contrib.rnn.DropoutWrapper(gru_fw_cell)

    with tf.variable_scope('backward'):
        gru_bw_cell = tf.contrib.rnn.GRUCell(hidden_layer_size)
        gru_bw_cell = tf.contrib.rnn.DropoutWrapper(gru_bw_cell)

    outputs, states = tf.nn.bidirectional_dynamic_rnn(cell_fw=gru_fw_cell,
                                                      cell_bw=gru_bw_cell,
                                                      inputs=embed,
                                                      sequence_length=
                                                      _seqlens,
                                                      dtype=tf.float32,
                                                      scope="BiGRU")
```

....

5 옮긴이_ 우리말처럼 조사나 어미를 통해서 품사를 예측 가능한 경우에는 느끼기 어렵지만 같은 형태로 하나의 단어가 여러 품사로 사용되는 영어 같은 경우는 매우 소중한 정보로 사용될 수 있다.

```
states = tf.concat(values=states, axis=1)
```

적당한 축을 기준으로 tf.concat()을 사용해 정방향 및 역방향 상태 벡터를 합치고 5장에서
처럼 소프트맥스 함수를 적용한 선형 계층을 추가한다.

```
weights = {
    'linear_layer': tf.Variable(tf.truncated_normal([2*hidden_layer_size,
                                                      num_classes],
                                                     mean=0,stddev=.01))
}
biases = {
    'linear_layer':tf.Variable(tf.truncated_normal([num_classes],
                                                    mean=0,stddev=.01))
}

# 최종 상태를 뽑아 선형 계층에 적용
final_output = tf.matmul(states,
                         weights["linear_layer"]) + biases["linear_layer"]

softmax = tf.nn.softmax_cross_entropy_with_logits(logits=final_output,
                                                  labels=_labels)
cross_entropy = tf.reduce_mean(softmax)

train_step = tf.train.RMSPropOptimizer(0.001, 0.9).minimize(cross_entropy)

correct_prediction = tf.equal(tf.argmax(_labels,1),
                              tf.argmax(final_output,1))
accuracy = (tf.reduce_mean(tf.cast(correct_prediction,
                                   tf.float32)))*100
```

학습 준비가 끝났다. embedding_placeholder에 embedding_matrix를 밀어 넣어 초기화한다.
이 작업을 tf.global_variables_initializer()를 호출한 다음에 수행하는 것이 매우 중요
하다. 순서가 바뀌면 초기화 함수가 사전 학습된 벡터를 초기화해버린다.

```
with tf.Session() as sess:
    sess.run(tf.global_variables_initializer())
    sess.run(embedding_init, feed_dict=
            {embedding_placeholder: embedding_matrix})
    for step in range(1000):
        x_batch, y_batch,seqlen_batch = get_sentence_batch(batch_size,
```

```
                                             train_x,train_y,
                                             train_seqlens)
        sess.run(train_step,feed_dict={_inputs:x_batch, _labels:y_batch,
                                        _seqlens:seqlen_batch})

        if step % 100 == 0:
            acc = sess.run(accuracy,feed_dict={_inputs:x_batch,
                                                _labels:y_batch,
                                                _seqlens:seqlen_batch})
            print("Accuracy at %d: %.5f" % (step, acc))

    for test_batch in range(5):
        x_test, y_test,seqlen_test = get_sentence_batch(batch_size,
                                                         test_x,test_y,
                                                         test_seqlens)
        batch_pred,batch_acc = sess.run([tf.argmax(final_output,1),
                                         accuracy],
                                         feed_dict={_inputs:x_test,
                                                    _labels:y_test,
                                                    _seqlens:seqlen_test})
        print("Test batch accuracy %d: %.5f" % (test_batch, batch_acc))
```

6.4 마치며

이 장에서는 5장에 이어 텍스트 시퀀스 작업과 관련된 추가적인 내용을 학습하여 우리가 쓸 수 있는 텐서플로 도구가 몇 개 늘어났다. word2vec의 기본 구현을 핵심 개념과 아이디어를 학습하면서 살펴보았고 임베딩의 3차원 대화형 시각화에 텐서보드를 사용했다. 그리고 공개된 GloVe 단어 벡터와 더 풍부하고 효율적인 모델을 가능하게 해주는 RNN 기법(양방향 RNN과 GRU 셀)을 결합했다. 다음 장에서는 LSTM 네트워크상에서 실제 텍스트 데이터를 분류할 때 추상화 라이브러리를 사용하는 방법을 살펴볼 것이다.

## CHAPTER 7

텐서플로 추상화와 간소화

이 장의 목적은 실용적인 텐서플로의 확장 라이브러리에 익숙해지는 것이다. 먼저 추상화가 무엇이며 왜 유용한지를 알아보고 텐서플로의 몇몇 대중적인 추상화 라이브러리를 간단히 살펴볼 것이다. 이어서 추상화 라이브러리 중 두 개를 좀 더 깊이 들여다보는데, 예제를 통해 이 두 라이브러리의 핵심 기능을 설명한다.

7.1 이번 장의 개요

대부분의 독자가 알고 있듯 프로그래밍의 맥락에서 **추상화**abstraction라는 용어는 원래 코드를 특정한 목적으로 일반화하여 기존 코드의 '위에 올라가는' 코드의 계층을 이르는 말이다. 관련 있는 몇몇 고차원 기능을 묶는 방식의 재구성을 통해서 코드를 묶고 감싸서 추상화한다. 그 결과 쉽게 작성하고, 읽고, 디버깅할 수 있도록 코드가 간소화되며 작업도 편해지고 빨라진다. 대부분의 텐서플로 추상화 라이브러리는 코드를 깔끔하게 할 뿐 아니라 코드 길이를 크게 줄여 개발에 걸리는 시간도 크게 단축시켜준다.

텐서플로의 맥락에서 이 기본 개념을 설명해보자. 이를 위해서 4장에서 CNN 구성에 사용한 코드를 약간 변형한 다음 코드를 보자.

```
def weight_variable(shape):
    initial = tf.truncated_normal(shape, stddev=0.1)
```

```
    return tf.Variable(initial)

def bias_variable(shape):
    initial = tf.constant(0.1, shape=shape)
    return tf.Variable(initial)

def conv2d(x, W):
    return tf.nn.conv2d(x, W, strides=[1, 1, 1, 1], padding='SAME')

def max_pool_2x2(x):
    return tf.nn.max_pool(x, ksize=[1, 2, 2, 1],
                          strides=[1, 2, 2, 1], padding='SAME')

def conv_layer(input, shape):
    W = weight_variable(shape)
    b = bias_variable([shape[3]])
    h = tf.nn.relu(conv2d(input, W) + b)
    hp = max_pool_2x2(h)
    return hp

x = tf.placeholder(tf.float32, shape=[None, 784])
x_image = tf.reshape(x, [-1, 28, 28, 1])

h1 = conv_layer(x_image, shape=[5, 5, 1, 32])
h2 = conv_layer(h1, shape=[5, 5, 32, 64])
h3 = conv_layer(h2, shape=[5, 5, 64, 32])
```

기본 텐서플로에서 합성곱 계층을 생성하려면 입력과 원하는 출력의 형태에 따라 가중치 및 편향값을 정의하고 초기화한 후 정의된 스트라이드와 패딩을 사용해 합성곱 연산을 적용하고 마지막으로 활성화 함수 연산을 추가해야 한다. 기본 구성 요소 중 하나를 빼먹거나 잘못 사용하는 실수를 범하기 쉽다. 또 이런 프로세스를 여러 번 반복하는 것은 지루한 일이 될 수도 있고 좀 더 효율적으로 했으면 하는 생각이 들 수도 있을 것이다.

위의 코드는 중복 작업을 일부 제거하는 함수를 사용해서 살짝 추상화를 시도해본 결과물이다. 정확히 동일한 일을 하지만 추상화를 위한 함수를 전혀 사용하지 않는 다음 코드와 가독성을 비교해보자.

```
x = tf.placeholder(tf.float32, shape=[None, 784])
x_image = tf.reshape(x, [-1, 28, 28, 1])
```

```
W1 = tf.truncated_normal([5, 5, 1, 32], stddev=0.1)
b1 = tf.constant(0.1, shape=[32])
h1 = tf.nn.relu(tf.nn.conv2d(x_image, W1,
                strides=[1, 1, 1, 1], padding='SAME') + b1)
hp1 = tf.nn.max_pool(h1, ksize=[1, 2, 2, 1],
                     strides=[1, 2, 2, 1], padding='SAME')
W2 = tf.truncated_normal([5, 5, 32, 64], stddev=0.1)
b2 = tf.constant(0.1, shape=[64])
h2 = tf.nn.relu(tf.nn.conv2d(hp1, W2,
                strides=[1, 1, 1, 1],  padding='SAME') + b2)
hp2 = tf.nn.max_pool(h2, ksize=[1, 2, 2, 1],
                     strides=[1, 2, 2, 1], padding='SAME')
W3 = tf.truncated_normal([5, 5, 64, 32], stddev=0.1)
b3 = tf.constant(0.1, shape=[32])
h3 = h1 = tf.nn.relu(tf.nn.conv2d(hp2, W3,
                strides=[1, 1, 1, 1], padding='SAME') + b3)
hp3 = tf.nn.max_pool(h3, ksize=[1, 2, 2, 1],
                     strides=[1, 2, 2, 1], padding='SAME')
```

고작 3개의 계층밖에 없는데도 불구하고 만들어진 코드는 보기에 꽤 복잡하고 혼란스럽다. 네트워크가 더 크고 더 발전함에 따라 이와 같은 코드는 관리하고 전파하기가 더 어려워질 것이다.

전형적인 중간 크기의 코드를 넘어서는 더 길고 복잡한 코드는 보통 추상화 라이브러리로 '감싸서' 제공하는 것이 좋다. 내부를 전혀 손댈 것이 없는 상대적으로 간단한 모델에서는 특히 효과적이다. 곧 자세히 설명하겠지만, 텐서플로에서 사용 가능한 추상화 라이브러리 중 contrib.learn을 사용하면 3장 말미에서 다룬 것과 유사한 선형회귀모형을 정의하고 학습하는 핵심 기능을 다음과 같이 단 두 줄로 구현할 수 있다.

```
regressor = learn.LinearRegressor(feature_columns=feature_columns,
                                  optimizer=optimizer)
regressor.fit(X, Y, steps=200, batch_size=506)
```

7.1.1 추상화 라이브러리 둘러보기

이 책의 집필 시점에서 텐서플로에서 사용할 수 있는 몇몇 훌륭한 오픈소스 중 인기 있는 것은 다음과 같다.

- tf.contrib.learn

- TFLearn
- TF-Slim
- 케라스

TFLearn은 설치가 필요한데 contrib.learn과 TF-Slim(현재 tf.contrib.slim)은 텐서플로와 병합되어서 따로 설치가 필요 없다. 2017년 케라스는 구글의 공식 후원을 받아 버전 1.1부터 tf.contrib 안으로 들어왔다(tf.contrib.keras). contrib이라는 말은 이들 라이브러리가 '기부된contributed' 것이며 폭넓게 수용되기까지 테스트가 더 필요하다는 사실을 나타낸다. 그러므로 변경의 여지가 있으며 아직 텐서플로의 핵심 부분이 아니다.

contrib.learn[1]은 '짧은 코드'로 머신러닝을 수행할 수 있는 사이킷런scikit-learn(sklearn)의 세계에서 옮겨오려는 사람들이 텐서플로에서도 복잡한 네트워크를 쉽게 생성할 수 있도록 만든 텐서플로의 독립 인터페이스 사이킷플로Scikit Flow에서 시작되었다. 다른 라이브러리들과 마찬가지로 나중에 텐서플로에 병합되어 현재는 텐서플로의 학습 모듈Learn module로 취급된다. 따라서 공식 텐서플로 웹사이트에서 많은 문서와 예제도 제공한다.

다른 라이브러리와 마찬가지로 contrib.learn의 주요 목표는 학습 모델을 구성하고, 학습시키고 평가하기 쉽게 만드는 것이다. 매우 간단한 모델은 단 몇 줄의 코드만으로도 학습이 가능하도록 곧장 구현 가능하다. contrib.learn의 또 다른 큰 장점은 데이터의 특징을 매우 간편하게 다룰 수 있다는 점이다(곧 살펴볼 것이다).

contrib.learn은 내부 구조로 들어가기 쉽고 저수준인 반면, 다른 세 확장 라이브러리는 좀 더 깔끔하고 더 추상적이며, 사용자의 필요에 따라 편리함을 느낄 수 있는 저마다의 특색과 이점이 있다.

TFLearn과 케라스는 풍부한 기능을 갖추고 있고 다양한 유형의 최신 모델링에 필요한 많은 요소를 가지고 있다. 텐서플로 전용으로 만들어진 다른 라이브러리와는 달리 케라스는 텐서플로와 시애노Theano 양쪽 모두를 지원한다. 시애노 역시 인기 있는 딥러닝 라이브러리이다.

TF-Slim은 주로 복잡한 합성곱 신경망을 쉽게 설계할 수 있도록 만들어졌으며 다양한 사전

---

1 옮긴이_ 이 책을 번역하는 시점의 최신 텐서플로 버전(1.7.0)에서는 contrib.learn이 deprecated 상태로 바뀌었다. contrib.learn의 대부분이 contrib을 떼어버리고 핵심 기능으로 들어가게 되었다. *https://github.com/tensorflow/tensorflow/blob/r1.7/tensorflow/contrib/learn/README.md*를 참조하자.

학습된 모델을 제공하므로 자체적으로 학습하는 데 들어가는 비용의 부담을 덜 수 있다.

이 라이브러리들은 매우 역동적이며 지속적으로 변하고 있다. 개발자들이 새로운 모델과 기능을 더하고 있으며 경우에 따라 그 구문이 바뀌기도 한다.

> **NOTE_ 시애노**
> **시애노**Theano는 텐서 배열을 포함한 기호 수식 표현을 효과적으로 다룰 수 있는 파이썬 라이브러리로, 딥러닝 프레임워크로 사용될 수도 있어 텐서플로와 경쟁하고 있다. 시애노는 텐서플로보다 오랫동안 사용되어왔으며, 그래서 텐서플로보다는 조금 더 성숙하다. 하지만 텐서플로는 변화하고 진화하고 있으며 딥러닝의 대표 프레임워크로 빠르게 올라서고 있다(이미 많은 사람은 다른 프레임워크를 넘어서는 많은 장점을 가진 대표 라이브러리로 간주하고 있다.)

이 장의 나머지 절에서 이들 확장 라이브러리를 사용하는 방법을 몇 가지 예와 함께 살펴보겠다. 처음에는 contrib.learn에 초점을 맞추어 간단한 회귀와 분류 모델을 학습하고 실행하는 방법을 설명한다. 이어서 TFLearn을 소개하고 이전 장에서 소개한 CNN과 RNN의 발전된 모델을 살펴본다. 그 후 오토인코더에 대해서 짧게 소개하고 케라스로 이를 만드는 방법을 설명한다. 마지막으로 TFSlim에 대해서 간단하게 다루고 사전 학습된 최신 CNN 모델을 사용해 이미지를 분류하는 방법을 보여주며 이 장을 마무리한다.

7.2 contrib.learn

contrib.learn은 텐서플로와 병합되어 있으므로 따로 설치를 할 필요가 없다.

```
import tensorflow as tf
from tensorflow.contrib import learn
```

처음 설명할 것은 contrib.learn의 특별한 **추정자**estimator (모델들의 별칭)인데, 이를 이용하면 빠르고 효율적으로 학습이 가능하다. 미리 정의된 추정자로 간단한 선형/로지스틱 회귀모형, 간단한 선형 분류기, 기초적인 심층신경망 등이 제공된다. [표 7–1]은 사용 가능한 대표적인 추정자의 목록이다.

표 7-1 대표적인 기본 제공 *contrib.learn* 추정자[2]

추정자	설명
LinearRegressor()	주어진 특징 값들의 관측치에 대해 레이블을 예측하는 선형회귀모형
LogisticRegressor()	이진 분류를 위한 로지스틱 회귀 추정자
LinearClassifier()	데이터 인스턴스를 여러 개의 가능한 클래스 중 하나로 분류하는 선형모형. 가능한 클래스가 2개라면 이진 분류기이다.
DNNRegressor()	텐서플로 DNN 모델의 추정자
DNNClassifier()	텐서플로 DNN 모델의 분류기

물론 개선된 사용자 정의 모델을 사용해야 할 때도 있고, 이를 위해서 contrib.learn은 사용자가 직접 만든 추정자를 편리하게 감쌀 수 있도록 해준다. 앞으로 이 기능을 다룰 것이다. 우리가 직접 만들었건 혹은 누군가가 다른 사람을 위해 만든 것이건 간에 배포 가능한 추정자가 있다면 사용 과정은 거의 동일하다.

1. 모델을 생성하려면 추정자 클래스를 **인스턴스화**instantiate한다.

   model = learn.<some_Estimator>()

2. 이어서 학습 데이터를 사용해 모델을 **적합**fit시킨다.

   model.fit()

3. 주어진 데이터에서 모델이 얼마나 잘 동작하는지를 **평가**evaluate한다.

   model.evaluate()

4. 마지막으로 (대개는) 새로운 데이터에 대해 학습된 모델을 사용해 결과를 **예측**predict한다.

   model.predict()

이 네 가지 기본 단계는 다른 확장 라이브러리에서도 마찬가지이다.

contrib은 많은 기능과 특징을 제공한다. 특히 contrib.learn은 입력 데이터를 다루는 매우 깔끔한 방법을 가지고 있는데 다음 절에서 선형모형을 다룰 때 이 방법을 자세히 설명할 것이다.

---

2 옮긴이_ contrib.learn이 deprecated 상태로 바뀜에 따라 이 표의 추정자들도 마찬가지로 네임스페이스가 변경되었다. Logistic Regressor()를 제외한 나머지 4개는 모두 tf.contrib.learn에서 tf.estimator로 옮겨졌으며, LogisticRegressor()는 향후 지원되지 않을 예정이다.

7.2.1 선형회귀

contrib.learn의 첫 번째 예제는 이 라이브러리의 매우 강력한 기능 중 하나인 선형모형이다. 모델이 특징의 가중합의 함수로 정의될 때 그 모델이 **선형**linear이라고 한다. 형식적으로 말하자면, f가 어떤 종류의 함수이건 간에 (예를 들어 선형회귀의 항등함수나, 로지스틱 회귀의 로지스틱 함수 어느 쪽이건) $f(w_1x_1 + w_2x_2 + ... + w_nx_n)$로 정의될 때 이 모델이 선형이라고 한다. 비록 표현력의 제약이 있지만 선형모형은 명확한 해석 가능성, 최적화 속도, 단순성 등 많은 장점을 가지고 있다.

3장에서 입력과 출력에 대한 플레이스홀더, 매개변수의 집합에 대한 변수, 손실 함수와 최적화 함수를 적용한 그래프를 처음 만들어보면서 추상화 라이브러리를 고려하지 않고 텐서플로로 선형회귀모형을 만들었다. 모델을 정의한 후 세션을 실행했고 결과를 얻었다.

먼저 전체 과정을 반복해본 후 contrib.learn을 사용하면 얼마나 간편한지를 보여주려 한다. 이 예제에서는 사이킷런에서 제공하는 보스턴 하우징Boston Housing 데이터셋을 사용할 것이다 (*http://bit.ly/2sXIfrX*). 보스턴 하우징 데이터는 비교적 작은 데이터(506개의 샘플)로 매사추세츠 주 보스턴 지역의 주택 정보가 담겨 있다. 이 데이터에는 예측변수가 13개 있다.

1. CRIM : 마을의 1인당 범죄율

2. ZN : 2만 5천 평방 피트[3] 이상으로 구획된 택지의 비율

3. INDUS : 마을당 비상업 업무 지구의 비율

4. CHAS : 찰스강[4] 더미 변수 (지역이 강과 접하고 있으면 1, 아닌 경우 0)

5. NOX : 질소산화물 농도 (천만 분의 일 단위)

6. RM : 주택당 평균 방의 수

7. AGE : 1940년 이전에 지어진 소유주가 사용 중인 건물의 비율

8. DIS : 5개의 보스턴 고용 센터까지의 가중 거리

9. RAD : 방사형 고속도로까지의 접근성 지수

....
3 옮긴이_ 약 2323평방미터
4 옮긴이_ 보스턴 지역의 강

10. 세금 : 1만 달러당 부가가치세

11. PTRATIO : 마을별 학생 대 교사 비율

12. B : $1000(Bk-0.63)^2$, Bk 는 마을의 아프리카계 미국인의 비율

13. LSTAT : 하위 계층의 비율(%)

목표변수는 소유자가 거주 중인 주택 가격의 중간값^{median}이다(1000달러 단위). 이 예제에서는 13가지 특징의 선형 조합을 사용하여 목표변수를 예측하고자 한다. 먼저 데이터를 가져온다 (*Chapter7.ipynb*).

```python
from sklearn import datasets, metrics, preprocessing
boston = datasets.load_boston()
x_data = preprocessing.StandardScaler().fit_transform(boston.data)
y_data = boston.target
```

3장에서와 같은 선형회귀모형을 사용한다. '손실'을 추적할 수 있으므로[5] 평균제곱오차(MSE)를 측정할 수 있다. 앞에서도 봤지만 MSE는 실제 관측값과 모델 예측값 사이의 차의 제곱의 평균이다. 이 척도를 모델이 얼마나 잘 동작하고 있는지를 알려주는 지표로 사용한다.

```python
x = tf.placeholder(tf.float64,shape=(None,13))
y_true = tf.placeholder(tf.float64,shape=(None))

with tf.name_scope('inference') as scope:
    w = tf.Variable(tf.zeros([1,13],dtype=tf.float64,name='weights'))
    b = tf.Variable(0,dtype=tf.float64,name='bias')
    y_pred = tf.matmul(w,tf.transpose(x)) + b

with tf.name_scope('loss') as scope:
    loss = tf.reduce_mean(tf.square(y_true-y_pred))

with tf.name_scope('train') as scope:
    learning_rate = 0.1
    optimizer = tf.train.GradientDescentOptimizer(learning_rate)
    train = optimizer.minimize(loss)
```

---

5 옮긴이_ 데이터셋의 14번째 변수로 소유자 거주 주택 가격의 중간값이 제공되므로 직접 계산 가능하다.

```
init = tf.global_variables_initializer()
with tf.Session() as sess:
    sess.run(init)
    for step in range(200):
        sess.run(train,{x: x_data, y_true: y_data})

    MSE = sess.run(loss,{x: x_data, y_true: y_data})

print(MSE)
```

```
Out:
MSE = 21.9036388397
```

200회 반복 후 학습 데이터에 대해 계산된 MSE를 출력해봤다. 이제 선형회귀에 `contrib.`
`learn`의 추정자를 사용해 똑같은 과정을 수행해본다. 모델을 정의하고 적합시키고 평가하는
전체 과정은 단지 몇 줄로 줄어든다.

1. 선형회귀모형은 데이터의 표현과 최적화 함수의 유형에 관한 내용을 인수로 하는 `learn.`
   `LinearRegressor()`를 사용해 인스턴스화된다.

```
reg = learn.LinearRegressor(
    feature_columns=feature_columns,
    optimizer=tf.train.GradientDescentOptimizer(
    learning_rate=0.1)
    )
```

2. `regressor` 객체는 `.fit()`을 사용해 학습된다. 공변량covariate과 목표변수를 전달하고 단
   계의 수와 배치 크기를 설정한다.

```
reg.fit(x_data, boston.target, steps=NUM_STEPS,
    batch_size=MINIBATCH_SIZE)
```

3. `.evaluate()`는 MSE 손실값을 반환한다.

```
MSE = regressor.evaluate(x_data, boston.target, steps=1)
```

전체 코드는 다음과 같다.

```
NUM_STEPS = 200
MINIBATCH_SIZE = 506

feature_columns = learn.infer_real_valued_columns_from_input(x_data)

reg = learn.LinearRegressor(
    feature_columns=feature_columns,
    optimizer=tf.train.GradientDescentOptimizer(
    learning_rate=0.1)
    )

reg.fit(x_data, boston.target, steps=NUM_STEPS,
    batch_size=MINIBATCH_SIZE)

MSE = reg.evaluate(x_data, boston.target, steps=1)

print(MSE)
```

```
Out:
{'loss': 21.902138, 'global_step': 200}
```

입력 데이터의 몇몇 표현은 feature_columns라는 이름의 처리 변수로 regressor를 인스턴스화할 때 전달된다. 뒤에서 이를 살펴본다.

7.2.2 DNN 분류기

앞의 회귀에서 사용해본 것과 같이 contrib.learn으로 즉시 사용 가능한 분류기를 구성할 수 있다. 2장에서 MNIST 데이터를 적용한 간단한 소프트맥스 분류기를 만든 적이 있다. DNNClassifier 추정자로 비슷한 일을 상당히 짧은 코드로 수행할 수 있다. 또 숨은 계층(DNN에서의 '심층' 부분)도 추가할 수 있다.

2장에서처럼 먼저 MNIST 데이터를 가지고 온다.

```
import tensorflow as tf
from tensorflow.contrib import learn
import sys
import numpy as np
from tensorflow.examples.tutorials.mnist import input_data
DATA_DIR = '/tmp/data' if not 'win32' in sys.platform else "c:\\tmp\\data"
```

```
data = input_data.read_data_sets(DATA_DIR, one_hot=False)
x_data, y_data = data.train.images,data.train.labels.astype(np.int32)
x_test, y_test = data.test.images,data.test.labels.astype(np.int32)
```

여기서는 추정자의 형식에 맞추어야 하므로 타깃을 클래스의 레이블 형식으로 전달한다는 점에 주의하자.

one_hot=False로 설정했으므로 정답 클래스에 대응되는 인덱스의 값만 1로 나오는 원-핫 형식 대신 정답 클래스에 대응되는 (0에서 [전체 클래스의 수 − 1]의 범위에 속하는) 하나의 정수를 반환한다.

다음 단계는 이전 예제에서 했던 것과 비슷한데 모델을 정의할 때 분류의 수(10개의 숫자)와 정해진 수의 유닛을 가진 은닉 계층들의 리스트[6]를 전달한다는 점만 다르다. 예제에서는 200개의 유닛을 가진 하나의 은닉 계층을 사용했다.

```
NUM_STEPS = 2000
MINIBATCH_SIZE = 128

feature_columns = learn.infer_real_valued_columns_from_input(x_data)

dnn = learn.DNNClassifier(
    feature_columns=feature_columns,
    hidden_units=[200],
    n_classes=10,
    optimizer=tf.train.ProximalAdagradOptimizer(
    learning_rate=0.2)
    )

dnn.fit(x=x_data,y=y_data, steps=NUM_STEPS,
        batch_size=MINIBATCH_SIZE)

test_acc = dnn.evaluate(x=x_test,y=y_test, steps=1)["accuracy"]
print('test accuracy: {}'.format(test_acc))
```

```
Out:
test accuracy: 0.977
```

----

6 옮긴이_ 예제에서는 단 하나의 은닉 계층만 추가했지만, 여러 개의 은닉 계층을 추가할 수도 있으므로 은닉 계층의 데이터 타입은 리스트다.

단 하나의 계층을 추가했더니 4장의 CNN 모델(99% 이상의 정확도)만큼 좋지는 않지만 단순한 소프트맥스 예제(약 92%)에 비해 훨씬 테스트 정확도가 개선되었다(약 98%). [그림 7-1]은 은닉 계층의 유닛의 수의 증가에 따른 모델의 정확도의 변화를 보여준다.

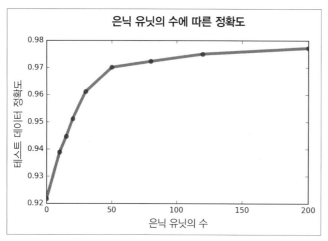

그림 7-1 하나의 은닉 계층에 추가된 유닛의 수에 따른 MNIST 분류 테스트 정확도

<*Estimator*>.predict() 메서드를 사용하면 새로운 샘플의 클래스를 예측할 수 있다. 예측을 사용하여 어떤 클래스가 가장 잘 식별하으며 전형적인 오류의 유형이 무엇인지 등 모델의 성능을 분석하는 방법을 설명하고자 한다. 사이킷런 라이브러리에서 **혼동 행렬**confusion matrix을 만드는 코드를 임포트한다.[7]

```
from sklearn.metrics import confusion_matrix

y_pred = dnn.predict(x=x_test,as_iterable=False)
class_names = ['0','1','2','3','4','5','6','7','8','9']
cnf_matrix = confusion_matrix(y_test, y_pred)
```

[그림 7-2]에서 혼동 행렬을 볼 수 있다.[8] 행은 실제 숫자에 대응되며 열은 예측한 숫자에 대응

---

7 옮긴이_ 사이킷런(sklearn)이 설치되어 있지 않다면 pip 또는 pip3로 설치해야 한다. 바로 뒤에서 소개할 팬더스(pandas) 역시 마찬가지다. 아나콘다 같은 배포판에는 이런 주요 라이브러리가 이미 포함되어 있다.

8 옮긴이_ matplotlib을 사용해 혼동 행렬을 시각화하는 코드는 책에서 생략했고 깃허브 파일에서 볼 수 있다. 이하 다른 예제의 시각화도 마찬가지다.

된다. 예를 들어서 이 모델이 종종 5를 3으로, 9를 4나 7로 잘못 분류하고 있다는 사실을 알 수 있다.

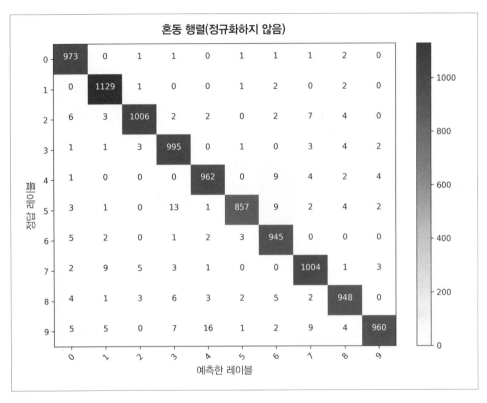

그림 7-2 실제 레이블(행)에 대한 예측 숫자(열)의 개수를 보여주는 혼동 행렬

7.2.3 FeatureColumn

contrib.learn에서 제공하는 멋진 기능 중 하나는 다른 유형의 특징들을 처리하는 것이다. 경우에 따라 까다로울 수 있는 이 작업을 쉽게 만들기 위해 contrib.learn은 FeatureColumn이라는 추상화를 제공한다.

FeatureColumn을 사용하여 데이터 내의 단일 특징의 표현을 유지하면서 FeatureColumn에 정의된 다양한 변환을 수행할 수 있다. FeatureColumn은 원본 열 또는 변환의 결과로 추가된 새로운 열 중 하나일 수 있다. 여기서 제공하는 변환에는 범주형 데이터를 희소 벡터로 인코딩하여 (이를 **더미 인코딩**dummy encoding이라고 부르기도 한다) 범주형 데이터에 대한 적절하고 효율적인 표현을 생성하거나, 특징의 접점을 찾도록 특징을 결합하거나, 혹은 버킷화(데이터의 이산화)하는 등이 포함된다. 이 모든 작업은 특징을 (예를 들어 모든 더미 벡터를 아우르는) 하나의 의미적 단위로 조작하면서 수행될 수 있다.

FeatureColumn 추상화를 사용하여 입력 데이터 각각의 특징의 모양과 구조를 지정한다. 예를 들어 무게(weight)와 종족(species) 두 개의 특징으로 목표변수인 키(height)를 예측한다고 가정해보자. 각 무게를 100으로 나누고 거기에 종에 따른 상수(인간은 1, 고블린은 0.98, 맨베어manbear는 1.1)를 추가해 키를 생성하는 자체 합성 데이터를 만든다. 이어서 각 데이터 인스턴스에 정규분포를 따르는 노이즈를 추가한다.

```
import pandas as pd
N = 10000

weight = np.random.randn(N)*5+70
spec_id = np.random.randint(0,3,N)
bias = [0.9,1,1.1]
height = np.array([weight[i]/100 + bias[b] for i,b in enumerate(spec_id)])
spec_name = ['Goblin','Human','ManBears']
spec = [spec_name[s] for s in spec_id]
```

[그림 7-3]은 데이터 샘플을 시각화하여 보여준다.

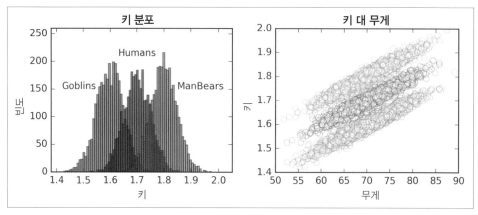

그림 7-3 왼쪽: 고블린, 인간, 맨베어 세 종족의 키의 히스토그램(각각 1.6, 1.7, 1.8을 중심으로 하는 분포). 오른쪽: 키와 몸무게의 산포도

목표변수는 키의 숫자 넘파이 배열 height이며, 공변량은 몸무게의 숫자 넘파이 배열 weight와 각 종족의 이름을 나타내는 스트링 리스트 spec이다.

팬더스 라이브러리를 사용하면 데이터를 데이터프레임(테이블)으로 만들어 각 열의 값에 간편하게 접근할 수 있다.

```
df = pd.DataFrame({'Species':spec,'Weight':weight,'Height':height})
```

[그림 7-4]는 이 데이터프레임이 어떻게 생겼는지를 보여준다.

	Height	Species	Weight
0	1.768	ManBears	67.57
1	1.65	Goblin	73.79
2	1.55	Goblin	67.58
3	1.608	Goblin	70.01
4	1.679	Human	67.17
5	1.635	Goblin	71.65
6	1.742	ManBears	64.28
7	1.667	Human	66.55
8	1.669	Human	64.79
9	1.776	ManBears	68.91

그림 7-4 키–종족–몸무게 데이터프레임의 첫 10행. 키와 몸무게는 숫자이며 종족은 범주가 3개인 범주형 데이터이다.

NOTE_ 팬더스
팬더스Pandas는 테이블 형식의 데이터, 다차원 시계열 데이터 등과 같은 관계형 또는 레이블된 데이터로 작업할 때 주로 사용되는 유용한 파이썬 라이브러리이다. 팬더스의 사용법에 대한 좀 더 자세한 내용은 『파이썬 라이브러리를 활용한 데이터 분석』(한빛미디어, 2013)을 참고하자.

먼저 각 특징의 특성을 지정한다. 몸무게에 대해서는 다음과 같은 FeatureColumn 명령을 사용하여 이것이 연속형 변수임을 알려준다.

```
from tensorflow.contrib import layers
Weight = layers.real_valued_column("Weight")
```

함수에 전달된 이름(여기서는 Weight)은 매우 중요한데 FeatureColumn 표현을 실제 데이터
와 연결하는 데 사용된다.

Species는 범주형 변수인데 이 값의 순서는 의미가 없으므로 모델 내에서 단일 변수로 표시될
수 없다. 대신 이 변수는 범주의 수에 따른 여러 개의 변수들로 확장되어 인코딩되어야 한다.
FeatureColumn이 이 작업을 할 수 있도록 다음과 같이 이것이 범주형 특징이며 각 범주의 이
름을 지정하고 있음을 명시해야 한다.

```
Species = layers.sparse_column_with_keys(
    column_name="Species", keys=['Goblin','Human','ManBears'])
```

다음으로 추정자 클래스를 인스턴스화하고 FeatureColumn 리스트를 입력한다.

```
reg = learn.LinearRegressor(feature_columns=[Weight,Species])
```

지금까지 데이터가 모델에서 표현되는 방법을 정의했다. 이어지는 모델 적합 단계에서는 실제
학습 데이터를 제공해야 한다. 보스턴 하우징 예제에서 특징은 모두 숫자이므로 이 특징들을
x_data와 목표 데이터로 바로 입력할 수 있었다.

이 예제의 contrib.learn에는 캡슐화된 입력 함수를 추가해 사용해야 한다. 이 함수는 예측을
위한 특징 데이터와 목표 데이터 모두를 자체 형식(팬더스 데이터프레임, 넘파이 배열, 리스트
등)으로 받아 텐서의 딕셔너리를 반환한다. 이들 딕셔너리에서 각 키는 FeatureColumn의 이
름(앞에서 입력으로 제공된 이름인 Weight와 Species)이며 값은 이에 대응되는 데이터가 들
어 있는 텐서여야 한다. 즉 이 함수에서는 값을 텐서플로에서 사용 가능한 텐서로 바꾸어야 한다.

이 예제에서 함수는 데이터 프레임을 받아 feature_cols 딕셔너리를 생성한 후 데이터 프레임
의 각 열의 값을 해당 키의 텐서로 저장한다. 그런 다음 딕셔너리와 텐서 형태로 된 목표변수를
반환한다. 키는 FeatureColumn을 정의할 때 사용했던 이름과 일치해야 한다.

```
def input_fn(df):
    feature_cols = {}
    feature_cols['Weight'] = tf.constant(df['Weight'].values)

    feature_cols['Species'] =  tf.SparseTensor(
    indices=[[i, 0] for i in range(df['Species'].size)],
    values=df['Species'].values,
    dense_shape=[df['Species'].size, 1])

    labels = tf.constant(df['Height'].values)

    return feature_cols, labels
```

Species의 값은 해당 FeatureColumn에서 지정한 바에 따라 희소 텐서 형식으로 인코딩해야 한다. 이를 위해서 tf.SparseTensor()를 사용하는데 여기서 각 인덱스 i는 0이 아닌 값에 대응된다(여기서는 1개의 열을 가진 행렬의 모든 행). 예를 들어 다음과 같다.[9]

```
SparseTensor(indices=[[0, 0], [2, 1], [2, 2]], values=[2, 5, 7],
             dense_shape=[3, 3])
```

위의 희소 텐서는 다음과 같은 텐서이다.

```
[[2, 0, 0]
 [0, 0, 0]
 [0, 5, 7]]
```

이 텐서를 다음과 같이 .fit() 메서드에 전달한다.

```
reg.fit(input_fn=lambda:input_fn(df), steps=50000)
```

여기서 input_fn()은 바로 앞에서 만든 입력 함수이고 df는 데이터가 들어 있는 데이터 프레임이다. 또한 반복 횟수도 지정한다.

.fit() 메서드는 함수 객체를 받는 메서드이므로 함수의 출력이 아닌 lambda 함수의 형태로

----

9 옮긴이_ 대부분의 값이 모두 0인 벡터, 배열, 텐서 등을 일반적인 방식으로 표현하면 모든 자리에 0을 채워 넣느라 불필요하게 공간을 차지하게 된다. 이런 경우 희소한 데이터를 위한 자료구조를 사용하면 공간을 절약할 수 있다.

함수를 전달한다. lambda를 사용하면 입력 인수를 전달하고 이를 객체 형식으로 유지할 수 있다. 다른 방법으로 같은 결과를 얻을 수 있지만 lambda만큼 효과적이진 않을 것이다.

적합 과정은 시간이 좀 걸릴 수 있다. 한 번에 모든 걸 하지 않고 이를 조각조각 나눌 수도 있다 (다음 노트 참고).

> **NOTE_ 학습 과정의 분리**
>
> 모델의 상태는 분류기에 보존되므로 반복적으로 적합을 수행할 수 있다. 예를 들어 예제에서처럼 5만 번의 반복을 한 번에 수행하는 대신 이를 5개의 조각으로 나눌 수 있다.
>
> ```
> reg.fit(input_fn=lambda:input_fn(df), steps=10000)
> reg.fit(input_fn=lambda:input_fn(df), steps=10000)
> reg.fit(input_fn=lambda:input_fn(df), steps=10000)
> reg.fit(input_fn=lambda:input_fn(df), steps=10000)
> reg.fit(input_fn=lambda:input_fn(df), steps=10000)
> ```
>
> 위와 같이 수행해도 같은 결과가 나온다. 학습 과정에서 모델의 변화를 추적하고자 한다면 유용하겠다. 하지만 나중에 더 좋은 방법을 보여줄 것이다.

이제 추정된 가중치를 통해 모델이 얼마나 잘 동작하는가를 확인하자. `.get_variable_value()` 메서드를 사용해 변수의 값을 얻을 수 있다.

```
w_w = reg.get_variable_value('linear/Weight/weight')
print('Estimation for Weight: {}'.format(w_w))

s_w = reg.get_variable_value('linear/Species/weights')
b = reg.get_variable_value('linear/bias_weight')
print('Estimation for Species: {}'.format(s_w + b))
```

```
Out:
Estimation for Weight:  [[0.00992305]]
Estimation for Species: [[0.90493023]
                         [1.00566959]
                         [1.10534406]]
```

Weight와 Species 모두에 대한 가중치를 구했다. Species는 범주형 변수이므로 3개의 가중치가 서로 다른 편향값으로 사용된다. 모델이 실제 가중치(몸무게는 0.01이며 고블린, 인간, 맨

베어는 각각 0.9, 1, 1.1)를 잘 추정하고 있음을 알 수 있다. `.gat_variable_names()` 메서드를 사용하면 변수의 이름을 얻을 수 있다.

많은 유형의 특징과 특징 간의 상호작용을 다루고자 하는 더 복잡한 시나리오에도 같은 방식을 사용할 수 있다. [표 7-2]는 `contrib.learn`과 함께 사용할 수 있는 유용한 연산의 목록이다.

표 7-2 유용한 특징 변환 연산

연산	설명
layers.sparse_column_with_keys()	범주형 값의 변환을 처리
layers.sparse_column_with_hash_bucket()	나타날 수 있는 값을 모르는 범주형 특징의 변환을 처리
layers.crossed_column()	특징 결합(상호작용)을 설정
layers.bucketized_column()	연속형 열을 범주형 열로 변환

7.2.4 contrib.learn으로 사용자 정의 CNN 만들어보기

다음은 `contrib.learn`을 사용하여 자신만의 추정자를 만들어볼 차례다. 이를 위해서 먼저 네트워크를 구현하는 모델 함수와 학습 설정을 포함한 객체를 만들어야 한다.

다음 예제에서는 4장의 처음에 사용했던 것과 동일한 사용자 정의 CNN 추정자를 만들고 이를 MNIST 데이터의 분류에 사용해본다. 우선 추정자에 사용할 함수를 만드는데, 데이터를 담고 있는 입력, 연산 모드(학습 또는 테스트), 모델의 매개변수가 필요하다.

먼저, MNIST 데이터에서 픽셀은 벡터 형태로 연결되어 있으므로 이를 재구성해야 한다.

```
x_image = tf.reshape(x_data, [-1, 28, 28, 1])
```

`contrib.layers`의 기능을 사용해 네트워크를 만들면 간단하게 계층을 구성할 수 있다.

`layer.convolution2d()`를 사용하면 단 한 줄의 명령으로 모든 설정이 가능하다. 입력값(이전 계층의 출력값)을 전달하고, 특징 맵의 수(32), 필터의 크기(5×5), 활성화 함수(relu)를 지정한 후 가중치와 편향값을 초기화한다. 입력값의 차원은 자동으로 식별되므로 별도로 지정하지 않아도 된다. 또한 저수준 텐서플로에서 작업할 때와 달리 변수와 편향값의 형태를 별도로 정의할 필요도 없다.

```
conv1 = layers.convolution2d(x_image, 32, [5,5],
        activation_fn=tf.nn.relu,
        biases_initializer=tf.constant_initializer(0.1),
        weights_initializer=tf.truncated_normal_initializer(stddev=0.1))
```

패딩은 기본값으로 'SAME'으로 설정되어(픽셀 수가 변경되지 않음) 출력의 형태는 $28 \times 28 \times 32$가 된다.

표준 2×2 풀링 계층도 추가한다.

```
pool1 = layers.max_pool2d (conv1, [2,2])
```

그다음 이 과정을 반복하는데, 이번에는 64개의 목표 특징 맵을 지정한다.

```
conv2 = layers.convolution2d(pool1, 64, [5,5],
        activation_fn=tf.nn.relu,
        biases_initializer=tf.constant_initializer(0.1),
        weights_initializer=tf.truncated_normal_initializer(stddev=0.1))
pool2 = layers.max_pool2d(conv2, [2,2])
```

이어서 $7 \times 7 \times 64$ 텐서를 평탄화하고 완전 연결 계층을 추가하여 이를 1024개로 축소한다. convolution2d()와 비슷하게 fully_connected()를 사용하는데 다른 점은 필터의 크기 대신 출력 유닛의 수(이 중 하나의 출력 유닛에만 값이 주어짐)를 지정한다는 점이다.

```
pool2_flat = tf.reshape(pool2, [-1, 7*7*64])
fc1 = layers.fully_connected(pool2_flat, 1024,
        activation_fn=tf.nn.relu,
        biases_initializer=tf.constant_initializer(0.1),
        weights_initializer=tf.truncated_normal_initializer(stddev=0.1))
```

이어서 (학습 및 테스트 모드) 함수 매개변수 중 keep_prob에 드롭아웃을 추가하고, 마지막으로 10개 클래스에 대응되는 10개의 출력 항목을 가진 완전 연결 최종 계층을 추가한다.

```
fc1_drop = layers.dropout(fc1, keep_prob=params["dropout"],
                          is_training=(mode == 'train'))
y_conv = layers.fully_connected(fc1_drop, 10, activation_fn=None)
```

손실 함수와 최적화 함수의 학습률을 가진 학습 객체를 정의하여 모델 함수 작성을 마무리한다.

이제 전체 모델을 캡슐화한 하나의 함수가 만들어졌다.

```python
def model_fn(x, target, mode, params):
    y_ = tf.cast(target, tf.float32)
    x_image = tf.reshape(x, [-1, 28, 28, 1])

    # 합성곱 계층 1
    conv1 = layers.convolution2d(x_image, 32, [5,5],
                activation_fn=tf.nn.relu,
                biases_initializer=tf.constant_initializer(0.1),
                weights_initializer=tf.truncated_normal_initializer(stddev=0.1))
    pool1 = layers.max_pool2d(conv1, [2,2])

    # 합성곱 계층 2
    conv2 = layers.convolution2d(pool1, 64, [5,5],
                activation_fn=tf.nn.relu,
                biases_initializer=tf.constant_initializer(0.1),
                weights_initializer=tf.truncated_normal_initializer(stddev=0.1))
    pool2 = layers.max_pool2d(conv2, [2,2])

    # 완전 연결 계층
    pool2_flat = tf.reshape(pool2, [-1, 7*7*64])
    fc1 = layers.fully_connected(pool2_flat, 1024,
                activation_fn=tf.nn.relu,
                biases_initializer=tf.constant_initializer(0.1),
                weights_initializer=tf.truncated_normal_initializer(stddev=0.1))
    fc1_drop = layers.dropout(fc1, keep_prob=params["dropout"],
            is_training=(mode == 'train'))

    # 판독 계층
    y_conv = layers.fully_connected(fc1_drop, 10, activation_fn=None)

    cross_entropy = tf.reduce_mean(
        tf.nn.softmax_cross_entropy_with_logits(logits=y_conv, labels=y_))
    train_op = tf.contrib.layers.optimize_loss(
        loss=cross_entropy,
        global_step=tf.contrib.framework.get_global_step(),
        learning_rate=params["learning_rate"],
        optimizer="Adam")

    predictions = tf.argmax(y_conv, 1)
```

```
    return predictions, cross_entropy, train_op
```

추정자는 contrib.learn.Estimator()를 사용해서 인스턴스화한다. 인스턴스를 정의하고 난 다음부터는 기본 제공되는 추정자와 동일하게 사용할 수 있다.

```
from tensorflow.contrib import layers

data = input_data.read_data_sets(DATA_DIR, one_hot=True)
x_data, y_data = data.train.images,np.int32(data.train.labels)
tf.cast(x_data,tf.float32)
tf.cast(y_data,tf.float32)

model_params = {"learning_rate": 1e-4, "dropout": 0.5}

CNN = tf.contrib.learn.Estimator(
    model_fn=model_fn, params=model_params)

print("Starting training for %s steps max" % 5000)
CNN.fit(x=data.train.images,
        y=data.train.labels, batch_size=50,
        max_steps=5000)

test_acc = 0

for ii in range(5):
    batch = data.test.next_batch(2000)
    predictions = list(CNN.predict(batch[0], as_iterable=True))
    test_acc = test_acc + (np.argmax(batch[1],1) == predictions).mean()

print(test_acc/5)
```

```
Out:
0.9872
```

contrib.learn과 contrib.layers를 사용하니 저수준의 텐서플로에 비해 코드의 수가 상당히 줄어들었다. 코드의 수보다 더 중요한 점은 코드가 훨씬 더 체계적이며 따라가고 디버그하고 작성하기 쉽다는 점이다.

이번 장의 contrib.learn 내용은 여기까지이다. 이제 TFLearn 라이브러리의 기능을 살펴본다.

7.3 TFLearn

TFLearn은 합리적인 수준의 유연성을 유지하면서도, 깔끔하고 압축된 방식으로 복잡한 사용자 정의 모델을 만들 수 있는 또 다른 라이브러리이다. 들어가보자.

7.3.1 설치

앞에서 소개한 라이브러리와는 달리 TFLearn은 텐서플로에 들어 있지 않아 설치가 필요할 것이다. pip 명령을 사용해 간단히 설치할 수 있다.

```
pip install tflearn
```

혹은 깃허브 저장소(*https://github.com/tflearn/tflearn*)에서 내려받아 수동으로 설치할 수도 있다.

라이브러리가 제대로 설치되었다면 임포트에 문제가 없어야 한다.

```
import tflearn
```

7.3.2 CNN

TFLearn의 기능 다수는 이전 절의 contrib.learn에서 다뤘던 내용과 유사하다. 하지만 TFLearn을 쓰면 조금 더 단순하고 깔끔하게 사용자 정의 모델을 만들 수 있다. 앞 절의 MNIST 데이터를 분류하는 CNN 모델을 TFLearn으로 만들어보자.

모델 생성은 regression()을 사용하여 래핑되고 마무리된다. 이 함수에서 contrib.learn 내의 학습 객체에 했던 것처럼 손실 함수와 최적화 구성을 설정한다(여기서는 손실 함수를 명시적으로 정의하는 대신 'categorical_crossentropy'로 지정만 하면 된다).

```
from tflearn.layers.core import input_data, dropout, fully_connected
from tflearn.layers.conv import conv_2d, max_pool_2d
from tflearn.layers.normalization import local_response_normalization
from tflearn.layers.estimator import regression
```

```
# 데이터를 로딩하고 기본적인 변환을 수행
import tflearn.datasets.mnist as mnist
X, Y, X_test, Y_test = mnist.load_data(one_hot=True)
X = X.reshape([-1, 28, 28, 1])
X_test = X_test.reshape([-1, 28, 28, 1])

# 네트워크 구성
CNN = input_data(shape=[None, 28, 28, 1], name='input')
CNN = conv_2d(CNN, 32, 5, activation='relu', regularizer="L2")
CNN = max_pool_2d(CNN, 2)
CNN = local_response_normalization(CNN)
CNN = conv_2d(CNN, 64, 5, activation='relu', regularizer="L2")
CNN = max_pool_2d(CNN, 2)
CNN = local_response_normalization(CNN)
CNN = fully_connected(CNN, 1024, activation=None)
CNN = dropout(CNN, 0.5)
CNN = fully_connected(CNN, 10, activation='softmax')
CNN = regression(CNN, optimizer='adam', learning_rate=0.0001,
                    loss='categorical_crossentropy', name='target')

# 네트워크 학습
model = tflearn.DNN(CNN,tensorboard_verbose=0,
                    tensorboard_dir = 'MNIST_tflearn_board/',
                    checkpoint_path = 'MNIST_tflearn_checkpoints/checkpoint')
model.fit({'input': X}, {'target': Y}, n_epoch=3,
          validation_set=({'input': X_test}, {'target': Y_test}),
          snapshot_step=1000,show_metric=True, run_id='convnet_mnist')
```

여기에 추가된 또 하나의 계층은 지역 응답 정규화 계층이다(4장에서 짧게 언급했었다). 이 계층에 관한 상세한 내용은 다음 노트를 참고하자.

NOTE_ 지역 응답 정규화

지역 응답 정규화local response normalization(LRN) 계층은 지역 입력 영역에 걸친 정규화를 수행하여 일종의 측면 억제lateral inhibition[10]를 수행한다. 입력값을 정해진 범위 내의 모든 입력값의 가중 제곱합으로 나누는데, 이때 영역의 범위는 조정할 수 있다. 그 결과로 주위보다 입력값이 큰 뉴런excited neuron과 그 주위 뉴런의 활성화 수준의 차이가 증가하여 지역 최댓값이 더 두드러진다. 이 방법은 입력값이 일정하게 큰 영역의 활성화 수준을

---

10 옮긴이_ 측면 억제는 신경생리학 용어로 어떤 영역의 신경세포가 서로 연결되어 있을 때 어떤 세포가 이웃 신경세포의 활성화 수준을 낮추는 메커니즘 또는 경향성을 말한다. LRN이 신경생리학 맥락의 측면 억제와 동일한 메커니즘인 것은 아니지만 지역적 활성화 수준을 정규화한다는 점에서 비슷한 면이 있다.

감소시키므로 이 영역이 전체 네트워크에 미치는 영향력을 억제한다. 또 정규화는 다양한 스케일의 입력이 주어질 때 이 스케일의 다양함 때문에 최적화 과정에서 수렴이 어려운 상황을 방지하는 데도 유용하다 (ReLU 뉴런은 상한이 없는 활성화 함수이다). 배치 정규화normalization나 드롭아웃 같은 정규화regularization를 대체하는 최신 대안이 여럿 있는데, LRN 역시 알아둘 가치가 있다.

tflearn.DNN() 함수는 contrib.learn.Estimator()와 어느 정도 비슷하다. DNN 모델 래퍼로 모델을 인스턴스화하고 만들어진 네트워크를 전달한다.

또한 텐서보드와 체크포인트 디렉터리, 텐서보드 로그 표시 범위(손실 및 정확도 리포트를 보여주는 간단한 수준부터 경삿값 및 가중치와 같은 추가 척도 표시까지 보여주는 복잡한 수준까지 0~3의 설정이 가능) 및 기타 항목을 설정할 수도 있다.

일단 모델 인스턴스가 준비되면 이를 사용해 표준 연산을 수행할 수 있다. [표 7-3]은 TFLearn의 모델 기능 요약표이다.

표 7-3 표준 TFLearn 연산

함수	설명
evaluate(X, Y, batch_size=128)	주어진 샘플에서 모델을 평가
fit(X, Y, n_epoch=10)	입력 특징 X와 목표 Y를 네트워크에 적용하여 모델을 학습
get_weights(weight_tensor)	변수의 가중치를 반환
load(model_file)	모델 가중치를 저장된 값으로 복원
predict(X)	주어진 입력 데이터에 대해서 모델의 예측값을 계산
save(model_file)	모델 가중치를 저장
set_weights(tensor, weights)	주어진 값을 텐서 변수에 할당

contrib.learn과 유사하게 적합 연산은 .fit() 메서드를 통해 수행되는데, 여기에 데이터를 밀어 넣고 학습 설정을 조정한다. 조정할 설정 항목은 에폭의 수, 학습 및 테스트를 위한 배치 사이즈, 텐서보드에서 보여줄 측정값, 요약을 저장하는 주기 등이다. 적합이 진행되는 동안 TFLearn은 잘 만들어진 대시보드를 출력하므로 학습 과정을 온라인으로 추적할 수 있다.

모델 적합 후 테스트 데이터에 대해 성능을 평가한다.

```
evaluation = model.evaluate({'input': X_test},{'target': Y_test})
print(evaluation):
```

```
Out:
0.9862
```

그리고 새로운 예측은 다음과 같이 생성한다.[11]

```
pred = model.predict({'input': X_test}) print((np.argmax(Y_test,1)==np.
argmax(pred,1)).mean())
```

```
Out:
0.9862
```

NOTE_ TFLearn의 반복 학습 단계 및 에폭

TFLearn에서 각 **반복**[iteration]은 하나의 예제에 대한 (순방향 및 역방향의) 완전한 패스이다. 학습 단계[training step]는 설정된 배치 크기로 수행되는 완전한 패스의 횟수이며(기본값은 64), 한 번의 에폭[epoch]은 전체 학습 예제를 완전히 한 번 패스하는 것이다(MNIST의 경우 50,000). [그림 7-5]는 TFLearn의 대화형 출력의 예를 보여준다.

```
Training Step: 77  | total loss: 0.63675 | time: 10.782s
| Adam | epoch: 001 | loss: 0.63675 - acc: 0.8058 -- iter: 04928/55000
```

그림 7-5 TFLearn의 대화형 출력

7.3.3 RNN

TFLearn의 마지막 예제는 5장과 6장에서 보았던 코드를 매우 단순화한 완전한 기능을 갖춘 텍스트 분류 RNN 모델이다.

여기서 수행하는 작업은 영화 리뷰에 대한 감상 분석으로, 각 리뷰는 좋거나 혹은 나쁘거나의 두 가지 클래스에 속한다. 25,000개의 학습 데이터 샘플과 25,000개의 테스트 데이터 샘플로 구성된 잘 알려진 IMDb 리뷰 데이터를 사용한다(TFLearn에서 제공한다).

....
11 옮긴이_ 깃허브 파일에는 코드 두 번째 줄 Y_test가 testY로 잘못 작성되어 있다.

```
import tflearn
from tflearn.data_utils import to_categorical, pad_sequences
from tflearn.datasets import imdb

# IMDb 데이터셋 로딩
train, test, _ = imdb.load_data(path='imdb.pkl', n_words=10000,
                                valid_portion=0.1)
X_train, Y_train = train
X_test, Y_test = test
```

먼저 데이터를 준비한다. 데이터는 각각 다른 시퀀스 길이를 가지고 있으므로 최대 시퀀스 길이를 100으로 하여 tflearn.data_utils.pad_sequences()를 사용해 제로 패딩 형태로 시퀀스의 길이를 맞춘다.

```
X_train = pad_sequences(X_train, maxlen=100, value=0.)
X_test = pad_sequences(X_test, maxlen=100, value=0.)
```

이제 행은 데이터 샘플, 열은 단어 ID를 가진 하나의 텐서로 데이터를 표현할 수 있다. 5장에서 설명한 것처럼 여기서 ID는 실제 단어를 임의로 인코딩하는 데 사용한 정수다. 이 예제에는 10,000개의 고유한 ID가 존재한다.

다음으로 tflearn.embedding()으로 각 단어를 연속 벡터 공간에 임베딩한다. 이때 2차원 텐서 [*samples, IDs*]는 3차원 텐서 [*samples, IDs, embedding-size*]로 변환되는데 여기서 각 단어의 ID는 이제 크기가 128인 벡터에 대응된다. 그 전에 input_data()를 사용해 네트워크에 데이터를 입력해야(밀어 넣어야) 한다. 텐서플로 플레이스홀더는 주어진 형태를 따라 생성된다.

```
RNN = tflearn.input_data([None, 100])
RNN = tflearn.embedding(RNN, input_dim=10000, output_dim=128)
```

마지막으로 LSTM 계층과 완전 연결 계층을 추가하여 이진 결과(좋거나, 나쁘거나)를 출력한다.

```
RNN = tflearn.lstm(RNN, 128, dropout=0.8)
RNN = tflearn.fully_connected(RNN, 2, activation='softmax'
```

다음은 전체 코드이다.

```python
import tflearn
from tflearn.data_utils import to_categorical, pad_sequences
from tflearn.datasets import imdb

# 데이터 로딩
train, test, _ = imdb.load_data(path='imdb.pkl', n_words=10000,
                                valid_portion=0.1)

X_train, Y_train = train
X_test, Y_test = test

# 시퀀스를 패딩하고 레이블을 이진 벡터로 변환
X_train = pad_sequences(X_train, maxlen=100, value=0.)
X_test = pad_sequences(X_test, maxlen=100, value=0.)
Y_train = to_categorical(Y_train, nb_classes=2)
Y_test = to_categorical(Y_test, nb_classes=2)

# LSTM 네트워크 구성
RNN = tflearn.input_data([None, 100])
RNN = tflearn.embedding(RNN, input_dim=10000, output_dim=128)

RNN = tflearn.lstm(RNN, 128, dropout=0.8)
RNN = tflearn.fully_connected(RNN, 2, activation='softmax')
RNN = tflearn.regression(RNN, optimizer='adam', learning_rate=0.001,
                         loss='categorical_crossentropy')

# 네트워크 학습
model = tflearn.DNN(RNN, tensorboard_verbose=0)
model.fit(X_train, Y_train, validation_set=(X_test, Y_test),
          show_metric=True, batch_size=32)
```

이 절에서는 TFLean에 대해서 간단히 살펴보았다. 공식 사이트에 훌륭한 문서와 살펴볼 만한 예제가 많이 있다(*http://tflearn.org*).

7.3.4 케라스

케라스Keras는 매우 대중적이고 강력한 텐서플로 확장 라이브러리 중 하나이다. 이 장에서 살펴보는 확장 라이브러리 중 케라스만이 시애노와 텐서플로 양쪽을 모두 지원한다(케라스는 원래 시애노용으로 개발되었다). 이는 케라스가 백엔드를 완전하게 추상화하기 때문에 가능하다. 케라스는 연산 그래프를 다루고 텐서플로와 통신하는 데 사용할 수 있는 자체 그래프 자료구조를 가지고 있다.

이 구조 덕분에 텐서플로나 시애노로 정의한 케라스 모델을 다른 쪽으로 전환하는 것도 가능하다.

케라스는 순차형 및 함수형 두 가지 모델 유형을 가지고 있다. 순차형 모델은 계층을 선형으로 쌓고 싶을 때와 같은 간단한 아키텍처를 위해 설계되었다. 함수형 API는 다중 출력 모델과 같은 다양한 계층구조를 가진 일반적인 모델을 지원한다.

각 모델의 유형에 사용하는 구문을 간단히 살펴볼 것이다.

설치

텐서플로 1.1 이후 버전에서 케라스는 contrib 라이브러리에서 임포트할 수 있다. 하지만 그 이전 버전의 경우 별도로 설치가 필요하다. 케라스를 사용하려면 numpy, scipy, yaml이 설치되어 있어야 한다. TFLearn과 비슷하게 케라스는 pip를 사용하여 다음과 같이 설치한다.

```
pip install keras
```

물론 깃허브(*https://github.com/fchollet/keras*)에서 내려받아 다음과 같이 설치할 수도 있다.

```
python setup.py install
```

케라스의 텐서 조작 라이브러리는 기본값으로 텐서플로로 되어 있을 것이다. 혹시 시애노를 사용하도록 설정되어 있다면 *$HOME/.keras/keras.json*(리눅스 기준이며 운영체제에 따라 경로의 수정이 필요할 수 있다) 파일의 설정을 바꾸어 텐서플로로 전환할 수 있다. backend 이외의 속성은 일단은 중요하지 않다.

```
{
    "image_data_format": "channels_last",
    "epsilon": 1e-07,
    "floatx": "float32",
```

```
    "backend": "tensorflow"
}
```

케라스에 접근하려면 먼저 임포트해야 한다.

```
from keras import backend as K
```

이후로는 텐서플로에서 사용했던 대부분의 텐서 연산에 케라스를 사용할 수 있다(시애노도 마찬가지이다). 예를 들어 다음 두 명령은 동일하다.

```
input = K.placeholder(shape=(10,32))    # 케라스

tf.placeholder(shape=(10,32))    # 텐서플로
```

순차형 모델

순차형 모델을 사용하는 것은 매우 단순하다. 정의하고 계층을 추가해나가면 된다.

```
from keras.models import Sequential
from keras.layers import Dense, Activation

model = Sequential()

model.add(Dense(units=64, input_dim=784))
model.add(Activation('softmax'))
```

위 코드는 다음과 같이 쓸 수도 있다.

```
model = Sequential([
    Dense(64, input_shape=(784,),activation='softmax')
])
```

밀집된^{dense} 계층은 완전 연결 계층이다. 첫 번째 인수는 출력 유닛의 수를 나타내고 input_shape는 입력의 형태이다(이 예제에서 가중치 행렬의 크기는 784×64이 될 것이다). Dense()는 선택적 인수를 지정할 수 있어서 바로 위의 코드처럼 활성화 함수를 지정하여 추가할 수 있다.

모델을 정의하고 학습하기 직전에 .compile() 메서드를 사용하여 학습에 대한 설정을 수행한다. 3개의 인수가 있는데 각각 손실 함수, 최적화 함수, 모델의 성능을 판정하는 데 사용할 또다른 지표 함수이다(모델을 학습할 때 실제 손실 함수로 사용되지는 않는다).

```
model.compile(loss='categorical_crossentropy',
              optimizer='sgd',
              metrics=['accuracy'])
```

.optimizers를 사용하면 다음과 같이 좀 더 정교하게 최적화 함수를 설정할 수 있다(학습률, 최적화 방법 등).

```
optimizer=keras.optimizers.SGD(lr=0.02, momentum=0.8, nesterov=True))
```

마지막으로 .fit()에 데이터를 제공하고 에폭과 배치 크기의 수를 설정한다. 다른 라이브러리와 마찬가지로 모델의 동작 과정 평가와 새로운 테스트 데이터에 대한 예측을 쉽게 수행할 수 있다.

```
from keras.callbacks import TensorBoard, EarlyStopping, ReduceLROnPlateau

early_stop = EarlyStopping(monitor='val_loss', min_delta=0,
                           patience=10, verbose=0, mode='auto')
model.fit(x_train, y_train, epochs=10, batch_size=64,
          callbacks=[TensorBoard(log_dir='/models/autoencoder',)
          early_stop])

loss_and_metrics = model.evaluate(x_test, y_test, batch_size=64)
classes = model.predict(x_test, batch_size=64)
```

fit() 메서드에 포함된 callbacks 인수에 주목하자. 콜백은 학습 과정에서 적용되는 함수로 이를 사용해 통계를 구하거나 .fit() 메서드에 통계치의 리스트를 전달해 동적으로 학습 결정을 내릴 수 있다.

예제에서는 두 개의 콜백을 삽입하였는데 하나는 출력 디렉터리를 지정한 TensorBoard 함수와 조기 정지 함수이다.

함수형 모델

함수형 모델과 순차형 모델의 실질적인 주요 차이점은, 함수형 모델에서는 먼저 입력과 출력을 정의하고 난 다음 모델을 인스턴스화한다는 데 있다. 먼저 형태에 따른 입력 텐서를 생성한다.

```
inputs = Input(shape=(784,))
```

그다음 모델을 정의한다.

```
x = Dense(64, activation='relu')(inputs)
x = Dense(32, activation='relu')(x)
outputs = Dense(10, activation='softmax')(x)
```

보다시피 계층은 함수처럼 동작하여 함수 모델에 이름을 지정한다. 이제 모델을 인스턴스화하여 입력과 출력을 Model에 전달한다.

```
model = Model(inputs=inputs, outputs=outputs)
```

다른 단계는 이전과 동일하다.

```
model.compile(optimizer='rmsprop',
              loss='categorical_crossentropy',
              metrics=['accuracy'])
model.fit(x_train, y_train, epochs=10, batch_size=64)
loss_and_metrics = model.evaluate(x_test, y_test, batch_size=64)
classes = model.predict(x_test, batch_size=64)
```

마지막으로 오토인코더의 개념을 소개하고 케라스를 사용해 구현하는 방법을 살펴보겠다.

오토인코더

오토인코더autoencoder는 입력을 재구성하여 출력하는 신경망이다. 일반적으로 입력은 차원이 감소된 후에 재구성된다. 이 예제는 차원의 감소에 초점을 맞춘다. 하지만 오토인코더는 차원을 증가시켜 (더 안정적인 입력 값의 분해decomposition을 위해) '오버컴플리트overcomplete'**12** 상태를 만드는 데 사용될 수도 있다.

차원 감소는 데이터가 크기 n 의 벡터로 구성되어 있을 때 가능한 많은 중요한 정보를 유지하면서 크기가 m 인 벡터로 변환하는 것이다($m < n$). 흔히 사용되는 방법은 주성분 분석principal component analysis (PCA)인데, 각 원본 데이터 열 x_j (원래의 특징으로 선형 조합 가능한 모든 데이터 포인트)를 **주성분**principal component이라는 새로운 축소된 특징의 선형 조합 $x_j = \sum_{i=1}^{m} w_i b_i$ 와 같이 나타내는 것이다.

하지만 PCA는 데이터 벡터의 선형 변환으로만 제한된다. 오토인코더는 더 일반적인 경우에 적용 가능한 압축기로, 복잡한 비선형 변환이 가능하고, 겉으로 드러난 유닛과 숨겨진 유닛 사이의 중요한 관계를 찾아낸다(사실 PCA는 단일 계층 '선형 오토인코더'라고 할 수 있다). 모델의 가중치는 확률적 경사 하강법 같은 최적화 함수를 사용해 주어진 손실 함수의 값을 줄여가면서 자동으로 학습된다.

입력 차원을 줄이는 오토인코더는 입력 계층보다 적은 수의 유닛을 가진 병목 계층으로 은닉 계층을 만들어, 데이터를 재구축하기 이전에 더 낮은 차원으로 표현할 수 있어야 한다(그림 7-6). 재구축(디코딩)을 위해 오토인코더는 눈의 모양, 자동차의 바퀴, 스포츠의 유형 등과 같은 숨겨진 추상화를 찾아내는 표현 특징을 추출하는데, 이들을 가지고 원래의 입력을 재구성할 수 있다.

---

12 옮긴이_ 입력 데이터의 차원보다 기저 벡터의 수가 더 많은 경우를 의미한다. 선형대수에서 입력 데이터를 기저 벡터의 선형 조합으로 구성할 때 무한히 많은 조합이 가능하므로 더 안정적이고 간편하게 입력 데이터를 기저 벡터에 따라 분해할 수 있다(간단히 말해, 답이 많은 문제라면 해결하기 더 쉽지 않겠는가?).

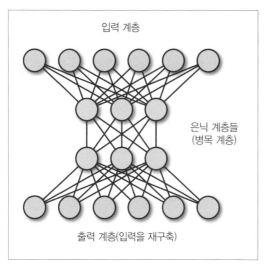

입력 계층

은닉 계층들
(병목 계층)

출력 계층(입력을 재구축)

그림 7-6 오토인코더의 구성도. 전형적인 오토인코더는 동일한 수의 유닛을 가진 입력 계층과 출력 계층, 그리고 병목 형태의 은닉 계층을 가지는데, 이 은닉 계층에서 데이터의 차원이 감소(압축)한다.

지금까지 살펴본 몇몇 모델과 마찬가지로 오토인코더 네트워크도 계층을 서로의 위에 쌓아 올릴 수 있고 CNN처럼 합성곱을 포함할 수도 있다.

현재 오토인코더는 데이터의 특정성 때문에 실제 세상 데이터의 압축 문제에 그다지 적합하지는 않다. 오토인코더는 학습된 데이터에 유사한 데이터에 가장 잘 적용된다. 오토인코더는 주로 데이터의 낮은 차원 표현 탐색, 데이터의 잡영 제거, 데이터의 낮은 차원 시각화 등에 주로 사용된다. 오토인코더의 학습 과정에서 이미지의 주요 추상화 구조를 학습할 때 잡영과 같은 중요하지 않은 이미지 특유의 신호를 배제하므로 잡영 제거가 가능하다.

이제 케라스로 간단한 CNN 오토인코더를 만들어보자. 이 예제에서는 CIFAR10 데이터 이미지에서 한 분류의 이미지에 잡영을 추가한 후 이 데이터로 오토인코더를 학습한다. 이후 오토인코더를 같은 분류의 테스트 데이터에 대해 잡영을 제거하는 데 사용한다. 예제에서는 함수형 모델 API를 사용할 것이다.

먼저 케라스를 사용해 이미지를 로드한 후 레이블 1(자동차 클래스)에 해당하는 이미지만 선택한다.

```python
from keras.layers import Input, Conv2D, MaxPooling2D, UpSampling2D
from keras.models import Model
```

```
from keras.callbacks import TensorBoard, ModelCheckpoint
from keras.datasets import cifar10
import numpy as np

(x_train, y_train), (x_test, y_test) = cifar10.load_data()
x_train = x_train[np.where(y_train==1)[0],:,:,:]
x_test = x_test[np.where(y_test==1)[0],:,:,:]
```

다음은 데이터를 float32로 변환한 후 [0, 1] 사이로 정규화하는 간단한 전처리를 수행한다. 이 정규화를 통해 픽셀 수준의 원소별 비교를 수행할 수 있다. 먼저 형 변환을 한다.

```
x_train = x_train.astype('float32') / 255.
x_test = x_test.astype('float32') / 255.
```

그다음 가우시안 노이즈를 추가하여 잡영이 많은 데이터를 만들고 0보다 작거나 1보다 큰 값은 잘라낸다[clip].

```
x_train_n = x_train + 0.5 *\
 np.random.normal(loc=0.0, scale=0.4, size=x_train.shape)

x_test_n = x_test + 0.5 *\
 np.random.normal(loc=0.0, scale=0.4, size=x_test.shape)

x_train_n = np.clip(x_train_n, 0., 1.)
x_test_n = np.clip(x_test_n, 0., 1.)
```

이제 입력 계층을 선언한다(CIFAR10 데이터의 모든 이미지는 RGB 채널을 가진 32×32 픽셀이다).

```
inp_img = Input(shape=(32, 32, 3))
```

다음으로 레고 블록을 쌓듯 계층을 추가해나간다. 첫 번째 계층은 2차원 합성곱 계층으로 첫 번째 인수는 필터의 수(따라서 출력 이미지의 수)이며 두 번째 인수는 각 필터의 크기이다. 다른 라이브러리와 마찬가지로 케라스는 자동으로 입력의 형태를 식별한다.

2×2 풀링 계층을 사용하는데, 이 계층은 채널당 픽셀의 전체 수를 4분의 1로 줄여서 병목 형태를 만든다. 또 하나의 합성곱 계층을 추가하고 난 후에는 업샘플링 계층을 적용하여 각 채널

에 대해 입력과 동일한 수의 유닛을 다시 구한다. 업샘플링에서는 각 픽셀을 인접 픽셀로 확장하는 형태로 4배로 부풀려 원래 이미지의 동일한 픽셀의 수로 되돌린다.

마지막으로 3개의 채널로 돌아가는 합성곱 출력 계층을 추가한다.

```python
img = Conv2D(32, (3, 3), activation='relu', padding='same')(inp_img)
img = MaxPooling2D((2, 2), padding='same')(img)
img = Conv2D(32, (3, 3), activation='relu', padding='same')(img)
img = UpSampling2D((2, 2))(img)
decoded = Conv2D(3, (3, 3), activation='sigmoid', padding='same')(img)
```

입력과 출력 모두를 포함하는 모델을 함수형으로 선언한다.

```python
autoencoder = Model(inp_img, decoded)
```

다음으로 손실 함수와 최적화 함수를 정의하며 모델을 컴파일한다. 여기에서는 AdaGrad[13] 최적화 함수를 사용했다(단지 최적화 함수가 여러 가지 있다는 것을 보이기 위해서다). 이미지의 잡영을 제거할 때는 손실 함수를 사용해 디코딩된 이미지와 노이즈 추가 이전의 원본 이미지 사이의 차이를 찾아내야 한다. 이를 위해 이진 교차 엔트로피 손실 함수를 사용해 디코딩된 각 픽셀과 이에 대응하는 원래 이미지의 픽셀을 비교한다(정규화했으므로 값은 [0, 1]의 범위이다).

```python
autoencoder.compile(optimizer='adadelta', loss='binary_crossentropy')
```

모델을 정의하고 나서 에폭 10회로 학습을 수행한다.

```python
tensorboard = TensorBoard(log_dir='<some_path>',
            histogram_freq=0, write_graph=True, write_images=True)
model_saver = ModelCheckpoint(
                filepath='<some_path>',
                verbose=0, period=2)

autoencoder.fit(x_train_n, x_train,
                epochs=10,
```

---

13 옮긴이_ adaptive gradient의 약자로, 기본 개념은 학습 매개변수별로 경사 하강법으로 이동하는 정도를 달리해보자는 것이다. 즉 변동이 많았던 매개변수는 조금만 이동하고 변동이 많지 않았던 매개변수는 많이 이동시킨다.

```
batch_size=64,
shuffle=True,
validation_data=(x_test_n, x_test),
callbacks=[tensorboard, model_saver])
```

이 예제에서 원하는 결과는, 모델이 어떤 내부 구조를 찾아내어 이후 다른 잡영이 많은 이미지도 일반화하여 노이즈를 제거하는 것이다.

테스트 데이터셋은 각 에폭이 끝날 때 손실 평가를 위한 유효성 검증 데이터로 사용한다(당연히 모델의 학습에는 사용하지 않는다). 또 이 데이터를 텐서보드 시각화에도 사용한다. 텐서보드 콜백 이외에도 모델 저장 콜백을 추가해서 매 2회의 에폭마다 가중치를 저장하도록 설정했다.

나중에 이 가중치를 로드하려면 네트워크를 재구성하고 `Model.load_weights()` 메서드를 사용하면 된다. 이때 첫 번째 인수로 모델을, 두 번째 인수로 저장된 가중치 파일의 경로를 전달한다(10장에서 더 상세하게 설명할 것이다).

```
inp_img = Input(shape=(32, 32, 3))
img = Conv2D(32, (3, 3), activation='relu', padding='same')(inp_img)
img = MaxPooling2D((2, 2), padding='same')(img)
img = Conv2D(32, (3, 3), activation='relu', padding='same')(img)
img = UpSampling2D((2, 2))(img)
decoded = Conv2D(3, (3, 3), activation='sigmoid', padding='same')(img)

autoencoder = Model(inp_img, decoded) Model.load_weights(autoencoder,'some_path')
```

> **NOTE_ h5py**
> 모델을 저장하려면 h5py 패키지의 설치가 필요하다. 이 패키지는 대량의 데이터를 저장하고 이를 넘파이에서 다루는 용도로 주로 사용된다. pip를 사용해 설치할 수 있다.
>
> ```
> pip install h5py
> ```

[그림 7-7]에서 학습 에폭 수에 따른 잡영이 제거된 테스트 이미지를 볼 수 있다.

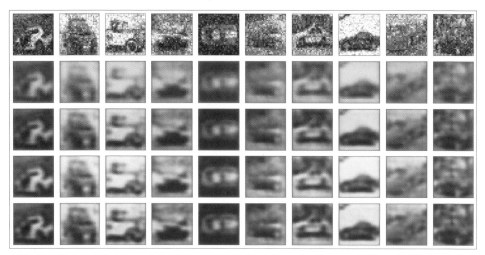

그림 7-7 잡영이 섞인 CIFAR10 이미지의 오토인코딩 이전(1행)과 오토인코딩 이후(2~5행). 아래 4행 이미지들은 학습 에폭이 증가함에 따른 변화를 보여준다.

케라스 역시 Inception, VGG, ResNet[14] 등 사전 학습된 모델의 묶음을 제공한다. 다음 마지막 절에서는 이러한 모델에 대해 설명하고 TF-Slim 확장 라이브러리상에서 사전 학습된 VGG 모델을 내려받아 분류 작업에 적용하는 방법의 예제를 살펴본다.

7.3.5 TF-Slim에서 사전 학습된 모델 사용하기

이 절에서는 마지막 추상화 라이브러리인 TF-Slim을 소개할 것이다. TF-Slim은 텐서플로의 합성곱 신경망을 정의하는 간소화된 구문을 제공한다는 점에서 두드러진다. 이 추상화 라이브러리를 사용해 복잡한 네트워크를 깔끔하고 간소하게 구축할 수 있다. 케라스와 마찬가지로 여러 훌륭한 사전 학습된 CNN 모델을 내려받아 사용할 수 있도록 제공한다(*http://bit. ly/2sZt5lE*).

우선 TF-Slim의 몇몇 일반적인 특장점과 CNN을 구축할 때의 TF-Slim의 진가를 살펴본 후, 이어서 이미지 분류를 위해서 사전 학습된 VGG 모델을 내려받아 사용하는 방법을 보여줄 것이다.

---

14 옮긴이_ 모두 구조가 공개된 유명한 심층신경망 모델들이다.

TF-Slim

TF-Slim은 최근에 나온 텐서플로의 경량 확장 기능으로 다른 추상화 라이브러리와 마찬가지로 복잡한 모델을 빠르고 직관적으로 정의하고 학습할 수 있다. TF-Slim은 텐서플로와 병합되어 있으므로 별도로 설치할 필요가 없다.

TF-Slim의 추상화는 모두 CNN에 관한 것이다. CNN은 지저분한 보일러플레이트 코드 boilerplate code가 많은 것으로 악명이 높다. TF-Slim은 매우 복잡한 CNN 모델의 생성을 최적화하여 고수준 계층, 가변적인 추상화, 인수 스코프 등을 사용하여 CNN을 우아하게 작성하고 쉽게 해석하고 디버깅할 수 있게 하는 것을 목적으로 설계되었다.

TF-Slim은 자체 모델을 생성하고 학습할 수 있을 뿐 아니라, 쉽게 내려받고 읽고 사용할 수 있는 VGG, AlexNet, Inception 등 사전 학습된 네트워크를 제공한다.

TF-Slim 추상화 기능 중 일부를 간단하게 설명하며 이 절을 시작한다. 이어서 사전 학습된 VGG 이미지 분류 모델을 내려받아 사용해볼 것이다.

TF-Slim으로 CNN 모델 생성하기

TF-Slim을 사용하면 초기화, 정규화, 디바이스를 하나의 래퍼로 정의하여 변수를 쉽게 만들 수 있다. 예를 들어 다음 코드는 L2 정규화와 CPU(9장에서 여러 디바이스로 모델을 분산하는 방법을 다룰 것이다)를 사용하는 절단정규분포 기반 가중치 초기화를 수행한다.

```
import tensorflow as tf
from tensorflow.contrib import slim

W = slim.variable('w',shape=[7, 7, 3 , 3],
                       initializer=tf.truncated_normal_initializer(stddev=0.1),
                       regularizer=slim.l2_regularizer(0.07),
                       device='/CPU:0')
```

이 장에서 살펴본 다른 추상화 라이브러리와 마찬가지로 TF-Slim을 사용하면 많은 보일러플레이트 코드와 불필요한 중복을 제거할 수 있다. 케라스나 TFLearn에서와 같이 추상화 수준에서 계층 연산을 정의하여 합성곱 연산, 가중치 초기화, 정규화, 활성화 함수 등을 단 하나의 명령에 포함시킬 수 있다.

```
net = slim.conv2d(inputs, 64, [11, 11], 4, padding='SAME',
                    weights_initializer=tf.truncated_normal_initializer(stddev=0.01),
                    weights_regularizer=slim.l2_regularizer(0.0007), scope='conv1')
```

나아가 TF-Slim은 간단하게 계층을 복제하는 데 사용할 수 있는 repeat, stack, arg_scope 구문을 제공하여 다른 추상화 라이브러리보다 더 깔끔한 구현이 가능하다.

repeat를 사용해서 같은 줄을 반복해서 복사/붙여넣기를 할 필요가 없다. 예를 들어 다음과 같은 불필요한 중복 코드를 보자.

```
net = slim.conv2d(net, 128, [3, 3], scope='con1_1')
net = slim.conv2d(net, 128, [3, 3], scope='con1_2')
net = slim.conv2d(net, 128, [3, 3], scope='con1_3')
net = slim.conv2d(net, 128, [3, 3], scope='con1_4')
net = slim.conv2d(net, 128, [3, 3], scope='con1_5')
```

위 다섯 줄은 다음 한 줄로 대체 가능하다.

```
net = slim.repeat(net, 5, slim.conv2d, 128, [3, 3], scope='con1')
```

하지만 repeat는 계층의 크기가 동일한 경우에만 가능하다. 형태가 다른 경우 stack 명령을 사용하면 연결할 수 있다. 다음의 예제를 보자.

```
net = slim.conv2d(net, 64, [3, 3], scope='con1_1')
net = slim.conv2d(net, 64, [1, 1], scope='con1_2')
net = slim.conv2d(net, 128, [3, 3], scope='con1_3')
net = slim.conv2d(net, 128, [1, 1], scope='con1_4')
net = slim.conv2d(net, 256, [3, 3], scope='con1_5')
```

위 다섯 줄은 다음과 같이 바꿀 수 있다.

```
slim.stack(net, slim.conv2d, [(64, [3, 3]), (64, [1, 1]),
                    (128, [3, 3]), (128, [1, 1]),
                    (256, [3, 3])], scope='con')
```

마지막으로 arg_scope라는 스코프 메커니즘을 가지고 있어 사용자가 같은 스코프에 정의된 각 연산에 공유 인수 집합을 전달할 수 있다. 예를 들어 활성화 함수, 초기화, 정규화, 패딩이 동일한 4개 계층이 있다고 가정하자. 그러면 `slim.arg_scope` 명령을 사용하여 다음 코드처럼 공유 인수를 지정할 수 있다.

```
with slim.arg_scope([slim.conv2d],
                padding='VALID',
                activation_fn=tf.nn.relu,
                weights_initializer=tf.truncated_normal_initializer(stddev=0.02)
                weights_regularizer=slim.l2_regularizer(0.0007)):
    net = slim.conv2d(inputs, 64, [11, 11], scope='con1')
    net = slim.conv2d(net, 128, [11, 11], padding='VALID', scope='con2')
    net = slim.conv2d(net, 256, [11, 11], scope='con3')
    net = slim.conv2d(net, 256, [11, 11], scope='con4')
```

`arg_scope` 명령 내부의 각 인수는 덮어쓰기가 가능하며 하나의 `arg_scope` 내에 다른 `arg_scope`를 중첩할 수도 있다.

위 예제에서는 conv2d( )를 사용했지만, TF-Slim에는 신경망을 구축하는 데 사용할 수 있는 다른 많은 표준 메서드가 있다. [표 7-4]는 사용 가능한 메서드 중 일부다. 전체 목록은 공식 문서(*http://bit.ly/2txy6PN*)를 참조하자.

표 7-4 TF-Slim에서 사용 가능한 계층

계층	TF-Slim 메서드
BiasAdd	slim.bias_add()
BatchNorm	slim.batch_norm()
Conv2d	slim.conv2d()
Conv2dInPlane	slim.conv2d_in_plane()
Conv2dTranspose (Deconv)	slim.conv2d_transpose()
FullyConnected	slim.fully_connected()
AvgPool2D	slim.avg_pool2d()
Dropout	slim.dropout()
Flatten	slim.flatten()
MaxPool2D	slim.max_pool2d()
OneHotEncoding	slim.one_hot_encoding()

SeparableConv2	`slim.separable_conv2d()`
UnitNorm	`slim.unit_norm`

TF-Slim이 복잡한 CNN을 만드는 데 얼마나 편리한지를 보여주기 위해서 카렌 시모냔[Karen Simonyan]과 앤드루 지서먼[Andrew Zisserman]이 2014년에 발표한 VGG 모델을 만들어볼 예정이다(다음 노트 참고). VGG는 TF-Slim을 사용하여 계층이 많은 모델을 얼마나 간단하게 만들 수 있는지를 보여주는 좋은 예이다. 여기서 만드는 VGG는 13개의 합성곱 계층과 3개의 완전 연결 계층, 총 16개의 계층이 있는 버전이다.

> **NOTE_ VGG와 ImageNet 챌린지**
>
> ImageNet 프로젝트(*http://www.image-net.org*)는 시각적 객체 인식 연구를 목적으로 수집된 커다란 이미지 데이터베이스이다. 2016년 시점에 1,000만 개 이상의 수작업으로 어노테이션이 붙은 이미지가 포함되어 있다.
>
> 2010년 이후 해마다 이미지넷 대규모 시각 인식 챌린지[ImageNet Large Scale Visual Recognition Challenge](ILSVRC)라는 경연이 개최되는데, 여기서 참여 연구팀들은 이미지넷 컬렉션의 일부 데이터상에서 자동 분류, 탐지, 배경과 객체 영역의 구분을 시도한다. 2012년 챌린지에서는 알렉스 크리젭스키[Alex Krizhevsky]가 만든 AlexNet이라는 이름의 심층 합성곱 신경망이 탑 5(상위 5개의 선택된 카테고리) 분류에서 오류율 15.4%를 기록하여 2위와 큰 차이로 우승하는 극적인 발전이 이루어졌다.
>
> 이듬해부터 오류율은 계속 낮아졌다. 2013년 ZFNet이 14.8%, 2014년 Inception 모듈을 도입한 GoogLeNet이 6.7%, 2015년 ResNet이 3.6%의 오류율을 기록했다. 비주얼 기하학 그룹[Visual Geometry Group](VGG)는 2014년 경쟁에서 인상적인 7.3%의 오류율을 기록한 경쟁자였다. 많은 사람이 GoogLeNet보다 VGG를 선호하는데 VGG가 더 멋있고 간단한 아키텍처이기 때문이다.
>
> VGG에서 사용되는 유일한 공간 차원은 스트라이드가 1인 매우 작은 3x3 필터와 스트라이드가 1인 2x2 맥스 풀링이다. 계층의 수가 16에서 19 사이일 때 결과가 제일 좋다.

VGG를 만드는 과정에서, 앞에서 언급한 기능 중 두 가지를 사용한다.

1. 모든 합성곱 계층은 활성화 함수, 정규화, 초기화 방식이 같으므로 `arg_scope` 기능을 사용한다.

2. 많은 계층이 정확하게 동일하므로 `repeat` 명령도 사용한다.

결과는 매우 놀랍다. 단 16줄의 코드로 전체 모델을 정의할 수 있다.

```
with slim.arg_scope([slim.conv2d, slim.fully_connected],
                    activation_fn=tf.nn.relu,
                    weights_initializer=tf.truncated_normal_initializer(0.0, 0.01),
                    weights_regularizer=slim.l2_regularizer(0.0005)):
    net = slim.repeat(inputs, 2, slim.conv2d, 64, [3, 3], scope='con1')
    net = slim.max_pool2d(net, [2, 2], scope='pool1')
    net = slim.repeat(net, 2, slim.conv2d, 128, [3, 3], scope='con2')
    net = slim.max_pool2d(net, [2, 2], scope='pool2')
    net = slim.repeat(net, 3, slim.conv2d, 256, [3, 3], scope='con3')
    net = slim.max_pool2d(net, [2, 2], scope='pool3')
    net = slim.repeat(net, 3, slim.conv2d, 512, [3, 3], scope='con4')
    net = slim.max_pool2d(net, [2, 2], scope='pool4')
    net = slim.repeat(net, 3, slim.conv2d, 512, [3, 3], scope='con5')
    net = slim.max_pool2d(net, [2, 2], scope='pool5')
    net = slim.fully_connected(net, 4096, scope='fc6')
    net = slim.dropout(net, 0.5, scope='dropout6')
    net = slim.fully_connected(net, 4096, scope='fc7')
    net = slim.dropout(net, 0.5, scope='dropout7')
    net = slim.fully_connected(net, 1000, activation_fn=None, scope='fc8')
```

사전 학습된 모델 내려받아 사용하기

이어서 사전 학습된 VGG 모델을 내려받아 배포하는 방법을 설명하려 한다.[15]

먼저 실행할 실제 모델이 있는 저장소를 클론한다.

```
git clone https://github.com/tensorflow/models
```

이제 우리의 컴퓨터에 모델링에 필요한 스크립트가 있으며, 클론을 실행한 경로를 다음 코드의
<some_path>에 설정하여 사용한다.

```
import sys
sys.path.append("<some_path> + "/models/research/slim")
```

이어서 사전학습된 VGG-16(16계층) 모델을 내려받는다(*http://download.tensorflow.*

---

15 옮긴이_ 이번 절의 코드는 텐서플로 및 기타 라이브러리의 변경 등으로 원서 깃허브 파일을 사소하게 수정하는 것만으로는 제대로 실행
하기가 어렵다. 따라서 텐서플로 1.7.0 기준으로 동작 가능한 형태로 수정한 전체 코드를 부록 C에 수록했고, 이번 절의 코드, 설명, 예제
이미지도 여기에 맞추어 수정했음을 밝혀둔다.

org/models/vgg_16_2016_08_28.tar.gz). 내려받은 후 적당한 위치에 압축을 풀고 이 위치를 target_dir로 지정하자.

```
from datasets import dataset_utils
import tensorflow as tf
target_dir = '<vgg_path>'
```

다운로드한 체크포인트 파일에는 모델과 변수에 대한 정보가 들어 있다. 이를 읽어 들여 새로운 이미지를 분류하는 데 사용할 것이다.

하지만 먼저 입력 이미지를 텐서플로에서 읽을 수 있는 형태로 변환한 다음 모델을 학습시킨 이미지에 맞추어 크기를 재조정하는 약간의 전처리를 수행하는 입력 이미지 준비 과정이 필요하다.

텐서플로는 이미지의 URL 또는 데스크톱 내 경로로 이미지 파일을 읽어 들일 수 있다. URL의 경우 다음과 같은 식으로 urllib.request를 사용하여 스트링으로 이미지를 읽어 들이고 tf.image_decode_jpeg()로 이를 텐서로 디코딩한다.[16]

```
from urllib.request import urlopen

url = ("https://some.web.page/somepicture.jpg")
im_as_string = urlopen(url).read()
image = tf.image.decode_jpeg(im_as_string, channels=3)
```

만약 PNG 파일이라면 다음과 같이 디코딩한다.

```
image = tf.image.decode_png(im_as_string, channels=3)
```

이번 예제에서 사용하지는 않겠지만, 컴퓨터에서 이미지를 읽어 들이는 경우는 대상 디렉터리 내 파일명의 큐를 만들어 tf.WholeFileReader()를 사용해 전체 이미지를 읽을 수 있다.

```
filename_queue = tf.train.string_input_producer(
                     tf.train.match_filenames_once("./images/*.jpg"))
image_reader = tf.WholeFileReader()
```

---

16 옮긴이_ 파이썬 2.x에서는 urllib.request 대신 urllib2를 사용해야 한다.

```
_, image_file = image_reader.read(filename_queue)
image = tf.image.decode_jpeg(image_file)
```

이 단계의 자세한 내용에 대해서는 걱정하지 말자. 8장에서 큐와 데이터 읽기에 대해서 더 자세하게 다룰 것이다.

다음은 VGG를 학습시킨 이미지의 사이즈에 맞도록 이미지의 크기를 조정하려고 한다. 이를 위해서 먼저 VGG 스크립트에서 원하는 사이즈를 찾는다(여기서는 224이다).

```
from nets import vgg
image_size = vgg.vgg_16.default_image_size
```

그다음 원본 이미지와 이미지 크기를 VGG 전처리 유닛에 공급한다. 이때 이미지는 가로세로 비율이 유지된 채 크기가 조정되고 크롭될 것이다.

```
from preprocessing import vgg_preprocessing
processed_im = vgg_preprocessing.preprocess_image(image,
                                                  image_size,
                                                  image_size,
                                                  is_training=False)
```

다음으로 tf.expand_dims()를 사용하여 텐서의 형태에 1의 값을 가진 차원을 삽입한다 ([*height*, *width*, *channels*]를 [1, *height*, *width*, *channels*]로 변경).

```
processed_images  = tf.expand_dims(processed_im, 0)
```

이제 앞에서 클론한 스크립트로 모델을 만든다. 모델 함수에 이미지와 클래스의 수를 전달한다. 모델은 인수를 공유하는데, 따라서 앞에서 설명한 arg_scope를 사용해 호출하고 공유 인수를 정의하기 위해서는 스크립트에서 vgg_arg_scope() 함수를 사용한다. 다음 코드에서 이 함수를 볼 수 있다.

vgg_16()은 로짓[logit](각 클래스에 속해 있다는 증거로 사용하는 숫자 값)을 반환하는데, 이 값은 tf.nn.softmax()를 사용해 확률값으로 바꿀 수 있다. 인수 is_training에는 우리의 관심사가 예측에 있음을 지정한다.

```
from tensorflow.contrib import slim

with slim.arg_scope(vgg.vgg_arg_scope()):
  logits, _ = vgg.vgg_16(processed_images,
                         num_classes=1000,
                         is_training=False)
probabilities = tf.nn.softmax(logits)

def vgg_arg_scope(weight_decay=0.0005):
  with slim.arg_scope([slim.conv2d, slim.fully_connected],
                      activation_fn=tf.nn.relu,
                      weights_regularizer=slim.l2_regularizer(weight_decay),
                      biases_initializer=tf.zeros_initializer):
    with slim.arg_scope([slim.conv2d], padding='SAME') as arg_sc:
      return arg_sc
```

이제 세션을 시작해야 하는데, 그 전에 slim.assign_from_checkpoint_fn()을 사용하여 내려받은 변수를 로드해야 한다. 이 함수는 디렉터리를 인수로 받는다.

```
import os

load_vars = slim.assign_from_checkpoint_fn(
    os.path.join(target_dir, 'vgg_16.ckpt'),
    slim.get_model_variables('vgg_16'))
```

마지막 메인 이벤트다. 세션을 실행하고 변수를 로드하고 이미지와 원하는 확률을 제공한다.

다음과 같이 클래스의 이름을 얻을 수 있다.

```
from datasets import imagenet
imagenet.create_readable_names_for_imagenet_labels()
```

주어진 이미지에 대해 가장 높은 확률을 가진 다섯 개의 클래스를 추출하고 확률값도 구한다.

```
with tf.Session() as sess:
    load_vars(sess)
    network_input, probabilities = sess.run([processed_images,
                                             probabilities])
    probabilities = probabilities[0, 0:]
```

```
sorted_inds = [i[0] for i in sorted(enumerate(-probabilities),
                                      key=lambda x:x[1])]
names_ = imagenet.create_readable_names_for_imagenet_labels()
for i in range(5):
    index = sorted_inds[i]
    print('Class: ' + names_[index+1]
        + ' ¦prob: ' + str(probabilities[index]))
```

이 예제에서는 [그림 7-8]과 같은 이미지를 사전 학습된 VGG 모델에 입력으로 전달했다.[17]

그림 7-8 스포츠카

다음은 선택된 상위 5개 클래스와 그 확률을 출력한 결과이다.

```
Out:
Class: sports car, sport car ¦prob: 0.6969957
Class: car wheel ¦prob: 0.09234851
Class: convertible ¦prob: 0.08910584
Class: racer, race car, racing car ¦prob: 0.08648525
Class: beach wagon, station wagon, wagon, estate car, beach waggon, station waggon,
    waggon ¦prob: 0.011633962
```

결과를 보면 이 분류기는 이미지에서 여러 다른 요소를 알맞게 찾아냈음을 알 수 있다.

---

17 옮긴이_ 이미지 주소는 *http://54.68.5.226.car.jpg*다. 여러 다른 이미지에 대해서도 테스트해보자.

7.4 마치며

먼저 추상화가 왜 중요한지를 설명하고, 텐서플로에서 사용할 수 있는 추상화 라이브러리에 대한 개요를 contrib.learn, TFLearn, 케라스, TF-Slim에 대한 소개와 함께 설명했다. 즉시 사용 가능한 contrib.learn의 선형회귀 및 선형 분류 모델을 사용해 이전 장에서 설명했던 모델들을 다시 구현해보았다. 그다음 특징을 조작하거나 전처리를 위한 추상화 기능인 FeatureColumn의 사용법과 텐서보드와의 통합 방법, 그리고 사용자 정의 추정자를 만드는 방법을 살펴보았다. TFLearn을 소개하고 이를 사용해서 CNN과 RNN 모델을 얼마나 쉽게 만들 수 있는지 예시로 살펴보았다. 케라스를 사용해서 오토인코더를 만드는 방법을 설명했고, 마지막으로 TF-Slim을 사용해 복잡한 CNN 모델을 생성하고 사전 학습된 모델을 배포해 사용해 보았다.

이 책의 나머지 부분에서는 큐와 스레드 다루기, 분산 컴퓨팅 및 모델 서빙을 사용한 규모 확장 scaling up에 대해 다룬다.

## CHAPTER 8

큐, 스레드, 데이터 읽기

이 장에서는 효율적으로 입력 데이터를 읽어 들이는 데 도움이 되는 텐서플로의 큐와 스레드 사용법을 소개한다. 먼저 효율적인 텐서플로 파일 형식인 TFRecord를 쓰고 읽는 방법을 설명한다. 이어서 큐와 스레드 및 관련 기능을 설명하고 전처리, 일괄 처리 및 학습을 포함한 이미지 데이터의 멀티스레드 입력 파이프라인의 작업 예제로 이 모든 내용을 연결해본다.

8.1 입력 파이프라인

MNIST 이미지처럼 메모리에 올릴 수 있는 작은 데이터를 다룰 때는 모든 데이터를 메모리에 올리고 텐서플로 그래프에 데이터를 밀어 넣는 방식이 합리적이다. 하지만 데이터가 좀 더 클 때는 이러한 방법이 거추장스러워진다. 이러한 경우를 처리하는 자연스러운 패러다임은 데이터를 디스크에 보관하고 필요에 따라 데이터 덩어리를 로드하는 것이다(학습 시의 미니배치처럼). 이러면 하드 디스크의 용량만 확보하면 된다.

게다가 실무의 많은 경우, 전형적인 데이터 파이프라인은 서로 다른 종류의 입력 파일을 읽거나 입력의 형태나 구조를 바꾸거나 다른 형태의 전처리를 정규화하거나 입력을 셔플링하는 단계를 포함하는 경우가 많다. 심지어 이 모든 것이 학습을 시작하기 전에 이루어져야 한다.

이 과정의 많은 부분은 분리하여 모듈로 쪼갤 수 있다. 전처리의 예를 들면 전처리는 학습에 관여하지 않으므로 입력을 그대로 한꺼번에 전처리해서 학습으로 넘길 수 있다. 데이터는 배치로 학습시키기 때문에 원칙적으로는 디스크에서 데이터를 읽고, 전처리한 후 학습의 연산 그래프에 밀어 넣는 일괄 처리로 데이터를 다룰 수 있다.

하지만 이 방법은 효율적이지 않다. 전처리는 학습과 무관한데 전처리할 각 일괄 작업을 기다리느라 심각한 I/O 지연이 발생하고 각 학습 단계에서 로딩하여 처리될 데이터의 미니배치를 하염없이 기다리게 된다. 실무적으로 확장성 있는 접근법 중 하나는 데이터를 미리 가져와서 데이터의 로딩/처리와 학습에 별도의 스레드를 사용하는 것이다. 반면 이 방법은 데이터를 반복적으로 읽어야 하거나 셔플할 파일이 디스크에 많을 때는 적용하기 쉽지 않으며, 이를 원활하게 수행하려면 꽤 많은 기록 작업과 전문성이 필요하다.

전처리를 염두에 두지 않더라도 지금까지 사용해온 표준 피딩 메커니즘(feed_dict를 사용한 메커니즘)을 사용하는 것은 그 자체로 낭비라는 사실에 주목할 필요가 있다. feed_dict는 파이썬 런타임에서 텐서플로 런타임으로 데이터를 단일 스레드로 복사하는데, 이로 인해 지연이 발생하고 속도가 느려진다. 어떤 방법이건 간에 데이터를 네이티브 텐서플로로 바로 읽어 들일 수 있게 해서 이를 피하는 것이 좋을 것이다.

텐서플로에는 이 작업을 더 쉽고 더 빠르게 만들어주는, 입력 파이프라인 프로세스를 간소화할 수 있는 일련의 도구가 있다. 주요 구성 요소는 텐서플로의 표준 파일 형식과 이 형식을 인코딩/디코딩할 수 있는 유틸리티, 데이터 큐와 멀티스레드이다.

이 구성 요소를 하나씩 살펴보고 동작 원리를 탐구하고 나서 멀티스레드 입력 파이프라인을 처음부터 끝까지 구축해볼 것이다. 우선 텐서플로에서 권장하는 파일 형식인 TFRecord를 소개한다.

8.2 TFRecord

데이터셋의 형식은 매우 다양하며 때로는 혼재되어 있을 수도 있다(예를 들어 이미지와 오디오 파일이 같이 묶여 있는 경우). 원래의 형식이 무엇이든 간에 입력 파일들을 하나의 통합된 형식으로 변환하는 것이 편리하고 유용하다. 텐서플로에서 기본 데이터 형식은 **TFRecord**이다. TFRecord 파일은 이진 파일로서 직렬화된 입력 데이터가 담겨 있다. 직렬화는 **프로토콜 버퍼**Protocol Buffers(줄여서 프로토버프protobuf)에 기반을 두고 있는데, 간단히 말해 프로토콜 버퍼는 데이터의 구조를 설명하는 스키마를 사용해 데이터를 저장용으로 변환하는 역할을 한다. 프로토콜 버퍼에서 저장하는 데이터는 XML과 비슷하게 사용하는 플랫폼이나 개발 언어와는 무관하다.

텐서플로 환경에서는 원래의 데이터 파일을 사용하는 것에 비해서 TFRecord(더 일반적으로는 프로토콜 버퍼나 이진 파일)를 사용하는 것이 여러 가지 면에서 유리하다. 이 통합 형식을 사용하면 입력 인스턴스의 모든 관련 속성을 유지하면서도 많은 디렉터리나 하위 디렉터리가 필요하지 않도록 입력 데이터를 깔끔하게 정리할 수 있다. TFRecord 파일은 처리 속도도 매우 빠르다. 모든 데이터는 메모리의 하나의 블록에 저장되므로, 입력 파일이 개별로 저장된 입력 파일에 비해 메모리에서 데이터를 읽는 데 필요한 시간이 단축된다. 텐서플로가 TFRecord에 최적화된 많은 구현과 유틸리티를 제공하고 있어 멀티스레드 입력 파이프라인의 일부로 사용하기에 적합하다는 사실 또한 중요한 장점이다.

8.2.1 TFRecordWriter로 쓰기

먼저 입력 파일을 TFRecord 형식으로 작성하여 이를 사용할 수 있게 만들자. 이 예제에서는 MNIST 이미지를 이 형식으로 바꿀 것이다. 같은 방법으로 다른 유형의 데이터도 다룰 수 있다.

우선 tensorflow.contrib.learn의 유틸리티 함수를 사용하여 MNIST 데이터를 save_dir에 내려받는다(*tfrecords_read_write.py*).

```
import os
import tensorflow as tf
from tensorflow.contrib.learn.python.learn.datasets import mnist

save_dir = "path/to/mnist"

# save_dir에 데이터 내려받기
data_sets = mnist.read_data_sets(save_dir,
                                 dtype=tf.uint8,
                                 reshape=False,
                                 validation_size=1000)
```

내려받은 데이터에는 학습, 테스트, 유효성 검증 이미지가 각각 분리되어 들어 있다. 이를 스플릿split이라고 부르고, 각 스플릿에 대해 데이터를 적당한 형식으로 만들어 TFRecordWriter()

를 사용해 디스크에 저장한다.

```
data_splits = ["train","test","validation"]
for d in range(len(data_splits)):
  print("saving " + data_splits[d])
  data_set = data_sets[d]

  filename = os.path.join(save_dir, data_splits[d] + '.tfrecords')
  writer = tf.python_io.TFRecordWriter(filename)
  for index in range(data_set.images.shape[0]):
    image = data_set.images[index].tostring()
    example = tf.train.Example(features=tf.train.Features(feature={
      'height': tf.train.Feature(int64_list=
                                 tf.train.Int64List(value=
                                 [data_set.images.shape[1]])),
      'width': tf.train.Feature(int64_list=
                                tf.train.Int64List(value=
                                [data_set.images.shape[2]])),
      'depth': tf.train.Feature(int64_list=
                                tf.train.Int64List(value=
                                [data_set.images.shape[3]])),
      'label': tf.train.Feature(int64_list=
                                tf.train.Int64List(value=
                                [int(data_set.labels[index])])),
      'image_raw': tf.train.Feature(bytes_list=
                                    tf.train.BytesList(value=
                                    [image]))}))
    writer.write(example.SerializeToString())

  writer.close()
```

이 코드를 쪼개 살펴보며 다양한 구성 요소를 이해해보자.

먼저 **TFRecordWriter** 객체를 인스턴스화할 때 각 데이터 스플릿에 해당하는 경로를 지정했다.

```
filename = os.path.join(save_dir, data_splits[d] + '.tfrecords')
writer = tf.python_io.TFRecordWriter(filename)
```

그다음, 각 이미지에 대해서 넘파이 배열의 값을 바이트 스트링으로 변환한다.

```
image = data_set.images[index].tostring()
```

다음에는 이미지를 프로토콜 버퍼 형식으로 변환한다. tf.train.Example이 예제 데이터를 저장하는 자료구조이다. Example 객체는 Features 객체를 포함하는데, Features 객체는 속성 이름에서 Feature로의 맵을 포함한다. Feature는 하나의 Int64List나 BytesList 또는 FloatList(여기서는 사용되지 않음)를 포함할 수 있다. 예를 들어 다음은 이미지의 레이블을 인코딩한다.

```
tf.train.Feature(int64_list=tf.train.Int64List(value=
                                    [int(data_set.labels[index])]))
```

그리고 다음은 실제 원본 이미지를 인코딩한다.

```
tf.train.Feature(bytes_list=tf.train.BytesList(value=[image]))
```

저장된 데이터가 어떻게 생겼는지를 살펴보자. tf.python_io.tf_record_iterator를 사용하면 된다. TFRecord 파일에서 레코드를 읽을 수 있는 이터레이터^{iterator}이다.

```
filename = os.path.join(save_dir, 'train.tfrecords')
record_iterator = tf.python_io.tf_record_iterator(filename) seralized_img_example=
next(record_iterator)
```

serialized_img는 바이트 스트링이다. TFRecord에 이미지를 저장할 때 사용했던 구조체를 복구하려면 바이트 스트링을 파싱하면 된다. 그러면 앞에서 저장한 모든 속성에 접근할 수 있다.

```
example = tf.train.Example()
example.ParseFromString(seralized_img_example)
image = example.features.feature['image_raw'].bytes_list.value
label = example.features.feature['label'].int64_list.value[0]
width = example.features.feature['width'].int64_list.value[0]
height = example.features.feature['height'].int64_list.value[0]
```

이미지도 바이트 스트링으로 저장되었으므로 이를 넘파이 배열로 되돌려 (28, 28, 1)의 형태를 가진 텐서로 다시 바꾼다.

```
img_flat = np.fromstring(image[0], dtype=np.uint8)
img_reshaped = img_flat.reshape((height, width, -1))
```

여기까지가 TFRecord에 대한 감을 잡을 수 있도록 읽고 쓰는 방법을 알려주는 기본 예제이다. 실무에서는 보통 멀티스레드 프로세스로 TFRecord를 데이터 큐로 읽어 들일 때 사용한다. 다음 절에서는 텐서플로 큐를 소개하고 큐를 TFRecord와 함께 사용하는 방법을 살펴보겠다.

8.3 큐

텐서플로 큐queue는 일반적인 큐와 비슷하게 새 항목을 큐에 넣거나 큐 내의 항목을 꺼내는 등의 일을 할 수 있다. 일반적인 큐와의 가장 큰 차이점은 텐서플로의 다른 구성 요소처럼 큐 역시 연산 그래프의 일부라는 것이다. 다른 노드처럼 큐 연산도 심벌일 뿐이며 그래프의 다른 노드가 큐의 상태를 변경할 수 있다(마치 텐서플로 변수와 같다). 이 때문에 처음에는 조금 혼란스러울 수 있으니 몇 개의 예제를 통해 기본 큐 기능에 익숙해져보자.

8.3.1 큐에 넣고 빼기

여기서는 최대 10개의 항목을 넣을 수 있는 스트링의 선입선출first in, first out (FIFO) 큐를 만든다. 큐는 연산 그래프의 일부이므로 세션 안에서 수행된다. 이 예제에서는 tf.Interactive Session()을 사용한다(*queue_basic.py*).

```
import tensorflow as tf

sess= tf.InteractiveSession()
queue1 = tf.FIFOQueue(capacity=10,dtypes=[tf.string])
```

이 시점에서, 텐서플로는 내부적으로 10개의 항목을 저장하기 위한 메모리 버퍼가 생성한다.

텐서플로의 다른 연산과 마찬가지로 큐에 항목을 추가하기 위해서 연산을 생성한다.

```
enque_op = queue1.enqueue(["F"])
```

지금쯤은 텐서플로의 연산 그래프의 개념에 익숙할 테니 enque_op을 정의하는 것만으로는 큐에 아무것도 추가되지 않는다는 사실에 놀라면 안 된다. 큐에 추가되려면 연산이 실행되어야 한다. 따라서 연산을 실행하기 전 queue1의 크기를 보면 다음과 같다.

```
sess.run(queue1.size())
```

```
Out:
0
```

연산을 하나 실행하고 나면 큐는 하나의 항목을 가질 것이다.

```
enque_op.run()
sess.run(queue1.size())
```

```
Out:
1
```

이제 queue1에 몇 개의 항목을 추가하고 크기를 다시 한번 살펴보자.

```
enque_op = queue1.enqueue(["I"])
enque_op.run()
enque_op = queue1.enqueue(["F"])
enque_op.run()
enque_op = queue1.enqueue(["O"])
enque_op.run()

sess.run(queue1.size())
```

```
Out:
4
```

다음은 큐에서 항목을 제거해볼 차례다. 큐에서 항목을 제거하는 것 또한 연산인데, 이 연산의 출력은 큐에서 제거되는 항목을 담은 텐서이다.

```
x = queue1.dequeue()
x.eval()
```

```
Out:
b'F'
```

```
x.eval()
```

```
Out:
b'I'
```

```
x.eval()
```

```
Out:
b'F'
```

```
x.eval()
```

```
Out:
b'O'
```

여기서 x.eval()을 한 번 더 실행한다면, 큐가 비어 있는 상태이므로 스레드가 먹통이 되어버릴 것이다. 실무에서는 먹통이 되지 않도록 큐에서 꺼내는 것을 멈춰야 할 때를 알 수 있는 코드를 사용한다. 이 장의 뒷부분에서 살펴볼 것이다.

dequeue_many() 연산을 사용하면 큐에서 한꺼번에 여러 개의 항목을 가져올 수도 있다. 이 연산을 사용하려면 미리 항목의 형태를 명시해야 한다.

```
queue1 = tf.FIFOQueue(capacity=10,dtypes=[tf.string],shapes=[()])
```

다음은 앞의 예와 똑같이 채워진 큐에서 한 번에 4개의 항목을 큐에서 꺼내는 코드다.[1]

```
inputs = queue1.dequeue_many(4)
inputs.eval()
```

```
Out:
array([b'F', b'I', b'F', b'O'], dtype=object)
```

8.3.2 멀티스레딩

텐서플로 세션은 멀티스레드로 실행된다. 여러 개의 스레드가 같은 세션을 사용하여 병렬로 연산을 실행한다. 개별 연산은 여러 개의 CPU 코어나 GPU 스레드를 사용하도록 기본적으로 병렬 구현이 되어 있다. 하지만 sess.run()함수의 단일 호출이 가용한 모든 자원을 사용하지 않

---

[1] 옮긴이_ 물론 앞의 코드와 바로 이어서 실행한다면 queue1이 빈 상태라 꺼낼 항목이 없으므로, 실행 전에 항목을 추가해 채워놓아야 한다.

는다면 여러 개의 병렬 호출을 사용해서 처리량을 증가할 수 있다. 여러 스레드를 사용해 이미지를 전처리하고 큐에 밀어 넣으면 다른 스레드가 학습을 실행하기 위해 큐에서 전처리된 이미지를 가져가는 형태의 전형적인 시나리오를 예로 들 수 있다(다음 장에서 이와 관련된 분산 학습에 대해서 다룬다. 멀티스레딩과 분산처리는 다른 개념이다).

몇 개의 간단한 예제를 통해서 텐서플로의 스레딩 및 스레드와 큐 사이의 자연스러운 상호작용을 살펴본 후 MNIST 이미지를 사용한 완전한 예제까지 연결해보자.

우선 100개의 항목을 가진 FIFO 큐를 생성한다. 큐에 넣을 각 항목은 `tf.random_normal()`로 만들어진 임의의 부동소수점 값이다.

```
import threading

gen_random_normal = tf.random_normal(shape=())
queue = tf.FIFOQueue(capacity=100,dtypes=[tf.float32],shapes=())
enque = queue.enqueue(gen_random_normal)

def add():
    for i in range(10):
        sess.run(enque)
```

다시 말하지만 enque 연산은 실제 그래프 수행 전에는 큐에 임의의 숫자를 더하지 않는다(사실 큐가 만들어지지도 않는다). `sess.run()`을 여러번 호출하는 방식으로 큐에 10개의 아이템을 더하는 함수 `add()`를 사용해 큐에 항목을 추가한다.

이어서 10개의 스레드를 생성하는데 각 스레드가 `add()`를 병렬로 수행하며, 각 `add()`는 10개의 항목을 큐에 동기화되지 않은 상태로 넣는다. 이들 임의의 숫자를 대기열에 추가되는 학습 데이터로 생각할 수 있다.

```
threads = [threading.Thread(target=add, args=()) for i in range(10)]

threads
```

```
Out:
[<Thread(Thread-77, initial)>,
 <Thread(Thread-78, initial)>,
 <Thread(Thread-79, initial)>,
 <Thread(Thread-80, initial)>,
```

```
<Thread(Thread-81, initial)>,
<Thread(Thread-82, initial)>,
<Thread(Thread-83, initial)>,
<Thread(Thread-84, initial)>,
<Thread(Thread-85, initial)>,
<Thread(Thread-86, initial)>]
```

다음은 스레드의 리스트를 만들어 이것을 실행하며 큐의 크기가 100까지 증가할 때까지 짧은 간격으로 큐의 크기를 출력하는 코드다.

```
import time

for t in threads:
    t.start()

print(sess.run(queue.size()))
time.sleep(0.01)
print(sess.run(queue.size()))
time.sleep(0.01)
print(sess.run(queue.size()))

Out:
10
84
100
```

마지막으로 dequeue_many ( )를 사용해 한 번에 10개 항목을 꺼내서 출력해보자.

```
x = queue.dequeue_many(10)
print(x.eval())
sess.run(queue.size())

Out:
[ 0.05863889  0.61680967  1.05087686 -0.29185265 -0.44238046  0.53796548
 -0.24784896  0.40672767 -0.88107938  0.24592835]
90
```

8.3.3 Coordinator와 QueueRunner

이 장 뒷부분에서 보게 되겠지만, 현실적인 시나리오에서 멀티스레드를 효과적으로 실행하는 것은 더 복잡할 수 있다. 스레드는 정상적으로 종료될 수 있어야 하고(예를 들어 '좀비' 스레드가 되는 것이나, 하나가 실패 시 나머지 모두가 종료되거나 하는 일은 피해야 한다) 스레드가 중단된 후에는 큐가 닫혀야 하며, 그 밖에도 해결해야 할 여러 중요한 기술적 문제가 있다.

텐서플로는 이 과정에서 도움이 될 만한 도구를 갖추고 있다. 그중에서 핵심은 스레드 셋의 종료를 조정하는 tf.train.Coordinator와 원활한 협조 형태로 데이터를 큐에 넣을 수 있도록 여러 개의 스레드를 얻어오는 과정을 간소화하는 tf.train.QueueRunner이다.

tf.train.Coordinator

일단 tf.train.Coordinator의 사용법을 간단한 예제로 설명한 후 다음 절에서 이를 실제 입력 파이프라인의 일부로 사용하는 방법을 살펴볼 것이다.

앞 절과 비슷한 코드를 사용하며, add() 함수를 변경해 coordinator를 추가한다.[2]

```
gen_random_normal = tf.random_normal(shape=())
queue = tf.FIFOQueue(capacity=100,dtypes=[tf.float32],shapes=())
enque = queue.enqueue(gen_random_normal)

def add(coord,i):
    while not coord.should_stop():
        sess.run(enque)
        if i == 11:
            coord.request_stop()

coord = tf.train.Coordinator()
threads = [threading.Thread(target=add, args=(coord,i)) for i in range(10)]
coord.join(threads)

for t in threads:
    t.start()

print(sess.run(queue.size()))
time.sleep(0.01)
```

----

2 옮긴이_ 깃허브 파일에는 if i == 11이 if i == 1로 작성되어 있다. 이렇게 한 이유는 바로 뒤에서 설명한다.

```
print(sess.run(queue.size()))
time.sleep(0.01)
print(sess.run(queue.size()))
```

```
Out:
10
100
100
```

어떤 스레드건 coord.request_stop()을 호출해서 다른 모든 스레드를 중단할 수 있다. 스레
드는 일반적으로 coord.should_stop()을 사용해서 중단할지의 여부를 확인하는 루프를 실
행한다. 여기서는 add()에 스레드의 인덱스 i를 전달하고 절대로 충족되지 않는 조건(i==11)
을 중단을 요청하는 조건으로 사용했다. 따라서 예제의 스레드는 전체 100개의 항목을 큐에 추
가하는 작업을 완료한다. 하지만 add()를 다음과 같이 변경하면 어떨까?

```
def add(coord,i):
    while not coord.should_stop():
        sess.run(enque)
        if i == 1:
            coord.request_stop()
```

인덱스가 1인 스레드(i==1)는 코디네이터를 통해 모든 스레드가 중지하도록 요청한다. 따라
서 큐에 넣는 작업이 조기에 종료된다.

```
print(sess.run(queue.size()))
time.sleep(0.01)
print(sess.run(queue.size()))
time.sleep(0.01)
print(sess.run(queue.size()))
```

```
Out:
10
17
17
```

tf.train.QueueRunner와 tf.RandomShuffleQueue

큐에 넣은 연산을 반복적으로 수행하는 다수의 스레드를 생성할 수도 있지만, 이보다는 기본
제공되는 tf.train.QueueRunner를 사용하는 것이 더 좋다. 완전히 동일한 일을 하면서도 예

외 상황에서는 큐를 닫아준다.

다음 예제에서는 항목을 큐에 넣는 4개의 스레드를 병렬로 실행하는 큐 실행자를 생성한다.

```
gen_random_normal = tf.random_normal(shape=())
queue = tf.RandomShuffleQueue(capacity=100,dtypes=[tf.float32],
                              min_after_dequeue=1)
enqueue_op = queue.enqueue(gen_random_normal)

qr = tf.train.QueueRunner(queue, [enqueue_op] * 4)
coord = tf.train.Coordinator()
enqueue_threads = qr.create_threads(sess, coord=coord, start=True)
coord.request_stop()
coord.join(enqueue_threads)
```

qr.create_threads()는 코디네이터와 함께 세션을 인수로 사용한다.

이 예제에서는 FIFO 큐 대신 tf.RandomShuffleQueue를 사용했다. RandomShuffleQueue는 항목을 꺼낼 때 순서가 무작위인 큐이다. 이 큐는 데이터의 순서를 섞을 필요가 있는 확률적 경사 하강법(SGD) 최적화 함수를 사용해 심층신경망을 학습시킬 때 유용하다. min_after_dequeue 인수는 항목 꺼내기 연산을 호출한 후 큐에 남아 있을 항목의 최소 개수를 지정한다. 이 값이 크면 더 잘 섞이지만(무작위 샘플링의 효과가 커지지만), 더 많은 메모리가 필요해진다.

8.4 완전한 멀티스레드 입력 파이프라인

이제 데이터를 로딩하고 전처리하는 과정에서 텐서플로에서 제공하는 효율적인 파일 형식에 데이터를 써보는 것부터 모델을 학습시키는 것까지의 모든 조각을 모아서 MNIST 이미지를 사용한 예제를 동작시켜보자. 앞에서 설명한 큐와 멀티스레딩 기능을 사용해서 구축할 것이다. 이때 텐서플로에서 데이터를 읽고 처리하는 데 도움이 되는 구성 요소 몇 개를 추가로 소개한다.

이 장의 처음에 사용했던 코드를 사용해 TFRecord에 MNIST 데이터를 쓰는 것부터 시작하자 (*tfrecords_end_to_end.py*).

```
import os
import tensorflow as tf
```

```
from tensorflow.contrib.learn.python.learn.datasets import mnist
import numpy as np

save_dir = "path/to/mnist"

# save_dir에 데이터를 내려받는다
data_sets = mnist.read_data_sets(save_dir,
                                 dtype=tf.uint8,
                                 reshape=False,
                                 validation_size=1000)

data_splits = ["train","test","validation"]
for d in range(len(data_splits)):
  print("saving " + data_splits[d])
  data_set = data_sets[d]

  filename = os.path.join(save_dir, data_splits[d] + '.tfrecords')
  writer = tf.python_io.TFRecordWriter(filename)
  for index in range(data_set.images.shape[0]):
    image = data_set.images[index].tostring()
    example = tf.train.Example(features=tf.train.Features(feature={
      'height': tf.train.Feature(int64_list=
                                  tf.train.Int64List(value=
                                  [data_set.images.shape[1]])),
      'width': tf.train.Feature(int64_list=
                                  tf.train.Int64List(value=
                                  [data_set.images.shape[2]])),
      'depth': tf.train.Feature(int64_list=
                                  tf.train.Int64List(value=
                                  [data_set.images.shape[3]])),
      'label': tf.train.Feature(int64_list=
                                  tf.train.Int64List(value=
                                  [int(data_set.labels[index])])),
      'image_raw': tf.train.Feature(bytes_list=
                                  tf.train.BytesList(value=
                                  [image]))}))
    writer.write(example.SerializeToString())
  writer.close()
```

8.4.1 tf.train.string_input_producer()와 tf.TFRecordReader()

tf.train.string_input_producer()는 내부에서 QueueRunner를 생성해 입력 파이프파인

을 구성하기 위한 파일명 스트링들을 큐에 출력한다. 이 파일명 큐는 여러 스레드가 공유할 것이다.[3]

```
filename = os.path.join(save_dir ,"train.tfrecords")
filename_queue = tf.train.string_input_producer(
    [filename], num_epochs=10)
```

num_epochs 인수는 string_input_producer()에 각 파일명 스트링을 num_epochs 횟수만큼 생성하도록 지시한다.

그다음 TFRecordReader()를 사용해 큐에서 파일명을 읽는다. 즉 파일명의 큐를 가져와 filename_queue의 파일명을 사용해 파일명을 큐에서 꺼낸다. 내부적으로 TFRecordReader()는 그래프의 상태를 이용해 디스크에서 입력 데이터의 '지금까지 읽은 덩어리 이후의 다음 덩어리'를 로드할 때 읽어야 할 TFRecord의 위치를 추적한다.

```
reader = tf.TFRecordReader()
_, serialized_example = reader.read(filename_queue)
features = tf.parse_single_example(
    serialized_example,
    features={
        'image_raw': tf.FixedLenFeature([], tf.string),
        'label': tf.FixedLenFeature([], tf.int64),
    })
```

8.4.2 tf.train.shuffle_batch()

원본 바이트 스트링 데이터를 디코딩하고 픽셀 값을 부동소수점 값으로 변환하는 가장 기본적인 전처리를 수행한다. 그다음 이미지 인스턴스를 임의로 셔플하고 tf.train.shuffle_batch()를 사용해 이를 batch_size만큼의 배치 데이터로 모은다. tf.train.shuffle_batch()는 내부적으로 RandomShuffleQueue를 사용해 이 큐에 batch_size + min_after_dequeue만큼의 항목이 쌓일 때까지 인스턴스를 쌓는다.

```
image = tf.decode_raw(features['image_raw'], tf.uint8)
```

---

3 옮긴이_ 깃허브 파일에는 save_dir 대신 경로가 하드코딩되어 있다.

```
image.set_shape([784])
image = tf.cast(image, tf.float32) * (1. / 255) - 0.5
label = tf.cast(features['label'], tf.int32)
# 랜덤한 인스턴스를 배치에 모은다.
images_batch, labels_batch = tf.train.shuffle_batch(
    [image, label], batch_size=128,
    capacity=2000,
    min_after_dequeue=1000)
```

capacity와 min_after_dequeue 매개변수는 앞에서 설명한 것과 같은 방식으로 사용된다. shuffle_batch()에서 반환하는 미니배치는 내부에서 생성된 RandomShuffleQueue에 dequeue_many() 함수를 호출해서 만들어진다.

8.4.3 tf.train.start_queue_runners()와 전체 요약

간단한 소프트맥스 분류 모델을 다음과 같이 정의한다.

```
W = tf.get_variable("W", [28*28, 10])
y_pred = tf.matmul(images_batch, W)
loss = tf.nn.sparse_softmax_cross_entropy_with_logits(logits=y_pred,
                                                      labels=labels_batch)

loss_mean = tf.reduce_mean(loss)

train_op = tf.train.AdamOptimizer().minimize(loss)

sess = tf.Session()
init = tf.global_variables_initializer()
sess.run(init)
init = tf.local_variables_initializer()
sess.run(init)
```

마지막으로 tf.train.start_queue_runners()를 호출해 큐에 데이터를 넣는 스레드를 만든다. 다른 호출과 달리 이 호출은 심벌에 그치지 않고 실제로 스레드를 생성한다(그래서 초기화 이후에 이루어져야 한다).[4]

----

[4] 옮긴이_ 깃허브 파일에는 아래 코드의 3행(threads = tf.train.start_queue_runners(sess=sess,coord=coord))이 누락되어 있다.

```
# 코디네이터
coord = tf.train.Coordinator()
threads = tf.train.start_queue_runners(sess=sess,coord=coord)
```

만들어진 스레드의 리스트를 살펴보자.

```
threads
```

```
Out:
[<Thread(Thread-483, stopped daemon 13696)>,
 <Thread(Thread-484, started daemon 16376)>,
 <Thread(Thread-485, started daemon 4320)>,
 <Thread(Thread-486, started daemon 13052)>,
 <Thread(Thread-487, started daemon 7216)>,
 <Thread(Thread-488, started daemon 4332)>,
 <Thread(Thread-489, started daemon 16820)>]
```

모든 작업이 완료되었으므로 배치 데이터를 읽어 들여 전처리해서 큐에 넣는 것부터 모델을
학습시키는 것까지 멀티스레드 프로세스를 실행할 준비가 끝났다. 앞에서 계속 보아온 feed_
dict 인수를 사용하지 않는다는 점에 주목하자. 데이터 복사를 하지 않으므로 속도가 향상된다.

```
try:
  step = 0
  while not coord.should_stop():
      step += 1
      sess.run([train_op])
      if step%500==0:
          loss_mean_val = sess.run([loss_mean])
          print(step)
          print(loss_mean_val)
except tf.errors.OutOfRangeError:
    print('Done training for %d epochs, %d steps.' % (NUM_EPOCHS, step))
finally:
    # 완료되면 스레드 정지를 요청한다
    coord.request_stop()

# 스레드가 완료되길 기다림
coord.join(threads)
sess.close()
```

tf.errors.OutOfRangeError 오류가 발생할 때까지 학습하는데, 이 오류가 발생했다는 것은 큐가 비어서 작업이 완료되었음을 뜻한다.

```
Out:
Done training for 10 epochs, 2299500 steps.
```

> **NOTE_ 입력 파이프라인의 발전 방향**
> 2017년 중반에 텐서플로 개발팀은 간단하고 빠른 새로운 (예비) 입력 파이프라인 추상화인 데이터셋 API
> 를 발표했다. 이 장에서 소개한 TFRecord와 큐와 같은 개념은 이 API의 기본이 되어 텐서플로와 입력 파
> 이프라인 프로세스의 핵심으로 남아 있다. 텐서플로는 여전히 개발 중이며 시간이 지날수록 더 흥미롭고 중
> 요한 변화가 자연스럽게 나타날 것이다. 자세한 내용은 문서를 참고하자(*https://www.tensorflow.org/*
> *programmers_guide/datasets*).

8.5 마치며

이 장에서 텐서플로에서 큐와 스레드를 사용하는 방법과 멀티스레드 입력 파이프라인을 만드는 방법을 살펴보았다. 이 과정을 통해 처리량과 자원의 활용도를 높일 수 있다. 다음 장에서는 한 발 더 나아가 텐서플로를 분산 환경에서 여러 개의 디바이스와 기계 상에서 동작시키는 방법을 보여준다.

## CHAPTER 9

분산 텐서플로

이 장에서는 분산 컴퓨팅 환경에서 텐서플로를 사용하는 방법을 다룬다. 먼저 일반적인 머신러닝, 특히 딥러닝에서 모델의 학습을 분산시키는 여러 가지 접근법을 간단하게 살펴본다. 그다음 분산 컴퓨팅을 지원하도록 설계된 텐서플로의 요소를 소개하고 마지막에 이들을 모아서 완전한 예제로 결합한다.

9.1 분산 컴퓨팅

가장 일반적인 의미의 분산 컴퓨팅은 원하는 계산을 수행하거나 목표를 달성하기 위해서 둘 이상의 장치 구성 요소를 활용하는 것이다. 텐서플로에서는 딥러닝 모델의 학습의 속도를 향상하기 위해서 여러 대의 기계를 사용하는 것을 의미한다.

분산 컴퓨팅의 기본 아이디어는 더 많은 컴퓨팅 파워를 사용하여 같은 모델을 더 빨리 학습할 수 있어야 한다는 것이다. 맞는 말이긴 하나 얼마나 더 빨라질지는 여러 요인에 따라 달라진다 (예를 들어 10배의 자원을 사용한다고 해서 10배 더 빨라지기를 원한다면 대부분 결과에 실망할 것이다).

머신러닝에서는 여러 가지 방법으로 계산을 분산시킬 수 있다. 단일 머신이나 클러스터상에서 다중 장비를 사용하길 원할 수도 있다. 단일 모델을 학습할 때 클러스터에 걸친 경삿값에 대해 동기식 혹은 비동기식 계산으로 학습 속도를 높이기를 원할 수 있다. 하나의 클러스터를 여러 개의 모델을 동시에 학습하는 데 사용하거나 단일 모델의 최적 매개변수를 찾는 데 사용할 수도 있다.

다음 절에서 이러한 병렬처리의 여러 측면을 설명한다.

9.1.1 분산이 이루어지는 곳은 어디일까?

병렬화 유형 분류를 첫 번째로 가르는 요인은 분산의 위치이다. 다중 연산 디바이스를 사용하는 곳이 단일 컴퓨터인가, 클러스터인가?

단일 컴퓨터에 여러 개의 디바이스[1]로 강력한 하드웨어를 사용하는 것이 점차 보편화되고 있다. 아마존 웹 서비스와 같은 클라우드 제공 업체는 구성이 끝나 바로 사용할 준비가 된 이런 유형의 플랫폼 제품을 공급한다.

클라우드건 온프레미스건 간에 클러스터 구성은 설계와 개선 면에서 더 많은 유연성을 제공하며 동일한 보드상의 다수의 장비를 갖춘 현재 사용 가능한 컴퓨터 이상으로 환경을 확장할 수 있다(본질적으로 사용할 수 있는 클러스터의 크기는 얼마든 될 수 있다).

한편, 동일한 보드상의 여러 디바이스는 메모리를 공유할 수 있지만 클러스터 접근 방법은 노드 간의 통신 비용이 발생한다. 이 비용은 공유해야 하는 정보의 양이 많고 통신이 상대적으로 느린 경우 제약 사항이 될 수 있다.

9.1.2 병렬화의 목적이 무엇인가?

두 번째의 갈림길은 실행 목표이다. 더 많은 하드웨어를 사용해 같은 프로세스의 수행 속도를 높이기를 원하는가, 또는 여러 모델의 학습을 병렬화하기를 원하는가?

모델이나 하이퍼파라미터와 관련된 선택을 해야 하는 개발 단계에서는 여러 모델을 학습해야 하는 경우가 자주 발생한다. 이 경우 여러 옵션을 실행해보고 최적의 옵션을 선택하는 것이 일반적이며, 이런 작업은 병렬로 수행하는 것이 자연스럽다.

이와 달리 단일(그리고 보통은 커다란) 모델을 학습할 때에도 클러스터를 학습 속도 향상에 사

---

1 옮긴이_ 여러 개의 CPU나 GPU를 장착한 단일 시스템을 의미한다.

용할 수 있다. **데이터 병렬화**data parallelism이라고 불리는 가장 일반적인 접근 방법은 동일한 모델 구조가 각 연산 디바이스에 별도로 존재하며 복사된 각 모델을 실행시켜 데이터를 병렬처리한다.

예를 들어 경사 하강법으로 딥러닝 모델을 학습할 때의 과정은 다음과 같다.

1. 배치 학습 예제로 경삿값을 계산한다.
2. 경삿값을 모은다.
3. 모델 매개변수를 갱신한다.

이 과정의 1단계는 병렬처리에 적합하다. 여러 디바이스를 사용해 (서로 다른 학습 데이터 예제에 대한) 경삿값을 계산한 후 계산 결과를 모은 후 2단계에서 이를 요약한다. 이것이 일반적인 경우이다.

> **NOTE_ 동기 대 비동기 데이터 병렬처리**
> 방금 설명한 프로세스에서, 다른 학습 데이터 예제로부터 구한 경삿값은 모델 매개변수를 한 번에 업데이트하기 위해 모아서 집계된다. 이를 **동기식**synchronous 학습이라고 하는데 모든 노드가 경삿값 계산을 완료할 때까지 기다려야 하는 시점이 합계 단계에 따라 정해지기 때문이다.
> 동기화 때문에 가장 느린 노드의 결과를 기다려야 하므로 서로 다른 기종으로 컴퓨터 자원을 구성했을 때는 동기화 병렬처리를 피하는 것이 나을 수도 있다.
> 이에 대한 대안인 **비동기식**asynchronous은 각 노드가 할당된 학습 예제에 대한 경삿값 계산을 마친 후 독자적으로 갱신 단계를 적용한다.

9.2 텐서플로의 병렬처리 요소

이 절에서는 병렬 계산에 사용되는 텐서플로의 요소와 개념에 대해 설명한다. 완전한 개괄은 아니며 병렬처리 예제의 소개를 중심으로 한다.

9.2.1 tf.app.flags

병렬 컴퓨팅과 전혀 상관이 없지만 이 장의 마지막에 보여줄 예제를 이해하는 데 꼭 필요한 메커니즘부터 시작해보자. 사실 플래그(flags) 메커니즘은 텐서플로 예제에서 많이 사용되므로 한번 짚고 넘어가는 게 좋다.

본질적으로 tf.app.flags는 파이썬 argparse 모듈의 래퍼이다. 이 모듈은 보통 명령줄 인수를 처리하는 데 사용되며 거기에 일부 특수 기능이 추가되어 있다.

예를 들어 일반적인 명령줄 인수를 가진 파이썬 명령줄 프로그램을 가정해보자.

```
'python distribute.py --job_name="ps" --task_index=0'
```

distribute.py 프로그램에 전달되는 내용은 다음과 같다.

```
job_name="ps"
task_index=0
```

그러면 다음과 같이 파이썬 스크립트 안에서 이 정보를 추출할 수 있다.

```
tf.app.flags.DEFINE_string("job_name", "", "name of job")
tf.app.flags.DEFINE_integer("task_index", 0, "Index of task")
```

이때 인수(스트링과 정수 모두)는 명령줄에서의 이름, 기본값, 인수에 대한 설명으로 정의된다.

flags 메커니즘으로 사용할 수 있는 인수 유형은 다음과 같다.

- tf.app.flags.DEFINE_string은 스트링 값을 정의한다.
- tf.app.flags.DEFINE_boolean은 참거짓 값을 정의한다.
- tf.app.flags.DEFINE_float는 부동소수점 값을 정의한다.
- tf.app.flags.DEFINE_integer는 정수를 정의한다.

마지막으로, tf.app.flags.FLAGS는 명령줄 입력에서 파싱된 모든 인수의 값을 포함하는 구조체이다. 이 인수는 FLAGS.arg로 접근할 수 있으며 필요하다면 FLAGS.__flags 딕셔너리로도 접근 가능하다(하지만 FLAGS.arg를 사용하기를 강력하게 권한다. 그렇게 사용하도록 설계된 것이다).

9.2.2 클러스터와 서버

텐서플로 클러스터는 연산 그래프의 병렬처리에 참여하는 노드들(달리 말하면, 태스크들)의 집합일 뿐이다. 각 태스크는 접근할 수 있는 네트워크 주소로 정의된다. 예를 들면 다음과 같다.

```
parameter_servers = ["localhost:2222"]
workers = ["localhost:2223",
           "localhost:2224",
           "localhost:2225"]
cluster = tf.train.ClusterSpec({"parameter_server": parameter_servers,
                                "worker": workers})
```

위 예제에는 네 개의 로컬 태스크가 정의되어 있다(localhost:*XXXX*는 현재 장비의 *XXXX* 포트를 나타내며 다중 컴퓨터 환경이라면 localhost 대신 IP 주소가 들어갈 것이다). 태스크는 하나의 **매개변수 서버**parameter server와 세 개의 **워커**worker로 나뉜다. 매개변수 서버와 워커의 역할은 잡job이라고 부른다. 이 장 뒷부분의 학습 과정에서 이들 각각이 하는 일을 설명한다.

각 태스크는 텐서플로 서버를 실행한다. 이를 통해 실제 계산을 위해서 로컬 자원을 사용하고 병렬처리를 용이하게 하도록 클러스터 내의 다른 태스크와 통신한다.

클러스터를 정의하기 위한 첫 번째 워커 노드의 서버(즉 localhost:2223)는 예를 들어 다음과 같이 시작한다.

```
server = tf.train.Server(cluster,
                         job_name="worker",
                         task_index=0)
```

Server()에 전달하는 인수에는 클러스터 내의 다른 멤버의 식별값과 주소뿐 아니라 자기 자신의 식별값도 포함되어 있어야 한다.

클러스터와 서버를 정의했으면 병렬 계산을 진행할 수 있는 연산 그래프를 작성한다.

9.2.3 디바이스 간 연산 그래프 복제

앞에서 언급한 것처럼 병렬로 학습을 수행하는 여러 방법이 있다. 9.2.5절에서 클러스터의 특정 태스크에 연산을 직접 배치하는 방법을 간단하게 설명한다. 여기서는 그래프 간 복제에 필요한 내용을 설명한다.

그래프 간 복제between-graph replication는 개별적이지만 동일한 연산 그래프가 각각의 워크 태스크상에 구성되어 있는 일반적인 병렬화 모드를 의미한다. 학습 과정에서 경삿값은 각각의 워커에 의해 계산되고 매개변수 서버에 의해 결합되는데, 매개변수 서버는 현재 버전의 매개변수와 학습에 영향을 줄 수 있는 다른 전역 요소(예를 들어 전역 단계 카운터 등)를 추적한다.

각 태스크에 모델(연산 그래프)을 복제하려면 `tf.train.replica_device_setter()`를 사용한다. `worker_device` 인수는 클러스터상의 현재 태스크를 가리켜야 한다. 예를 들어 첫 번째 워커에서는 다음과 같이 실행한다.

```
with tf.device(tf.train.replica_device_setter(
        worker_device="/job:worker/task:%d" % 0,
        cluster=cluster)):
    # 모델 구축...
```

예외가 있다면 연산 그래프를 작성하지 않는 매개변수 서버이다. 매개변수 서버에서는 프로세스가 종료되지 않도록 다음 코드를 사용한다.

```
server.join()
```

이를 통해 병렬 계산 과정 동안 매개변수 서버가 살아 있도록 유지한다.

9.2.4 관리 세션

이 절에서는 모델의 병렬 학습을 위해 나중에 사용해볼 메커니즘에 대해 설명한다. 먼저 Supervisor를 정의한다.

```
sv = tf.train.Supervisor(is_chief=...,
                         logdir=...,
                         global_step=...,
                         init_op=...)
```

이름에서 유추할 수 있듯, Supervisor는 학습을 관리하는 용도로 사용되며 병렬 환경을 설정하는 데 필요한 몇몇 유틸리티를 제공한다. 4개의 인수가 필요하다.

| is_chief(*Boolean*) |

초기화 등을 책임지는 태스크로서 하나의 **두목**chief이 반드시 있어야 한다.

| logdir(*string*) |

로그를 저장할 경로다.

| global_step |

학습이 진행되는 동안 현재의 전역 스텝의 값을 추적할 텐서플로 변수다.

| init_op |

tf.global_variables_initializer()와 같은 모델을 초기화하는 데 사용할 텐서플로 연산이다.

이제 실제 세션을 다음과 같이 시작한다.

```
with sv.managed_session(server.target) as sess:
    # 학습...
```

이 시점에서 두목은 변수를 초기화하고 다른 모든 태스크는 초기화가 완료될 때까지 대기한다.

9.2.5 디바이스 배치

이 절에서 설명하는 마지막 텐서플로 메커니즘은 **디바이스 배치**device placement이다. 이 주제를 전부 다루는 것은 이 장의 범위를 넘어서지만, 고급 시스템을 엔지니어링할 때 매우 유용한 기능이므로 언급하지 않고 지나갈 수는 없다.

CPU, GPU나 이들을 여러 방식으로 조합한 여러 연산 디바이스를 갖춘 환경에서, 연산 그래프상의 개별 연산이 수행되는 위치를 제어할 수 있다면 유용한 경우가 많다. 이를 통해 병렬처리를 더 잘 활용할 수 있으며, 서로 다른 디바이스의 서로 다른 능력을 더 잘 활용할 수 있고, 특정 디바이스의 메모리 제한 같은 한계를 극복할 수도 있다.

명시적으로 디바이스 배치를 지정하지 않아도 필요에 따라 텐서플로는 배치 현황을 출력한다. 세션을 구성할 때 다음과 같이 출력을 활성화한다.

```
tf.Session(config=tf.ConfigProto(log_device_placement=True))
```

명시적으로 디바이스를 선택하려면 다음과 같이 한다.

```
with tf.device('/gpu:0'):
  op = ...
```

'gpu:0'은 시스템의 첫 번째 GPU를 가리킨다. 마찬가지로 'cpu:0'을 사용해 CPU에 연산을 배치할 수 있고 다중 GPU 환경에서는 'gpu:X'를 사용해 사용하고 싶은 GPU의 인덱스 X를 지정할 수 있다.

마지막으로, 클러스터 내 배치는 특정 태스크를 지목하여 수행한다. 예를 들어 다음과 같은 식이다.

```
with tf.device("/job:worker/task:2"):
  op = ...
```

이 경우 클러스터 명세에 정의된 세 번째 워커 태스크에 할당될 것이다.

NOTE_ CPU 간 배치

기본적으로 텐서플로는 시스템에서 사용 가능한 모든 CPU를 사용하고 내부적으로 스레드를 관리한다. 따라서 '/cpu:0'으로 디바이스 배치를 하면 전체 CPU를 모두 사용하며 여러 개의 CPU가 있는 환경에서도 '/cpu:1'은 기본적으로 존재하지 않는다.

특정 CPU에 수동으로 할당하려면(꼭 그래야만 한다면. 꼭 그럴 이유가 없다면 그냥 텐서플로에 맡기자) CPU를 분리하라는 지시를 담아 세션을 정의해야 한다.

```
config = tf.ConfigProto(device_count={"CPU": 8},
                        inter_op_parallelism_threads=8,
                        intra_op_parallelism_threads=1)
sess = tf.Session(config=config)
```

여기서 정의한 두 개의 매개변수는 다음과 같은 뜻이다.

- inter_op_parallelism_threads=8은 서로 다른 연산에 대해 8개의 스레드를 허용한다는 뜻이다.
- intra_op_parallelism_threads=1은 각 연산이 단일 스레드임을 가리킨다.

위의 설정은 CPU가 8개인 시스템용 예제다.

9.3 분산 예제

이 절에서는 4장에서 다룬 MNIST CNN 모델을 분산 학습시키는 완전한 예제를 통해 앞에서 설명한 요소들을 통합한다. 여기서는 하나의 매개변수 서버와 세 개의 워커 태스크를 사용한다. 테스트를 쉽게 하기 위해서 모든 태스크는 단일 컴퓨터에서 로컬로 실행되고 있다고 가정한다(앞에서 설명한 것처럼 localhost를 IP 주소로 바꾸기만 하면 다중 컴퓨터 환경에 적용할 수 있다). 다른 예제와 마찬가지로 전체 코드를 제시한 후 각 부분을 나누어 설명한다 (*distribute.py*).

```python
import tensorflow as tf
from tensorflow.contrib import slim
from tensorflow.examples.tutorials.mnist import input_data


BATCH_SIZE = 50
TRAINING_STEPS = 5000
PRINT_EVERY = 100
LOG_DIR = "/tmp/log"

parameter_servers = ["localhost:2222"]
workers = ["localhost:2223",
           "localhost:2224",
           "localhost:2225"]

cluster = tf.train.ClusterSpec({"ps": parameter_servers, "worker": workers})


tf.app.flags.DEFINE_string("job_name", "", "'ps' / 'worker'")
tf.app.flags.DEFINE_integer("task_index", 0, "Index of task")
FLAGS = tf.app.flags.FLAGS
```

```
server = tf.train.Server(cluster,
                         job_name=FLAGS.job_name,
                         task_index=FLAGS.task_index)

mnist = input_data.read_data_sets('MNIST_data', one_hot=True)


def net(x):
    x_image = tf.reshape(x, [-1, 28, 28, 1])
    net = slim.layers.conv2d(x_image, 32, [5, 5], scope='conv1')
    net = slim.layers.max_pool2d(net, [2, 2], scope='pool1')
    net = slim.layers.conv2d(net, 64, [5, 5], scope='conv2')
    net = slim.layers.max_pool2d(net, [2, 2], scope='pool2')
    net = slim.layers.flatten(net, scope='flatten')
    net = slim.layers.fully_connected(net, 500, scope='fully_connected')
    net = slim.layers.fully_connected(net, 10, activation_fn=None,
                                      scope='pred')
    return net


if FLAGS.job_name == "ps":
    server.join()
elif FLAGS.job_name == "worker":
    with tf.device(tf.train.replica_device_setter(
            worker_device="/job:worker/task:%d" % FLAGS.task_index,
            cluster=cluster)):

        global_step = tf.get_variable('global_step', [],
                                      initializer=tf.constant_initializer(0),
                                      trainable=False)

        x = tf.placeholder(tf.float32, shape=[None, 784], name="x-input")
        y_ = tf.placeholder(tf.float32, shape=[None, 10], name="y-input")
        y = net(x)
        cross_entropy = tf.reduce_mean(
                tf.nn.softmax_cross_entropy_with_logits(y, y_))
        train_step = tf.train.AdamOptimizer(1e-4)\
                .minimize(cross_entropy, global_step=global_step)

        correct_prediction = tf.equal(tf.argmax(y, 1), tf.argmax(y_, 1))
        accuracy = tf.reduce_mean(tf.cast(correct_prediction, tf.float32))

        init_op = tf.global_variables_initializer()
```

```
sv = tf.train.Supervisor(is_chief=(FLAGS.task_index == 0),
                         logdir=LOG_DIR,
                         global_step=global_step,
                         init_op=init_op)

with sv.managed_session(server.target) as sess:
    step = 0

    while not sv.should_stop() and step <= TRAINING_STEPS:
        batch_x, batch_y = mnist.train.next_batch(BATCH_SIZE)

        _, acc, step = sess.run([train_step, accuracy, global_step],
                                feed_dict={x: batch_x, y_: batch_y})

        if step % PRINT_EVERY == 0:
            print("Worker : {}, Step: {}, Accuracy (batch): {}".\
                format(FLAGS.task_index, step, acc))

    test_acc = sess.run(accuracy, feed_dict={x: mnist.test.images,
                                             y_: mnist.test.labels})
    print("Test-Accuracy: {}".format(test_acc))

sv.stop()
```

이 분산 예제를 실행하기 위해 4개의 서로 다른 터미널에서 각 태스크를 디스패치하기 위한 명령을 4번 실행한다(어떤 일이 일어나는지 잠시 후 설명할 것이다).

```
python distribute.py --job_name="ps" --task_index=0
python distribute.py --job_name="worker" --task_index=0
python distribute.py --job_name="worker" --task_index=1
python distribute.py --job_name="worker" --task_index=2
```

혹은 다음 코드와 같은 코드로 4개의 태스크를 디스패치할 수도 있다. 사용 중인 시스템에 따라 출력은 하나의 터미널 혹은 4개의 개별 터미널로 전송될 것이다(*distribute-run.py*).

```
import subprocess
subprocess.Popen('python distribute.py --job_name="ps" --task_index=0',
                shell=True)
subprocess.Popen('python distribute.py --job_name="worker" --task_index=0',
                shell=True)
```

```
subprocess.Popen('python distribute.py --job_name="worker" --task_index=1',
                 shell=True)
subprocess.Popen('python distribute.py --job_name="worker" --task_index=2',
                 shell=True)
```

이제 예제 코드의 각 부분을 살펴보면서 이 책에서 지금까지 다룬 예제와 다른 부분을 확인해 보자.

첫 번째 블록은 임포트와 상수를 다루는 부분이다.

```
import tensorflow as tf
from tensorflow.contrib import slim
from tensorflow.examples.tutorials.mnist import input_data


BATCH_SIZE = 50
TRAINING_STEPS = 5000
PRINT_EVERY = 100
LOG_DIR = "/tmp/log"
```

여기서 정의하는 상수들의 의미는 다음과 같다.

| BATCH_SIZE |

각 미니배치의 학습 과정에서 사용하는 예제의 수.

| TRAINING_STEPS |

학습 과정에서 사용할 미니배치의 전체 수.

| PRINT_EVERY |

진단 정보를 출력하는 빈도. 예제에서는 모든 태스크를 통틀어 현재 스텝의 단일 카운터만 있으므로 특정 단계의 print는 단일 태스크에서만 일어날 것이다.

| LOG_DIR |

학습 슈퍼바이저는 이 경로에 로그 파일과 임시 정보를 저장한다. 과거 정보가 남아 있으면 다음 세션이 중단될 수도 있으므로 프로그램을 실행할 때마다 이 디렉터리의 파일을 지워야 한다.

이어서 이 장의 앞에서 설명한 대로 클러스터를 정의하는 부분이다.

```
parameter_servers = ["localhost:2222"]
workers = ["localhost:2223",
           "localhost:2224",
           "localhost:2225"]

cluster = tf.train.ClusterSpec({"ps": parameter_servers, "worker": workers})
```

모든 작업은 로컬에서 실행된다. 여러 컴퓨터를 사용하려면 localhost를 정확한 IP 주소로 바꾸면 된다. 2222~2225포트도 임의로 정한 값이다. 단일 머신을 사용할 때 이 값은 모두 고유한 값으로 서로 겹치지 않아야 한다. 분산 환경에서는 모든 머신이 같은 포트 번호를 사용해도 된다.

다음은 tf.app.flags 메커니즘을 사용하여 각 태스크에서 프로그램을 호출할 때 명령줄을 통해 제공할 두 개의 매개변수를 정의한다.

```
tf.app.flags.DEFINE_string("job_name", "", "'ps' / 'worker'")
tf.app.flags.DEFINE_integer("task_index", 0, "Index of task")
FLAGS = tf.app.flags.FLAGS
```

각 매개변수의 의미는 다음과 같다.

| job_name |
예제에서 단일 매개변수 서버는 'ps'이며 각 워커 태스크는 'worker'이다.

| task_index |
각 잡의 유형별 태스크 인덱스이다. 따라서 매개변수 서버는 task_index = 0을 사용하고 워커는 0, 1, 2의 값을 가진다.

이제 현재 태스크의 서버를 정의하기 위해 정의된 클러스터 내 현재 태스크의 식별값을 사용할 수 있다. 네 개의 태스크 각각에서도 이 식별값을 사용할 수 있다는 점에 주목하자. 네 개의 태스크 각각은 자신의 식별값(job_name, task_index)뿐 아니라 클러스터 내의 다른 태스크들의 식별값도 알고 있다(첫 번째 인수가 이를 제공한다).

```
server = tf.train.Server(cluster,
                         job_name=FLAGS.job_name,
                         task_index=FLAGS.task_index)
```

실제 학습을 시작하기 전 네트워크를 정의하고 사용할 데이터를 로드한다. 이전의 예제에서 했던 것과 비슷하므로 여기서 다시 자세하게 설명하지 않는다. TF-Slim을 사용해 간결하게 구현했다.

```
mnist = input_data.read_data_sets('MNIST_data', one_hot=True)

def net(x):
    x_image = tf.reshape(x, [-1, 28, 28, 1])
    net = slim.layers.conv2d(x_image, 32, [5, 5], scope='conv1')
    net = slim.layers.max_pool2d(net, [2, 2], scope='pool1')
    net = slim.layers.conv2d(net, 64, [5, 5], scope='conv2')
    net = slim.layers.max_pool2d(net, [2, 2], scope='pool2')
    net = slim.layers.flatten(net, scope='flatten')
    net = slim.layers.fully_connected(net, 500, scope='fully_connected')
    net = slim.layers.fully_connected(net, 10, activation_fn=None, scope='pred')
    return net
```

학습이 진행되는 동안 실제 처리되는 일은 태스크의 종류에 따라 다르다. 매개변수 서버는 매개변수를 제공하는 메커니즘이 중심이 되어야 한다. 매개변수를 요청하고 처리하는 것을 기다리는 과정이 수반된다. 이를 위해서는 다음의 코드만 있으면 된다.

```
if FLAGS.job_name == "ps":
    server.join()
```

다른 모든 태스크가 종료되더라도 서버의 .join() 메서드는 종료되지 않으므로 더 이상 필요 없다면 외부에서 종료해줘야 한다.

각 워커 태스크에서는 동일한 연산 그래프를 정의한다.

```
with tf.device(tf.train.replica_device_setter(
        worker_device="/job:worker/task:%d" % FLAGS.task_index,
```

```
                cluster=cluster)):

    global_step = tf.get_variable('global_step', [],
                              initializer=tf.constant_initializer(0),
                              trainable=False)

    x = tf.placeholder(tf.float32, shape=[None, 784], name="x-input")
    y_ = tf.placeholder(tf.float32, shape=[None, 10], name="y-input")
    y = net(x)

    cross_entropy = tf.reduce_mean(
            tf.nn.softmax_cross_entropy_with_logits(y, y_))
    train_step = tf.train.AdamOptimizer(1e-4)\
            .minimize(cross_entropy, global_step=global_step)

    correct_prediction = tf.equal(tf.argmax(y, 1), tf.argmax(y_, 1))
    accuracy = tf.reduce_mean(tf.cast(correct_prediction, tf.float32))

    init_op = tf.global_variables_initializer()
```

이를 위해 `tf.train.replica_device_setter()`를 사용했다. 이는 텐서플로 변수가 매개변수 서버를 통해 동기화됨을 의미한다(이것이 분산 계산 수행을 가능케 하는 메커니즘이다).

`global_step` 변수는 태스크 전체에 걸쳐 학습 과정의 스텝의 전체 수를 가지고 있을 것이다(각 단계의 카운터는 단일 태스크에서만 계산된다). 이렇게 하면 개별 태스크 각각을 통해 학습이 전체 계획 중 어디에 있는지를 언제든 알 수 있는 타임라인이 생성된다.

나머지 코드는 이 책 전반에 걸쳐 등장한 여러 예제들에서 본 표준 설정이다.

다음으로 Supervisor와 `managed_session`을 설정한다.

```
    sv = tf.train.Supervisor(is_chief=(FLAGS.task_index == 0),
                          logdir=LOG_DIR,
                          global_step=global_step,
                          init_op=init_op)

    with sv.managed_session(server.target) as sess:
```

분산과 관련된 부분이 일부 반영되었다는 점을 제외하면 지금까지 쭉 사용해온 일반적인 세션과 유사하다. 변수의 초기화는 단일 태스크(`is_chief` 인수로 지정된 두목 태스크. 이 예제에서는 첫 번째 워커 태스크다)에서만 수행될 것이다. 다른 모든 태스크는 이 작업이 수행되기를 기다렸다가 실행을 재개한다.

세션이 살아 있는 동안 학습을 계속한다.

```
while not sv.should_stop() and step <= TRAINING_STEPS:
    batch_x, batch_y = mnist.train.next_batch(BATCH_SIZE)

    _, acc, step = sess.run([train_step, accuracy, global_step],
                            feed_dict={x: batch_x, y_: batch_y})

    if step % PRINT_EVERY == 0:
        print("Worker : {}, Step: {}, Accuracy (batch): {}".\
            format(FLAGS.task_index, step, acc))
```

PRINT_EVERY 스텝마다 현재 미니배치의 현재 정확도를 출력한다. 꽤 빠르게 100%로 진행될 것이다. 출력 결과의 첫 두 줄은 예를 들어 다음과 같을 것이다.

```
Worker : 1, Step: 0.0, Accuracy (batch): 0.140000000596
Worker : 0, Step: 100.0, Accuracy (batch): 0.860000014305
```

마지막으로 테스트를 수행하고 정확도를 구한다.

```
test_acc = sess.run(accuracy,
                    feed_dict={x: mnist.test.images, y_: mnist.test.labels})
print("Test-Accuracy: {}".format(test_acc))
```

이 작업은 워커 태스크 각각에서 실행되므로 동일한 출력이 세 번 발생할 것이다. 계산을 줄이려면 하나의 태스크(예를 들어 첫 번째 워커)에서만 이 계산을 실행할 수도 있다.

9.4 마치며

이 장에서는 딥러닝과 머신러닝의 일반적인 병렬화와 관련된 주요 개념을 다루었으며 데이터의 병렬처리가 가능한 클러스터상에서 분산 학습을 하는 완전한 예제로 마무리했다.

분산 학습은 학습 속도를 향상하고 실행 불가능한 모델을 학습하는 데 매우 중요한 도구이다. 다음 장에서는 텐서플로의 서빙 기능을 소개하고 프로덕션 환경에서 학습된 모델을 사용 가능하게 하는 방법을 다룰 것이다.

## CHAPTER 10

모델 엑스포트와 서빙

이 장에서는 모델을 저장하고 내보내는export 프로덕션 준비 과정에 사용할 수 있는 간단한 방법과 발전된 방법 두 가지를 살펴본다. 후자를 위해서 텐서플로의 프로덕션 환경을 생성하는 실용적인 도구인 텐서플로 서빙TensorFlow Serving을 소개한다. 처음에는 모델과 변수를 저장하는 두 가지 간단한 방법을 개괄하여 설명한다. 첫 번째 간단한 방법은 수동으로 가중치를 저장해 재할당하는 것이고, 두 번째는 Saver 클래스를 사용해 변수에 대한 학습 체크포인트를 만들고 모델을 내보내는 것이다. 마지막에는 텐서플로 서빙을 사용해 서버에 모델을 배포할 수 있는 좀더 진보된 응용프로그램 환경을 살펴본다.

10.1 모델을 저장하고 내보내기

지금까지 텐서플로를 사용해 모델을 만들고 학습하고 추적하는 방법을 다루었다. 이제 학습된 모델을 저장하는 방법을 살펴보려 한다. 현재 상태의 가중치를 저장하는 것은 실무적인 이유에서 중요하다. 매번 필요할 때마다 모델을 백지부터 다시 학습시킬 일을 원할 리 없으며, 다른 사람과 모델의 상태를 공유(7장의 사전 학습된 모델처럼)하는 편리한 방법이 필요할 수도 있기 때문이다.

이 절에서는 저장과 내보내기의 기초를 설명한다. 파일에 가중치를 저장하고 그 파일에서 가중치를 불러오는 간단한 방법부터 시작한다. 이어서 텐서플로의 Saver 객체를 사용해 가중치의 상태와 구성된 그래프 모두에 대한 정보를 포함한 직렬화된 모델 체크포인트를 관리하는 방법을 살펴볼 것이다.

10.1.1 로딩된 가중치 할당

재사용을 위해서 학습을 마친 가중치를 파일에 저장하는 것은 단순하지만 실용적인 방법이다. 나중에 다시 불러와서 모델에 값을 할당할 수 있다.

몇 가지 예를 살펴보자. 2장의 MNIST 데이터에 사용한 간단한 소프트맥스 모델의 가중치를 저장하려 한다고 가정해보자. 세션에서 넘파이 배열 형태의 가중치를 구해 선택한 형식으로 저장할 수 있다(*Chapter10.ipynb*).[1]

```
import tensorflow as tf
from tensorflow.examples.tutorials.mnist import input_data

...

with tf.Session() as sess:
    # 학습...

    weights = sess.run(W)

import numpy as np
import os

np.savez(os.path.join(path, 'weight_storage'), weights)
```

정확히 같은 그래프가 만들어졌다는 가정하에, 파일을 읽어 들이고 읽어 들인 가중치 값을 대

---

1 옮긴이_ 책에서는 생략했지만 깃허브 파일에는 가중치를 저장하는 부분의 코드도 들어 있다. 단 두 번째 셀에서 path는 미리 생성되어 있어야 하며 해당 스트링 끝에 반드시 디렉터리 구분자를 붙여줘야 한다.

응하는 변수에 할당할 수 있다. 이때 세션 내에서 `.assign()` 메서드를 사용한다.

```
loaded_w = np.load(path + 'weight_storage.npz')
loaded_w = loaded_w.items()[0][1]

x = tf.placeholder(tf.float32, [None, 784])
W = tf.Variable(tf.zeros([784, 10]))
y_true = tf.placeholder(tf.float32, [None, 10])
y_pred = tf.matmul(x, W)
cross_entropy = tf.reduce_mean(
            tf.nn.softmax_cross_entropy_with_logits(logits=y_pred, labels=y_true))
gd_step = tf.train.GradientDescentOptimizer(0.5).minimize(cross_entropy)
correct_mask = tf.equal(tf.argmax(y_pred, 1), tf.argmax(y_true, 1))
accuracy = tf.reduce_mean(tf.cast(correct_mask, tf.float32))

with tf.Session() as sess:
    # 로드한 가중치를 할당
    sess.run(W.assign(loaded_w))
    acc = sess.run(accuracy, feed_dict={x: data.test.images,
                                        y_true: data.test.labels})

print("Accuracy: {}".format(acc))
```

```
Out:
Accuracy: 0.9199
```

다음으로 4장의 MNIST 데이터에 사용한 CNN 모델에 대해서 동일한 작업을 수행한다고 생각해보자. 여기에는 8개의 서로 다른 가중치 집합이 있다(두 개의 필터 가중치, 각각의 필터 가중치에 대응되는 두 합성곱 계층의 편향값 4개, 완전 연결 계층의 가중치와 편향값 2개). 클래스 내부에 모델을 캡슐화하면 매개변수 8개의 갱신된 리스트를 편리하게 관리할 수 있다.

또 읽어 들일 가중치를 선택적 인수로 추가한다.

```
if weights is not None and sess is not None:
    self.load_weights(weights, sess)
```

그리고 가중치를 전달받아 값을 할당하는 함수는 다음과 같다.

```
def load_weights(self, weights, sess):
```

```
    for i,w in enumerate(weights):
        print("Weight index: {}".format(i),
                        "Weight shape: {}".format(w.shape))
        sess.run(self.parameters[i].assign(w))
```

다음은 전체 구현이다.

```
class simple_cnn:
    def __init__(self, x_image,keep_prob, weights=None, sess=None):

        self.parameters = []
        self.x_image = x_image

        conv1 = self.conv_layer(x_image, shape=[5, 5, 1, 32])
        conv1_pool = self.max_pool_2x2(conv1)

        conv2 = self.conv_layer(conv1_pool, shape=[5, 5, 32, 64])
        conv2_pool = self.max_pool_2x2(conv2)

        conv2_flat = tf.reshape(conv2_pool, [-1, 7*7*64])
        full_1 = tf.nn.relu(self.full_layer(conv2_flat, 1024))

        full1_drop = tf.nn.dropout(full_1, keep_prob=keep_prob)

        self.y_conv = self.full_layer(full1_drop, 10)

        if weights is not None and sess is not None:
            self.load_weights(weights, sess)

    def weight_variable(self,shape):
        initial = tf.truncated_normal(shape, stddev=0.1)
        return tf.Variable(initial,name='weights')


    def bias_variable(self,shape):
        initial = tf.constant(0.1, shape=shape)
        return tf.Variable(initial,name='biases')


    def conv2d(self,x, W):
        return tf.nn.conv2d(x, W, strides=[1, 1, 1, 1], padding='SAME')
```

```
    def max_pool_2x2(self,x):
        return tf.nn.max_pool(x, ksize=[1, 2, 2, 1],
                              strides=[1, 2, 2, 1], padding='SAME')


    def conv_layer(self,input, shape):
        W = self.weight_variable(shape)
        b = self.bias_variable([shape[3]])
        self.parameters += [W, b]
        return tf.nn.relu(self.conv2d(input, W) + b)

    def full_layer(self,input, size):
        in_size = int(input.get_shape()[1])
        W = self.weight_variable([in_size, size])
        b = self.bias_variable([size])
        self.parameters += [W, b]
        return tf.matmul(input, W) + b


    def load_weights(self, weights, sess):
        for i,w in enumerate(weights):
            print("Weight index: {}".format(i),
                        "Weight shape: {}".format(w.shape))
            sess.run(self.parameters[i].assign(w))
```

위의 예제에서는 모델이 이미 학습이 끝나서 학습 결과의 가중치는 cnn_weights로 저장되어 있다고 가정하고, 저장된 가중치를 불러와서 CNN 객체에 전달한다. 테스트 데이터에서 모델을 실행할 때는 과거에 학습된 가중치를 사용한다.

```
x = tf.placeholder(tf.float32, shape=[None, 784])
x_image = tf.reshape(x, [-1, 28, 28, 1])
y_ = tf.placeholder(tf.float32, shape=[None, 10])
keep_prob = tf.placeholder(tf.float32)

sess = tf.Session()

weights = np.load(path + 'cnn_weight_storage.npz')
weights = weights.items()[0][1]
cnn = simple_cnn(x_image, keep_prob, weights, sess)

cross_entropy = tf.reduce_mean(
        tf.nn.softmax_cross_entropy_with_logits(
```

```
                                                     logits=cnn.y_conv,
                                                     labels=y_))
    train_step = tf.train.AdamOptimizer(1e-4).minimize(cross_entropy)

    correct_prediction = tf.equal(tf.argmax(cnn.y_conv, 1),
                                  tf.argmax(y_, 1))
    accuracy = tf.reduce_mean(tf.cast(correct_prediction, tf.float32))

    X = data.test.images.reshape(10, 1000, 784)
    Y = data.test.labels.reshape(10, 1000, 10)
    test_accuracy = np.mean([sess.run(accuracy,
                            feed_dict={x:X[i], y_:Y[i],keep_prob:1.0})
                            for i in range(10)])

    sess.close()

    print("test accuracy: {}".format(test_accuracy))
```

```
Out:
Weight index: 0 Weight shape: (5, 5, 1, 32)
Weight index: 1 Weight shape: (32,)
Weight index: 2 Weight shape: (5, 5, 32, 64)
Weight index: 3 Weight shape: (64,)
Weight index: 4 Weight shape: (3136, 1024)
Weight index: 5 Weight shape: (1024,)
Weight index: 6 Weight shape: (1024, 10)
Weight index: 7 Weight shape: (10,)

test accuracy: 0.990100026131
```

보다시피 다시 학습시키지 않아도 높은 정확도를 얻을 수 있다.

10.1.2 Saver 클래스

텐서플로에는 앞의 예제에서와 같은 목적으로 사용할 수 있는 내장 클래스가 있으며 곧 살펴볼 유용한 기능들을 추가로 제공한다. 이 클래스는 Saver 클래스라는 이름을 가지고 있다(이미 6.2.5절 코드에서 사용한 적이 있다).

Saver는 **체크포인트 파일**checkpoint file이라는 이진 파일을 사용하여 모델의 매개변수를 저장하고 복원할 수 있게 해주는 연산을 제공한다(텐서의 값을 변수의 이름에 매핑한다). 앞 절에서 사용한 방법과 달리 여기서는 매개변수의 추적을 관리할 필요가 없으며 Saver가 알아서 해준다.

Saver를 사용하는 방법은 단순하다. 먼저 tf.train.Saver()를 사용하여 세이버 인스턴스를 생성하는데 이때 유지할 최근 변수 체크포인트의 수를 지정해야하며 선택적으로 체크포인트를 유지할 시간 간격을 지정할 수 있다.

예를 들어 다음 코드는 최근 7개의 체크포인트만 유지하고 부가적으로 30분마다 하나의 체크포인트를 유지하도록 지정한다(성능과 진행 평가 분석에 유용하다).

```
saver = tf.train.Saver(max_to_keep=7,
                       keep_checkpoint_every_n_hours=0.5)
```

아무런 입력이 없으면 기본으로 마지막 다섯 개의 체크포인트를 유지하며 every_n_hours 기능은 사실상 비활성화된다(기본값이 10,000). 그런 다음 세이버 인스턴스의 .save() 메서드를 사용하여 체크포인트 파일을 저장한다. 이때 .save() 메서드는 세션 인수, 파일을 저장할 경로 및 스텝 수(global_step, 반복 회수를 나타내는 지표로 각 체크포인트 파일명과 자동으로 연결됨)을 인수로 받는다. 이 방식으로 모델을 학습하는 동안 서로 다른 스텝에 여러 개의 체크포인트가 생성된다.

다음 코드의 예에서는 50번의 학습 반복마다 정해진 경로에 하나의 파일이 저장된다.

```
DIR = "path/to/model"

with tf.Session() as sess:
    for step in range(1,NUM_STEPS+1):
        batch_xs, batch_ys = data.train.next_batch(MINIBATCH_SIZE)
        sess.run(gd_step, feed_dict={x: batch_xs, y_true: batch_ys})

        if step % 50 == 0:
            saver.save(sess, os.path.join(DIR, "model"),
                                    global_step=step)
```

*checkpoint*라는 파일이 추가로 생성되는데, 이 파일에는 저장된 체크포인트의 리스트와 가장 최근의 체크포인트의 경로가 들어 있다.

```
model_checkpoint_path: "model_ckpt-1000"
```

```
all_model_checkpoint_paths: "model_ckpt-700"

all_model_checkpoint_paths: "model_ckpt-750"

all_model_checkpoint_paths: "model_ckpt-800"

all_model_checkpoint_paths: "model_ckpt-850"

all_model_checkpoint_paths: "model_ckpt-900"

all_model_checkpoint_paths: "model_ckpt-950"

all_model_checkpoint_paths: "model_ckpt-1000"
```

다음 코드는 앞 절의 코드와 비슷하지만 Saver를 사용해 가중치의 상태를 저장한다.

```python
from tensorflow.examples.tutorials.mnist import input_data
DATA_DIR = '/tmp/data'
data = input_data.read_data_sets(DATA_DIR, one_hot=True)

NUM_STEPS = 1000
MINIBATCH_SIZE = 100

DIR = "path/to/model"

x = tf.placeholder(tf.float32, [None, 784],name='x')
W = tf.Variable(tf.zeros([784, 10]),name='W')
y_true = tf.placeholder(tf.float32, [None, 10])
y_pred = tf.matmul(x, W)
cross_entropy = tf.reduce_mean(
            tf.nn.softmax_cross_entropy_with_logits(logits=y_pred,
                                                    labels=y_true))
gd_step = tf.train.GradientDescentOptimizer(0.5).minimize(cross_entropy)
correct_mask = tf.equal(tf.argmax(y_pred, 1), tf.argmax(y_true, 1))
accuracy = tf.reduce_mean(tf.cast(correct_mask, tf.float32))

saver = tf.train.Saver(max_to_keep=7,
                        keep_checkpoint_every_n_hours=1)

with tf.Session() as sess:
    sess.run(tf.global_variables_initializer())
    for step in range(1,NUM_STEPS+1):
        batch_xs, batch_ys = data.train.next_batch(MINIBATCH_SIZE)
```

```
        sess.run(gd_step, feed_dict={x: batch_xs, y_true: batch_ys})

        if step % 50 == 0:
            saver.save(sess, os.path.join(DIR, "model_ckpt"),
                                        global_step=step)

    ans = sess.run(accuracy, feed_dict={x: data.test.images,
                                        y_true: data.test.labels})
print("Accuracy: {:.4}%".format(ans*100))
```

Out:
Accuracy: 90.87%

이제 Saver.restore()를 사용하여 동일한 그래프 모델에 원하는 체크포인트를 복원하기만 하면 가중치가 자동으로 모델에 할당된다.

```
tf.reset_default_graph()
x = tf.placeholder(tf.float32, [None, 784],name='x')
W = tf.Variable(tf.zeros([784, 10]),name='W')
y_true = tf.placeholder(tf.float32, [None, 10])
y_pred = tf.matmul(x, W) cross_entropy = tf.reduce_mean(
            tf.nn.softmax_cross_entropy_with_logits(logits=y_pred,
                                        labels=y_true))
gd_step = tf.train.GradientDescentOptimizer(0.5)\
                                    .minimize(cross_entropy)
correct_mask = tf.equal(tf.argmax(y_pred, 1), tf.argmax(y_true, 1))
accuracy = tf.reduce_mean(tf.cast(correct_mask, tf.float32))

saver = tf.train.Saver()

with tf.Session() as sess:

    saver.restore(sess, os.path.join(DIR,"model_ckpt-1000"))
    ans = sess.run(accuracy, feed_dict={x: data.test.images,
                                        y_true: data.test.labels})

print("Accuracy: {:.4}%".format(ans*100))
```

Out:
Accuracy: 90.87%

읽어 들인 변수는 현재의 그래프의 변수와 쌍이 맞아야 하므로 같은 이름을 가져야 한다. 어떤 이유로든 이름이 일치하지 않으면 다음과 유사한 오류가 발생할 수 있다.

```
NotFoundError: Key W_1 not found in checkpoint
        [[Node: save/RestoreV2_2 = RestoreV2[
    dtypes=[DT_FLOAT], _device="/job:localhost/replica:0
    /task:0/cpu:0"](_recv_save/Const_1_0, save/RestoreV2_2
    /tensor_names, save/RestoreV2_2/shape_and_slices)]]
```

이런 문제는 몇몇 오래되어 관련이 없는 다른 그래프에서 같은 이름이 사용된 경우 발생할 수 있는 문제이다. 이 경우 tf.reset_default_graph()로 그래프를 재설정하면 해결할 수 있다.

지금까지 두 방법 모두 복원된 매개변수를 재할당하기 위해서 그래프를 재작성해야 했다. 하지만 Saver를 사용해 필요한 모든 정보가 포함된 *.meta* 체크포인트 파일을 생성하면 그래프를 재구성하지 않고도 그래프를 복원할 수 있다.

그래프 및 그래프에 저장된 가중치를 통합하는 방법에 대한 정보(즉 메타정보)를 MetaGraphDef라고 부른다. 이 정보는 프로토콜 버퍼(다음 박스 참고)를 사용해 직렬화(스트링으로 변환)되며, 구성하는 정보에 따라 여러 부분으로 나뉜다. 네트워크의 구조 정보는 graph_def에 저장된다.

직렬화 및 프로토콜 버퍼

프로그램을 실행할 때는 코드에서 생성한 자료구조의 상태가 메모리에 저장된다. 이 자료구조의 복사본을 만들거나 파일에 저장하거나 어딘가로 전송하려면 효율적으로 저장하거나 순차적으로 전송할 수 있는 형식으로 변형할 필요가 있다. 이를 **직렬화**serialization 과정이라고 하며, 데이터를 스트링으로 평탄화하는 함수들을 사용해 이루어진다. 이 스트링은 나중에 같은 직렬화 함수를 역순으로 적용해 코드 포맷으로 역직렬화deserialization할 수 있다.

자료구조가 단순한 인스턴스에서는 어렵지 않은 작업이지만(예를 들어 배열의 경우 값을 순서대로 나열해서 붙이면 된다) 중첩된 배열, 딕셔너리, 객체와 같은 복잡한 자료구조에서는 간단한 일이 아니다.

직렬화를 표현하는 몇 개의 대표적인 방법이 있다. 가장 유명한 것을 꼽자면, 아마도 이미 접해

봤을 JSON과 XML이 있다. 둘 다 일련의 구분자를 사용해 중첩 요소를 가질 수 있다. JSON에서는 모든 요소를 쉼표(,)로 구분하고, 배열은 대괄호로, 객체는 중괄호로 표시한다. 마크업 언어인 XML은 같은 목적으로 태그를 사용한다.

직렬화된 스트링은, 인간이 읽을 수 있는 텍스트 형식으로 인코딩할 수도 있고(텍스트 편집기에서 확인하고 수정하기 쉽다), 기계가 처리하기 좋은 이진 형식으로 인코딩할 수도 있다(좀 더 컴팩트하다).

프로토콜 버퍼(프로토버프)는 구글에서 개발한 포맷으로 텐서플로가 데이터를 전송하는 데 사용된다(8장에서 언급한 적이 있다). 프로토콜 버퍼는 디버깅이나 편집을 위한 압축되지 않은 텍스트 포맷으로도, 또는 좀 더 컴팩트한 이진 형식으로도 모두 사용 가능하다.

다음은 텍스트로 직렬화된 그래프 정보의 간단한 예시다.

```
meta_info_def {
  stripped_op_list {
    op {
      name: "ApplyGradientDescent"
      input_arg {
        name: "var"
        type_attr: "T"
        is_ref: true
      }
      input_arg {
        name: "alpha"
        type_attr: "T"
      }...

graph_def {
  node {
    name: "Placeholder"
    op: "Placeholder"
    attr {
      key: "_output_shapes"
      value {
        list {
          shape {
            dim {
              size: -1
```

```
          }
          dim {
            size: 784
          }
        }
      }
    }
  }...
```

저장된 그래프를 불러오려면 *.meta* 확장자를 가진 복원하고자 하는 체크포인트 파일명을 인수로 tf.train.import_meta_graph()를 호출한다. 텐서플로는 복원한 가중치를 처리하는 방법도 이미 알고 있다. 이 정보도 보관되기 때문이다.

```
tf.reset_default_graph()
DIR = "path/to/model"

with tf.Session() as sess:
    saver = tf.train.import_meta_graph(os.path.join(
                                DIR,"model_ckpt-1000.meta"))
    saver.restore(sess, os.path.join(DIR,"model_ckpt-1000"))

    ans = sess.run(accuracy, feed_dict={x: data.test.images,
                                y_true: data.test.labels})

print("Accuracy: {:.4}%".format(ans*100))
```

하지만 단순히 그래프를 가져오고 가중치를 복원하는 것만으로는 부족하며 오류가 발생할 것이다. 모델을 가져와서 가중치를 복원해도 세션을 실행할 때 인수로 사용할 변수에 대한 추가 접근을 제공하지 않기 때문이다(fetches와 feed_dict의 키). 모델은 입력과 출력이 뭔지, 계산하려는 척도가 무엇인지 모른다.

이 문제를 해결하는 한 방법은 컬렉션에 이를 저장하는 것이다. 컬렉션은 딕셔너리와 비슷한 텐서플로 객체로 그래프 구성 요소를 순서에 따라 접근 가능한 방식으로 보관할 수 있다.

이 예제에서는 accuracy(세션에서 페치하려는 변수)와 밀어 넣을 데이터의 키인 x, y_true에 접근할 필요가 있다. train_var라는 이름으로 모델을 저장하기 전에 컬렉션에 추가한다.

```
train_var = [x,y_true,accuracy]
```

```
tf.add_to_collection('train_var', train_var[0])
tf.add_to_collection('train_var', train_var[1])
tf.add_to_collection('train_var', train_var[2])
```

saver.save() 메서드로 가중치 체크포인트와 그래프 구조를 자동으로 저장한다. 또 saver. export_meta.graph()를 사용해 명시적으로 그래프를 저장하고 컬렉션을 추가할 수도 있다 (두 번째 인수로 전달).

```
train_var = [x,y_true,accuracy]
tf.add_to_collection('train_var', train_var[0])
tf.add_to_collection('train_var', train_var[1])
tf.add_to_collection('train_var', train_var[2])

saver = tf.train.Saver(max_to_keep=7,
                       keep_checkpoint_every_n_hours=1) saver.export_meta_graph(os.
path.join(DIR,"model_ckpt.meta")
                     ,collection_list=['train_var'])
```

이제 필요한 변수를 추출할 수 있는 컬렉션과 함께 그래프를 가져와보자.

```
tf.reset_default_graph()
DIR = "path/to/model"

with tf.Session() as sess:
    sess.run(tf.global_variables_initializer())

    saver = tf.train.import_meta_graph(os.path.join(
                                       DIR,"model_ckpt.meta")
    saver.restore(sess,  os.path.join(DIR,"model_ckpt-1000"))
    x =  tf.get_collection('train_var')[0]
    y_true =  tf.get_collection('train_var')[1]
    accuracy =  tf.get_collection('train_var')[2]

    ans = sess.run(accuracy, feed_dict={x: data.test.images,
                                        y_true: data.test.labels})
print("Accuracy: {:.4}%".format(ans*100))
```

```
Out:
Accuracy: 91.4%
```

그래프를 정의할 때는 앞의 예제의 정확도 연산처럼 그래프를 저장하고 복원할 때 가지고 와야 할 변수와 연산도 고려해야 한다. 다음 절에서 살펴볼 서빙에는, 여기서 한 것처럼 변수를 저장할 필요 없이 내보내기한 모델을 가이드해주는 내장 기능이 있다.

10.2 텐서플로 서빙 소개

C++로 개발된 **텐서플로 서빙**TensorFlow Serving은 프로덕션 환경에서 모델을 배포할 수 있는 고성능 서빙 프레임워크이다. 클라이언트 소프트웨어가 서빙 API를 통해 모델에 접근하고 입력을 전달할 수 있게 해주어 모델을 프로덕션에 사용 가능하게 만들어준다(그림 10-1). 물론 텐서플로 서빙은 텐서플로 모델과 완벽하게 통합이 되도록 설계되었다. 대형 실시간 응용프로그램에 유용하도록 지연 시간을 줄이고 예측 처리량을 늘리기 위해 많은 최적화가 이루어졌다는 게 특징이다. 접근성과 예측을 효율적으로 서빙serving할 뿐만 유연성도 뛰어나다. 모델을 개선하기 위해 학습 데이터를 추가하거나 네트워크 구조를 변경하는 등과 같은 여러 가지 이유로 모델을 갱신하는 시도는 아주 흔한 일이다.

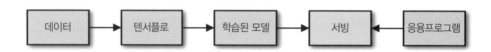

그림 10-1 클라이언트 소프트웨어가 쉽게 접근할 수 있게 학습 모델과 외부 응용프로그램을 연결해주는 서빙

10.2.1 개요

음성인식 서비스를 운영하는 데 텐서플로 서빙을 사용해 모델을 배포하려 한다고 가정해보자. 서빙 자체의 최적화도 중요하지만, 데이터가 추가되거나 새로운 네트워크 구조를 실험하는 데 따른 모델의 주기적인 갱신도 중요하다. 좀 더 전문적인 용어로 표현하자면 모델의 수명 주기 관리lifecycle management와 버전 정책을 간소화하게 가져가면서도 새로운 모델을 로드하여 그 결과를 제공하고 예전 모델을 내리는 기능이 필요하다.

일반적으로 텐서플로 서빙으로 다음과 같은 방식으로 이런 일들을 수행할 수 있다. 파이썬에서는 모델을 정의하고 이 모델을 로딩, 서빙, 버전 관리 등을 담당하는 여러 모듈이 파싱할 수 있는 형태로 직렬화할 수 있게 준비한다. 핵심 서빙 '엔진'은 C++ 모듈로 되어 있는데 서빙 형태를 특정한 방식으로 조정하거나 사용자 정의 방식으로 바꾸고자 할 때만 접근해야 한다.

텐서플로 서빙의 아키텍처가 동작하는 방식을 요약하면 다음과 같다(그림 10-2).

- Source라는 모듈은 연결된 파일 시스템을 모니터링하면서 로드할 새로운 모델을 식별하는데, 이 파일 시스템에는 생성할 때 내보내기 한 모델 및 모델과 관련된 정보가 들어 있다. Source 안에는 파일 시스템을 주기적으로 조사해서 최신의 관련 모델 버전을 결정하는 하위 모듈이 들어 있다.
- 새 모델 버전이 식별되면 **소스**source는 **로더**loader를 생성한다. 로더는 **서버블**servable(예측과 같은 계산을 수행할 때 클라이언트가 사용하는 객체)을 **관리자**manager에 전달한다. 관리자는 버전 정책(점진적 롤아웃, 버전 되돌리기 등)에 따라 서버블의 전체 수명 주기(올리기, 내리기, 서빙)를 처리한다.
- 마지막으로 관리자는 클라이언트가 서버블에 접근할 수 있는 인터페이스를 제공한다.

그림 10-2 텐서플로 서빙의 아키텍처 개괄

서빙의 아키텍처에서 특히 좋은 점은 유연하고 확장 가능한 형태로 설계되었다는 것이다. 일반적인 핵심 구성 요소를 사용하면서 동시에 다양한 플러그인으로 시스템의 동작을 사용자가 정의할 수 있다.

다음 절에서 서빙을 사용하여 텐서플로 모델을 빌드하고 배포해보면서 서빙의 핵심 기능과 내부 동작을 설명하려 한다. 고급 응용프로그램에서는 버전 정책의 제어 등과 같은 다양한 유형의 최적화와 사용자 정의를 관리할 수 있어야 한다. 이 장에서 서빙을 설치하고 실행하는 방법과 프로덕션 환경으로의 배포의 기반이 되는 서빙의 기초를 이해하는 방법을 알려준다.

10.2.2 설치

서빙을 사용하려면 일부 서드파티 구성 요소와 함께 서빙을 설치해야 한다. 소스로부터 직접 설치하거나 **도커**Docker를 사용해 설치할 수 있는데, 여기서는 빠른 시작을 위해 도커를 사용하겠다. 도커 컨테이너 번들은 서빙을 실행하는 데 필요한 모든 것(예제, 코드, 파일 등)이 소프트웨어 응용프로그램과 함께 들어 있다. 또 클라이언트와 서버 소프트웨어를 빌드하는 데 사용되는 구글의 빌드 도구인 바젤Bazel도 사용한다. 이 장에서는 바젤이나 도커와 같은 도구들의 전문적인 내용은 간단하게 설명한다. 좀 더 자세한 설명은 부록에 수록했다.

서빙 설치하기

도커 설치 방법은 도커 웹사이트(*https://docs.docker.com/engine/installation/*)에서 찾을 수 있다.

여기서는 우분투를 기준으로 도커 설치를 설명한다(*https://docs.docker.com/engine/installation/linux/ubuntu/*).[2]

도커 컨테이너는 로컬 도커 이미지에서 생성되는데 이 이미지는 도커파일dockerfile로부터 빌드되어 우리가 필요한 모든 것을 캡슐화한다(실행에 필요한 소프트웨어의 설치, 프로젝트 코드 등). 일단 도커를 설치한 다음 텐서플로 서빙 도커파일을 내려받는다(*http://bit.ly/2t7ewMb*).

이 도커파일에는 텐서플로 서빙을 빌드하는 데 필요한 다른 모듈이나 파일들이 모두 들어 있다.

먼저 컨테이너를 실행할 수 있는 이미지를 만든다(시간이 조금 걸릴 수 있다).[3]

```
docker build --pull -t $USER/tensorflow-serving-devel -f Dockerfile.devel .
```

이제 컴퓨터에 이미지가 생성되었으니 다음 명령으로 컨테이너를 만들고 실행할 수 있다.

```
docker run -v $HOME/docker_files:/host_files
                    -p 80:80 -it $USER/tensorflow-serving-devel
```

docker run -it $USER/tensorflow-serving-devel 명령만으로도 컨테이너를 만들고 실행하기에 충분하지만 이 명령에 두 가지를 덧붙였다.

먼저 -v $HOME/*home_dir*:/*docker_dir*을 추가했는데, -v(볼륨) 매개변수는 공유 파일 시스템을 요청한다는 것으로 이 공간을 통해 도커 컨테이너와 호스트 간의 파일을 간편하게 전송할 수 있다. 예제 명령에서는 공유 디렉터리로 호스트에 *docker_files*을, 도커 컨테이너에 *host_*

2　옮긴이_ 번역 시점에서, 텐서플로 서빙은 공식적으로 윈도우 설치는 지원하지 않는다.

3　옮긴이_ 도커 이미지 빌드 및 실행에 관리자 권한이 필요할 수 있다(sudo 사용).

*files*를 생성했다. 또는 docker cp foo.txt *mycontainer*:/foo.txt 식으로도 파일을 전송할 수 있다. 두 번째로 추가한 매개변수 -p *<host port>*:*<container port>*는 지정된 포트를 통해 어디서건 컨테이너에 접근할 수 있게 해준다.

run 명령을 입력하면 컨테이너가 생성되고 시작되며 터미널이 열릴 것이다. docker ps -a 명령을 사용해 컨테이너의 상태를 살펴볼 수 있다(도커 터미널 외부에서 실행해야 함). docker run 명령을 실행할 때마다 새로운 컨테이너가 만들어진다는 사실에 주의하자. 기존 컨테이너의 터미널에 들어가고 싶다면 docker exec -it *<container id>* bash 명령을 사용해야 한다.

마지막으로, 열린 터미널에서 텐서플로 서빙을 클론하고 구성한다.[4]

```
git clone --recurse-submodules https://github.com/tensorflow/serving
cd serving/tensorflow
./configure
```

이제 시작할 준비가 되었다!

10.2.3 빌드와 내보내기

텐서플로 서빙을 클론해서 작동할 준비가 되었으므로 기능과 사용법을 살펴보자. 클론된 텐서플로 서빙 라이브러리는 바젤 아키텍처로 구성되어 있다. 바젤이 빌드한 소스 코드는 관련 있는 소스 파일들로 묶인 패키지의 중첩 계층 내의 작업 영역 디렉터리 내에 구성된다. 각 패키지는 *BUILD* 파일을 가지는데 이 파일에는 패키지 내의 파일로부터 빌드되는 결과물이 지정한다.

클론된 라이브러리 내의 작업 영역은 */serving* 디렉터리 내에 위치하며, 이 디렉터리에는 *WORKSPACE* 텍스트 파일과 */tenserflow_serving* 패키지가 포함되어 있다. 나중에 다시 살펴볼 것이다.

이제 모델의 학습과 내보내기를 처리하는 파이썬 스크립트를 살펴보고 서빙의 방식으로 모델을 내보내는 방법을 살펴볼 차례다.

---

4 옮긴이_ 만약 *serving/tensorflow* 디렉터리가 없다면 git clone https://github.com/tensorflow/tensorflow.git으로 텐서플로를 직접 클론한다.

모델 내보내기

Saver 클래스를 사용했을 때와 마찬가지로 학습된 모델은 두 개의 파일로 직렬화되어 내보내진다. 하나는 변수에 대한 정보를 담고 있고, 다른 하나는 그래프와 메타데이터 정보를 담고 있다. 서빙은 특정한 직렬화 형식과 메타데이터를 필요로 하므로(곧 설명할 것이다) 이 장의 앞부분에서 했던 것처럼 단순하게 Saver 클래스를 사용할 수 없다. 다음과 같은 단계를 필요로 한다.

1. 지금까지 했던 것처럼 모델을 정의한다.

2. 모델 빌더 인스턴스를 생성한다.

3. 직렬화된 형식(SignatureDef)으로 빌더 내에 메타데이터(모델, 메서드, 입력과 출력 등)를 정의한다.

4. 빌더를 사용해서 모델을 저장한다.

서빙의 SavedModelBuilder 모듈을 사용해 빌더 인스턴스를 만드는 것으로 시작하겠다. 이때 내보낼 파일의 경로를 전달해야 하며, 경로가 존재하지 않으면 디렉터리가 생성된다. SavedModelBuilder는 특정 형식으로 모델을 표현하는 직렬화된 파일을 내보낸다.

```
builder = saved_model_builder.SavedModelBuilder(export_path)
```

직렬화된 모델 파일은 모델과 버전을 명시한 이름의 디렉터리 내에 포함될 것이다.

```
export_path_base = sys.argv[-1]
export_path = os.path.join(
  compat.as_bytes(export_path_base),
  compat.as_bytes(str(FLAGS.model_version)))
```

이런 방식으로 각 버전은 해당 경로의 고유한 하위 디렉터리로 내보내진다.

export_path_base는 sys.argv를 통해 명령줄 입력으로부터 얻을 수 있고 버전은 플래그(이전 장에서 설명했다)로 유지된다는 사실에 주의하자. 플래그 파싱은 잠시 후 살펴볼 tf.app.run()에서 처리된다.

다음으로 입력(그래프의 입력 텐서의 형태)과 출력(예측 텐서)의 시그니처를 정의한다. 이 장의 첫 부분에서 텐서플로 컬렉션 객체를 사용해서 입/출력 데이터와 이에 대응되는 플레이스홀더 사이의 관계, 그리고 예측과 정확도를 계산하는 연산을 명시했다. 시그니처의 목적은 이와 유사하다.

만들어진 빌더 인스턴스를 사용해 변수와 메타 그래프 정보를 추가하는 데에 SavedModel Builder.add_meta_graph_and_variables() 메서드를 사용한다.

```
builder.add_meta_graph_and_variables(
    sess, [tag_constants.SERVING],
    signature_def_map={
        'predict_images':
            prediction_signature,
        signature_constants.DEFAULT_SERVING_SIGNATURE_DEF_KEY:
            classification_signature,
    },
    legacy_init_op=legacy_init_op)
```

세션, 태그('serve' 또는 'train'),[5] 시그니처 맵, 초기화 연산 등 4가지 인수를 전달해야 한다.

여기서 시그니처 맵 인수를 구성하는 법만 설명하겠다. 예측과 분류 시그니처를 가진 딕셔너리를 전달한다. 예측 시그니처로 시작하는데, 앞에서 본 텐서플로 컬렉션 내의 예측 연산을 지정하고 저장하는 것과 유사하다고 보면 된다.

```
prediction_signature = signature_def_utils.build_signature_def(
    inputs={'images': tensor_info_x},
    outputs={'scores': tensor_info_y},
    method_name=signature_constants.PREDICT_METHOD_NAME)
```

images와 scores는 나중에 x와 y 텐서를 나타내는 데 사용할 임의의 이름이다. images와 scores는 다음 명령으로 필요한 형식으로 인코딩된다.

```
tensor_info_x = utils.build_tensor_info(x)
tensor_info_y = utils.build_tensor_info(y_conv)
```

---

5 옮긴이_ 코드에서는 상수를 사용했다. 공식 문서에서 정의를 찾을 수 있다(*https://www.tensorflow.org/api_docs/python/tf/ saved_model/tag_constants*).

예측 시그니처과 마찬가지로 분류 시그니처도 있는데, 점수 정보(상위 k 클래스의 확률값)와 이에 대응하는 클래스에 대한 정보를 입력한다.

```
# signature_def_map 구성
classification_signature = (
  tf.saved_model.signature_def_utils.build_signature_def(
    inputs={
      tf.saved_model.signature_constants.CLASSIFY_INPUTS:
        classification_inputs
    },
    outputs={
      tf.saved_model.signature_constants.CLASSIFY_OUTPUT_CLASSES:
        classification_outputs_classes,
      tf.saved_model.signature_constants.CLASSIFY_OUTPUT_SCORES:
        classification_outputs_scores
    },
     method_name=tf.saved_model.signature_constants.CLASSIFY_METHOD_NAME
  )
)
```

마지막으로 save() 명령으로 모델을 저장한다.

```
builder.save()
```

이 명령은, 간단히 말해 스크립트의 실행에 따라 직렬화되어 내보낼 준비가 된 포맷으로 모든 것을 하나로 묶는다.

다음 코드는 클론한 텐서플로 서빙 아래의 *serving/tensorflow_serving/example/mnist_saved_model.py*이다. 소프트맥스 회귀를 사용해 MNIST를 분류하는 간단한 모델에 위에서 설명한 텐서플로 서빙을 활용해 모델 내보내기를 수행한다.[6]

```
import os
import sys
```

----

[6] 옮긴이_ 이 코드는 깃허브 저장소 노트북에 포함된 예제와 다르며, 구글의 텐서플로 서빙 예제를 사용했다. 필요 없는 주석은 삭제했다. 코드에서 임포트하는 mnist_input_data(*mnist_input_data.py*)와 이후 테스트에 사용하는 mnist_client(*mnist_client.py*), *BUILD* 파일은 모두 *mnist_saved_model.py*와 같은 디렉터리에서 찾을 수 있다.

```
import tensorflow as tf

import mnist_input_data

tf.app.flags.DEFINE_integer('training_iteration', 1000,
                            'number of training iterations.')
tf.app.flags.DEFINE_integer('model_version', 1, 'version number of the model.')
tf.app.flags.DEFINE_string('work_dir', '/tmp', 'Working directory.')
FLAGS = tf.app.flags.FLAGS


def main(_):
  if len(sys.argv) < 2 or sys.argv[-1].startswith('-'):
    print('Usage: mnist_export.py [--training_iteration=x] '
          '[--model_version=y] export_dir')
    sys.exit(-1)
  if FLAGS.training_iteration <= 0:
    print('Please specify a positive value for training iteration.')
    sys.exit(-1)
  if FLAGS.model_version <= 0:
    print('Please specify a positive value for version number.')
    sys.exit(-1)

  # 모델 학습
  print('Training model...')
  mnist = mnist_input_data.read_data_sets(FLAGS.work_dir, one_hot=True)
  sess = tf.InteractiveSession()
  serialized_tf_example = tf.placeholder(tf.string, name='tf_example')
  feature_configs = {'x': tf.FixedLenFeature(shape=[784], dtype=tf.float32),}
  tf_example = tf.parse_example(serialized_tf_example, feature_configs)
  x = tf.identity(tf_example['x'], name='x')  # use tf.identity() to assign name
  y_ = tf.placeholder('float', shape=[None, 10])
  w = tf.Variable(tf.zeros([784, 10]))
  b = tf.Variable(tf.zeros([10]))
  sess.run(tf.global_variables_initializer())
  y = tf.nn.softmax(tf.matmul(x, w) + b, name='y')
  cross_entropy = -tf.reduce_sum(y_ * tf.log(y))
  train_step = tf.train.GradientDescentOptimizer(0.01).minimize(cross_entropy)
  values, indices = tf.nn.top_k(y, 10)
  table = tf.contrib.lookup.index_to_string_table_from_tensor(
      tf.constant([str(i) for i in xrange(10)]))
  prediction_classes = table.lookup(tf.to_int64(indices))
  for _ in range(FLAGS.training_iteration):
    batch = mnist.train.next_batch(50)
```

```
    train_step.run(feed_dict={x: batch[0], y_: batch[1]})
correct_prediction = tf.equal(tf.argmax(y, 1), tf.argmax(y_, 1))
accuracy = tf.reduce_mean(tf.cast(correct_prediction, 'float'))
print('training accuracy %g' % sess.run(
    accuracy, feed_dict={
        x: mnist.test.images,
        y_: mnist.test.labels
    }))
print('Done training!')

# 모델 내보내기
export_path_base = sys.argv[-1]
export_path = os.path.join(
    tf.compat.as_bytes(export_path_base),
    tf.compat.as_bytes(str(FLAGS.model_version)))
print('Exporting trained model to', export_path)
builder = tf.saved_model.builder.SavedModelBuilder(export_path)

# signature_def_map 구성
classification_inputs = tf.saved_model.utils.build_tensor_info(
    serialized_tf_example)
classification_outputs_classes = tf.saved_model.utils.build_tensor_info(
    prediction_classes)
classification_outputs_scores =
                        tf.saved_model.utils.build_tensor_info(values)

classification_signature = (
  tf.saved_model.signature_def_utils.build_signature_def(
    inputs={
      tf.saved_model.signature_constants.CLASSIFY_INPUTS:
        classification_inputs
    },
    outputs={
      tf.saved_model.signature_constants.CLASSIFY_OUTPUT_CLASSES:
        classification_outputs_classes,
      tf.saved_model.signature_constants.CLASSIFY_OUTPUT_SCORES:
        classification_outputs_scores
    },
    method_name=tf.saved_model.signature_constants.CLASSIFY_METHOD_NAME))

tensor_info_x = tf.saved_model.utils.build_tensor_info(x)
tensor_info_y = tf.saved_model.utils.build_tensor_info(y)

prediction_signature = (
```

```
    tf.saved_model.signature_def_utils.build_signature_def(
      inputs={'images': tensor_info_x},
      outputs={'scores': tensor_info_y},
      method_name=tf.saved_model.signature_constants.PREDICT_METHOD_NAME))

  legacy_init_op = tf.group(tf.tables_initializer(), name='legacy_init_op')
  builder.add_meta_graph_and_variables(
    sess, [tf.saved_model.tag_constants.SERVING],
    signature_def_map={
      'predict_images':
        prediction_signature,
      tf.saved_model.signature_constants.DEFAULT_SERVING_SIGNATURE_DEF_KEY:
        classification_signature,
    },
    legacy_init_op=legacy_init_op)

  builder.save()

  print('Done exporting!')

if __name__ == '__main__':
  tf.app.run()
```

`tf.app.run()` 명령은 명령줄의 인수를 파싱할 수 있는 훌륭한 래퍼를 제공한다.

텐서플로 서빙에 대한 마지막 설명으로 바젤을 이용해 실제로 모델을 내보내고 배포하는 방법을 다루겠다.

대부분의 바젤 *BUILD* 파일은 입력과 출력 간의 관계를 지정하는 빌드 규칙의 선언과 출력을 빌드하는 단계로만 구성되어 있다.

예를 들어 다음 *BUILD* 파일에는 실행 가능한 프로그램을 빌드하는 파이썬 규칙인 py_binary가 있다. 세 개의 속성이 있는데 name은 규칙의 이름, srcs는 타깃(파이썬 스크립트)을 생성하기 위해 처리해야 하는 파일의 리스트, deps는 이진 파일 타깃으로 링크될 다른 라이브러리의 리스트이다.

```
py_binary(
    name = "mnist_saved_model",
    srcs = [
        "mnist_saved_model.py",
```

```
    ],
    deps = [
        ":mnist_input_data",
        "@org_tensorflow//tensorflow:tensorflow_py",
    ],
)
```

다음 바젤 명령으로 모델을 실행하고 내보낸다.

```
bazel build //tensorflow_serving/example:mnist_saved_model
bazel-bin/tensorflow_serving/example/mnist_saved_model /tmp/mnist_model
```

내보낸 모델의 디렉터리를 확인해보자.

```
ls /tmp/mnist/model
```

```
out:
1
```

하위 디렉터리(1)에서 *saved_model.pb*와 *variables*라는 두 파일을 찾을 수 있을 것이다. 여기에는 그래프(메타데이터 포함)와 변수에 관한 직렬화된 정보가 각각 담겨 있다. 다음과 같이 표준 텐서플로 모델 서버로 내보낸 모델을 읽어 들인다.

```
bazel build //tensorflow_serving/model_servers:tensorflow_model_server bazel-bin/
tensorflow_serving/model_servers/tensorflow_model_server
                --port=8000 --model_name=mnist
                --model_base_path=/tmp/mnist_model/ --logtostderr
```

이제 모델이 서브되어 localhost:8000에서 작동할 준비가 되었다. 다음과 같이 간단히 서버를 테스트할 수 있다.

```
bazel build //tensorflow_serving/example:mnist_client bazel-bin/tensorflow_serving/
example/mnist_client
                    --num_tests=1000 --server=localhost:8000
```

10.3 마치며

이 장에서는 내장 Saver 유틸리티를 사용하여 가중치를 단순 저장하고 재할당하는 방법부터 프로덕션을 위한 고급 모델 배포 메커니즘까지 모델을 저장, 내보내기, 서브하는 방법을 다루었다. 뒷부분에서는 텐서플로 서빙을 다루었는데 모델을 동적 버전 관리 기능을 가진 상용 제품 수준으로 만들어주는 훌륭한 도구이다. 서빙은 많은 기능을 가진 풍부한 유틸리티로 이를 마스터하는 데 관심이 있는 독자는 온라인에서 좀 더 심도 깊은 기술 자료를 찾아보길 강력히 추천한다.

모델 구축과 텐서플로 서빙 사용에 관한 팁

A.1 모델 구조화 및 사용자 정의

이 절에서는 이 책에서 계속 다뤄오며 확장한 두 가지 주제에 초점을 맞춘다. 하나는 적당한 모델을 구성하는 방법, 다른 하나는 모델의 각 구성 요소를 사용자 정의^{customize}하는 방법이다. 먼저 캡슐화를 통해서 코드를 효과적으로 재구성하고 변수를 공유하고 재사용하는 방법을 설명한다. 이어서 손실 함수와 연산을 사용자 정의하고 최적화에 이를 이용하는 방법을 다룬다.

A.1.1 모델 구조화

텐서플로 코드를 효율적으로 설계하면 이를 여러 작업에 재사용하거나 주위에서 코드를 이해하거나 주위에 전파하기도 쉽다. 7장에서 설명했듯 텐서플로 확장 라이브러리의 사용도 이를 위한 좋은 선택 중 하나이다. 하지만 전형적인 네트워크에서는 확장 라이브러리의 사용성이 매우 뛰어날지 몰라도 구현하고자 하는 새로운 구성 요소가 필요한 모델의 경우 텐서플로의 저수준 환경을 유연하게 사용해야 할 수도 있다.

앞에서 다뤘던 최적화 코드를 들여다보자.

```
import tensorflow as tf
import numpy as np

x_data = np.random.randn(2000,3)
```

```
w_real = [0.3,0.5,0.1]
b_real = -0.2

noise = np.random.randn(1,2000) * 0.1
y_data = np.matmul (w_real, x_data.T) + b_real + noise

NUM_STEPS = 10

g = tf.Graph()
wb_ = []
with g.as_default():
    x = tf.placeholder(tf.float32,shape=[None,3])
    y_true = tf.placeholder(tf.float32,shape=None)

    with tf.name_scope('inference') as scope:
        w = tf.Variable([[0,0,0]],dtype=tf.float32,name='weights')
        b = tf.Variable(0,dtype=tf.float32,name='bias')
        y_pred = tf.matmul(w,tf.transpose(x)) + b

    with tf.name_scope('loss') as scope:
        loss = tf.reduce_mean(tf.square(y_true-y_pred))

    with tf.name_scope('train') as scope:
        learning_rate = 0.5
        optimizer = tf.train.GradientDescentOptimizer(learning_rate)
        train = optimizer.minimize(loss)


    init = tf.global_variables_initializer()
    with tf.Session() as sess:
        sess.run(init)
        for step in range(NUM_STEPS):
            sess.run(train,{x: x_data, y_true: y_data})
            if (step % 5 == 0):
                print(step, sess.run([w,b]))
                wb_.append(sess.run([w,b]))

        print(10, sess.run([w,b]))
```

다음이 출력된다.

```
0 [array([[0.2949108 , 0.5064164 , 0.07694493]], dtype=float32), -0.19531585]
5 [array([[0.30126733, 0.5003283 , 0.10122249]], dtype=float32), -0.20124193]
```

```
10 [array([[0.30126733, 0.5003283 , 0.10122252]], dtype=float32), -0.20124194]
```

필요한 구성 요소를 전체 코드에 한 땀 한 땀 가져다 붙였다. 단순하고 집중화된 예제에서는 별 문제가 없겠지만 이러한 코딩 방법은 한계가 있다. 코드가 복잡해지면 재사용이 어렵고 가독성도 떨어진다.

논의 주제를 딥러닝 인프라스트럭처가 가져야 할 특징으로 한정 지어 생각해보자. 먼저 모델을 캡슐화하여 학습, 평가 및 예측 수행과 같은 다양한 작업에 적용할 수 있어야 한다. 나아가 모듈 방식으로 모델을 구성하여 하위 구성 요소를 제어하고 가독성을 높이는 것이 더 효율적일 수 있다. 다음의 내용은 여기에 초점을 맞춘다.

모듈형 설계

코드에서 학습 모델의 서로 다른 구성 요소를 함수로 나누는 데서 시작하는 것이 좋겠다. 다음과 같이 해보자.

```python
import tensorflow as tf
import numpy as np

x_data = np.random.randn(2000,3)
w_real = [0.3,0.5,0.1]
b_real = -0.2

noise = np.random.randn(1,2000) * 0.1
y_data = np.matmul (w_real, x_data.T) + b_real + noise

def predict(x,y_true,w,b):
    y_pred = tf.matmul(w,tf.transpose(x)) + b
    return y_pred

def get_loss(y_pred,y_true):
    loss = tf.reduce_mean(tf.square(y_true-y_pred))
    return loss

def get_optimizer(y_pred,y_true):
    loss = get_loss(y_pred,y_true)
    optimizer = tf.train.GradientDescentOptimizer(0.5)
    train = optimizer.minimize(loss)
    return train
```

```
def run_model(x_data,y_data):
    wb_ = []
    # 플레이스홀더와 변수 정의
    x = tf.placeholder(tf.float32,shape=[None,3])
    y_true = tf.placeholder(tf.float32,shape=None)
    w = tf.Variable([[0,0,0]],dtype=tf.float32)
    b = tf.Variable(0,dtype=tf.float32)
    print(b.name)

    # 예측 수행
    y_pred = predict(x,y_true,w,b)

    # 최적화 함수 생성
    train = get_optimizer(y_pred,y_data)

    # 세션 실행
    init = tf.global_variables_initializer()
    with tf.Session() as sess:
        sess.run(init)
        for step in range(10):
            sess.run(train,{x: x_data, y_true: y_data})
            if (step % 5 == 4) or (step == 0):
                print(step, sess.run([w,b]))
                wb_.append(sess.run([w,b]))

run_model(x_data,y_data)
run_model(x_data,y_data)
```

결과는 다음과 같다.

```
Variable_1:0
0 [array([[0.31388193, 0.48380792, 0.11586162]], dtype=float32), -0.2036927]
4 [array([[0.29983842, 0.49845248, 0.0989712 ]], dtype=float32), -0.20096563]
9 [array([[0.29983398, 0.4984537 , 0.09896617]], dtype=float32), -0.20096539]
Variable_3:0
0 [array([[0.31388193, 0.48380792, 0.11586162]], dtype=float32), -0.2036927]
4 [array([[0.29983842, 0.49845248, 0.0989712 ]], dtype=float32), -0.20096563]
9 [array([[0.29983398, 0.4984537 , 0.09896617]], dtype=float32), -0.20096539]
```

이제 서로 다른 입력에 대해서도 코드를 재사용할 수 있다. 모델이 복잡해질수록 가독성이 좋아짐을 알 수 있을 것이다.

이 예제에서는 같은 입력으로 실행 함수(run_model)을 두 번 호출하여 생성된 변수를 출력했다. 두 번의 호출에서 서로 다른 변수 집합을 생성해 총 4개의 변수를 만들어냈다는 점에 주의하자. 두 개의 서로 다른 이미지처럼 여러 개의 입력으로 하나의 모델을 만드는 시나리오라면 새로운 변수가 생성되기 때문에 의도대로 되지 않을 것이다. 이를 피하기 위해서 두 이미지 입력에 대해서 같은 변수를 사용하도록 필터 변수를 '공유'하도록 해야 한다.

변수 공유

tf.Variable() 대신 tf.get_variable()를 사용해 변수를 생성하면 기존 변수를 재사용할 수 있다. tf.get_variable()은 초기화 함수를 인수로 전달해야 한다는 것만 제외하면 tf.Variable()과 매우 비슷하게 사용할 수 있다.

```
w = tf.get_variable('w',[1,3],initializer=tf.zeros_initializer())
b = tf.get_variable('b',[1,1],initializer=tf.zeros_initializer())
```

여기서는 tf.zeros_initializer()를 사용했다. 이 초기화는 tf.zeros()와 매우 유사한데 형태를 인수로 받는 대신 tf.get_variable()에서 정의된 형태에 따라 값을 맞춘다.

위 예제에서는 변수 w를 주어진 형태([1,3])에 지정된 대로 [0,0,0]으로 초기화한다.

get_variable()을 사용하면 같은 이름을 가진 변수를 재사용할 수 있다(tf.variable_scope()로 설정할 수 있는 이름 스코프의 접두사를 포함). 하지만 먼저 tf.variable_scope_reuse_variable()을 사용하거나 reuse 플래그(tf.variable.scope(reuse=True))를 설정하여 재사용 의도를 밝혀야 한다. 다음 코드에서 변수를 공유 방법의 예를 찾아볼 수 있다.

> **CAUTION_ 플래그를 잘못 사용하는 것에 대한 주의**
>
> 한 변수가 다른 변수와 완전히 같은 이름을 가졌을 때 reuse 플래그가 설정되지 않으면 예외가 발생한다. 반대의 경우에도 예외가 발생한다. 즉 (reuse = True로 설정된 경우) 재사용이 예상되는 변수가 동일한 이름을 가지지 않아도 예외가 발생한다.

다음 예제에서 이름 스코프 접두사를 Regression으로 사용하고 위에서 설명한 메서드를 사용해서 변수를 공유하겠다. 이름을 출력해보면 같은 변수들이 재사용되고 있음을 확인할 수 있다.

```
def run_model(x_data,y_data):
    wb_ = []
    # 플레이스홀더와 변수 정의
    x = tf.placeholder(tf.float32,shape=[None,3])
    y_true = tf.placeholder(tf.float32,shape=None)

    w = tf.get_variable('w',[1,3],initializer=tf.zeros_initializer())
    b = tf.get_variable('b',[1,1],initializer=tf.zeros_initializer())

    print(b.name,w.name)

    # 예측 수행
    y_pred = predict(x,y_true,w,b)

    # 최적화 함수 생성
    train = get_optimizer(y_pred,y_data)

    # 세션 실행
    init = tf.global_variables_initializer()
    sess.run(init)
    for step in range(10):
        sess.run(train,{x: x_data, y_true: y_data})
        if (step % 5 == 4) or (step == 0):
            print(step, sess.run([w,b]))
            wb_.append(sess.run([w,b]))

sess = tf.Session()

with tf.variable_scope("Regression") as scope:
    run_model(x_data,y_data)
    scope.reuse_variables()
    run_model(x_data,y_data)
sess.close()
```

출력은 다음과 같다.

```
Regression/b:0 Regression/w:0
0 [array([[ 0.27383861,  0.48421991,  0.09082422]],
            dtype=float32), array([[-0.20805186]], dtype=float32)]
4 [array([[ 0.29868397,  0.49840903,  0.10026278]],
            dtype=float32), array([[-0.20003076]], dtype=float32)]
9 [array([[ 0.29868546,  0.49840906,  0.10026464]],
            dtype=float32), array([[-0.20003042]], dtype=float32)]
```

```
Regression/b:0 Regression/w:0
0 [array([[ 0.27383861,  0.48421991,  0.09082422]],
             dtype=float32), array([[-0.20805186]], dtype=float32)]
4 [array([[ 0.29868397,  0.49840903,  0.10026278]],
             dtype=float32), array([[-0.20003076]], dtype=float32)]
9 [array([[ 0.29868546,  0.49840906,  0.10026464]],
             dtype=float32), array([[-0.20003042]], dtype=float32)]
```

tf.get_variables()는 변수를 공유하는 깔끔하고 가벼운 방법이다. 다른 방법은 모델을 클래스로 캡슐화하고 거기서 변수를 관리하는 것이다. 이 접근 방법은 또 다른 여러 장점이 있는데, 이에 대해 살펴보자.

클래스 캡슐화

여느 프로그램과 마찬가지로, 코드가 복잡해지고 길이가 늘어날 때 텐서플로 코드를 클래스 내에 두어 같은 모델에 속한 메서드와 속성을 빠르게 접근할 수 있게 만들면 매우 편리하다. 클래스 캡슐화를 통해 변수의 상태를 유지하면서 예측 수행, 모델 평가, 추가 학습, 가중치의 저장과 복원 등 모델이 풀어야 할 문제와 관련된 모든 학습 이후의 작업을 수행할 수 있다.

다음 코드에서 간단한 클래스 래퍼의 예를 볼 수 있다. 클래스를 인스턴스화할 때 모델이 생성되고 학습 과정은 fit() 메서드를 호출하는 것으로 수행된다.

> **NOTE_ @property와 파이썬 데커레이터**
> 다음 코드는 @property 데커레이터를 사용한다. **데커레이터**decorator는 다른 함수를 입력으로 받는 함수로서, 입력으로 받은 함수에 기능을 추가하는 등의 일을 한 후 이를 반환한다. 파이썬에서 데커레이터는 @ 기호를 사용해 정의한다.
> @property는 클래스 속성으로의 접근을 처리하는 데 사용되는 데커레이터이다.

클래스 래퍼는 다음과 같다.

```
class Model:
    def __init__(self):

        # 모델
        self.x = tf.placeholder(tf.float32,shape=[None,3])
        self.y_true = tf.placeholder(tf.float32,shape=None)
```

```python
        self.w = tf.Variable([[0,0,0]],dtype=tf.float32)
        self.b = tf.Variable(0,dtype=tf.float32)

        init = tf.global_variables_initializer()
        self.sess = tf.Session()
        self.sess.run(init)

        self._output = None
        self._optimizer = None
        self._loss = None

    def fit(self,x_data,y_data):
        print(self.b.name)

        for step in range(10):
            self.sess.run(self.optimizer,{self.x: x_data, self.y_true: y_data})
            if (step % 5 == 4) or (step == 0):
                print(step, self.sess.run([self.w,self.b]))


    @property
    def output(self):
        if not self._output:
            y_pred = tf.matmul(self.w,tf.transpose(self.x)) + self.b
            self._output = y_pred
        return self._output

    @property
    def loss(self):
        if not self._loss:
            error = tf.reduce_mean(tf.square(self.y_true-self.output))
            self._loss= error
        return self._loss

    @property
    def optimizer(self):
        if not self._optimizer:
            opt = tf.train.GradientDescentOptimizer(0.5)
            opt = opt.minimize(self.loss)
            self._optimizer = opt
        return self._optimizer

lin_reg = Model()
lin_reg.fit(x_data,y_data)
```

```
lin_reg.fit(x_data,y_data)
```

출력은 다음과 같다.

```
Variable_1:0
0 [array([[0.28269953, 0.5273358 , 0.09679598]], dtype=float32), -0.21014199]
4 [array([[0.3000975 , 0.49695793, 0.09929188]], dtype=float32), -0.19609737]
9 [array([[0.30009776, 0.49695668, 0.099292  ]], dtype=float32), -0.19609682]
Variable_1:0
0 [array([[0.30009776, 0.49695668, 0.099292  ]], dtype=float32), -0.19609682]
4 [array([[0.30009776, 0.49695668, 0.099292  ]], dtype=float32), -0.19609682]
9 [array([[0.30009776, 0.49695668, 0.099292  ]], dtype=float32), -0.19609682]
```

코드를 함수로 나누는 것은 함수가 호출될 때마다 코드의 같은 줄이 다시 계산된다는 점에서 어느 정도 중복이 발생한다. 간단한 해결책 중 하나는 각 함수의 시작에 조건을 추가하는 것이다. 다음 코드에서 좀 더 나은 다른 해결책을 발견하게 될 것이다.

이러한 설정에서는 변수가 모델 객체의 속성으로 유지되므로 변수 공유를 사용할 필요가 없다. 학습 메서드 model.fit()을 두 번 호출한 뒤에도 변수가 현재 상태를 유지하고 있음을 알 수 있다.

이 절의 마지막 코드 예제에서는 함수가 이미 호출되었는지를 자동으로 확인하는 사용자 정의 데커레이터를 만들어 더욱 개선해보겠다.

또 다른 개선 사항은 모든 변수를 딕셔너리에 보관하는 것이다. 이를 통해 10장에서 가중치와 모델을 저장하는 것을 살펴볼 때 보았던 것처럼 각 연산 이후의 변수의 값을 추적할 수 있다.

마지막 개선 사항으로 손실 함수와 가중치를 얻어오는 함수가 추가된다.

```
class Model:
    def __init__(self):

        # 모델
        self.x = tf.placeholder(tf.float32,shape=[None,3])
        self.y_true = tf.placeholder(tf.float32,shape=None)

        self.params = self._initialize_weights()
```

```python
        init = tf.global_variables_initializer()
        self.sess = tf.Session()
        self.sess.run(init)

        self.output
        self.optimizer
        self.loss


    def _initialize_weights(self):
        params = dict()
        params['w'] = tf.Variable([[0,0,0]],dtype=tf.float32)
        params['b'] = tf.Variable(0,dtype=tf.float32)
        return params

    def fit(self,x_data,y_data):
        print(self.params['b'].name)

        for step in range(10):
            self.sess.run(self.optimizer,{self.x: x_data, self.y_true: y_data})
            if (step % 5 == 4) or (step == 0):
                print(step,
                  self.sess.run([self.params['w'],self.params['b']]))

    def evaluate(self,x_data,y_data):
        print(self.params['b'].name)

        MSE = self.sess.run(self.loss,{self.x: x_data, self.y_true: y_data})
        return MSE

    def getWeights(self):
        return self.sess.run([self.params['b']])


    @property_with_check
    def output(self):
        y_pred = tf.matmul(self.params['w'],tf.transpose(self.x)) + \
            self.params['b']
        return y_pred

    @property_with_check
    def loss(self):
        error = tf.reduce_mean(tf.square(self.y_true-self.output))
        return error
```

```
    @property_with_check
    def optimizer(self):
        opt = tf.train.GradientDescentOptimizer(0.5)
        opt = opt.minimize(self.loss)
        return opt


lin_reg = Model()
lin_reg.fit(x_data,y_data)
lin_reg.fit(x_data,y_data)
MSE = lin_reg.evaluate(x_data,y_data)
print(MSE)

print(lin_reg.getWeights())
```

출력은 다음과 같다.

```
Variable_1:0
0 [array([[0.3051858 , 0.49601868, 0.08462496]], dtype=float32), -0.20718691]
4 [array([[0.3009389 , 0.49937114, 0.10101382]], dtype=float32), -0.20121388]
9 [array([[0.30093893, 0.4993712 , 0.10101396]], dtype=float32), -0.20121384]
Variable_1:0
0 [array([[0.30093893, 0.4993712 , 0.10101396]], dtype=float32), -0.20121384]
4 [array([[0.30093893, 0.4993712 , 0.10101396]], dtype=float32), -0.20121384]
9 [array([[0.30093893, 0.4993712 , 0.10101396]], dtype=float32), -0.20121384]
Variable_1:0
0.009503953
[-0.20121384]
```

사용자 정의 데커레이터는 속성이 존재하는지를 검사한다. 속성이 존재하지 않으면 입력된 함수에 따라 속성을 설정하고 속성이 존재하면 속성을 반환한다. 함수의 이름을 참조하는 데는 functools.wrap()을 사용한다.

```
import functools

def property_with_check(input_fn):
    attribute = '_cache_' + input_fn.__name__

    @property
    @functools.wraps(input_fn)
```

```
    def check_attr(self):
        if not hasattr(self, attribute):
            setattr(self, attribute, input_fn(self))
        return getattr(self, attribute)

    return check_attr
```

이상은 모델의 전체 코드를 개선하는 방법에 대한 매우 기본적인 예시들이다. 이런 종류의 최적화는 간단한 선형회귀 예제에서는 과도해 보일 수 있지만 계층, 변수, 특징이 많은 복잡한 모델에서는 분명히 가치가 있는 작업이다.

A.1.2 사용자 정의 손실 함수

이 책에서는 두 종류의 손실 함수를 사용했다. 2장의 분류 예제에서는 다음과 같이 정의된 교차 엔트로피 손실을 사용했다.

```
cross_entropy = tf.reduce_mean(
        tf.nn.softmax_cross_entropy_with_logits(logits=y_pred, labels=y_true))
```

반면 회귀 예제에서는 다음과 같이 정의된 제곱 오류 손실을 사용했다.

```
loss = tf.reduce_mean(tf.square(y_true-y_pred))
```

이 둘은 현재 머신러닝과 딥러닝에서 가장 많이 사용하는 손실 함수이다. 이 절의 목적은 두 가지이다. 먼저 사용자 정의 손실 함수를 사용함으로써 텐서플로를 더욱 일반화할 수 있음을 보여주는 것이다. 다음으로, 기본 손실 함수에 한정되지 않고 특정 목적을 위해 손실 함수를 확장하는 형태로서의 정규화를 논의하는 것이다.

직접 제작한 손실 함수

이 책은 딥러닝을 염두에 두고 텐서플로를 살펴봤다. 하지만 텐서플로는 딥러닝 분야보다 더 넓은 대부분의 머신러닝 문제를 해결할 수 있다. 나아가 연산 그래프 프레임워크로 형식화할 수 있는 어떤 계산이든 텐서플로를 활용할 수 있는 좋은 후보가 된다.

이러한 상황은 비구속 최적화^{unconstrained optimization}[7] 문제와 같은 경우 두드러진다. 이는 과학 및 알고리즘 컴퓨팅 전반에 걸쳐 매우 일반적이며, 이 경우 텐서플로는 매우 유용하다. 텐서플로가 경삿값 계산을 자동화하는 메커니즘을 제공하므로 이러한 문제에 대해 개발 시간을 꽤 줄여줄 수 있기 때문이다.

일반적으로 임의의 손실 함수에 대한 최적화는 다음의 형태일 것이다.

```
def my_loss_function(key-variables...):
    loss = ...
    return loss


my_loss = my_loss_function(key-variables...)
gd_step = tf.train.GradientDescentOptimizer().minimize(my_loss)
```

여기서 GradientDescentOptimizer 대신 다른 어떤 최적화도 사용할 수 있다.

정규화

정규화는 해법의 복잡도에 불이익을 가해 최적화 문제를 제한하는 것이다(자세한 내용은 4장의 '정규화' 노트 참고). 이 절에서는 가해지는 페널티가 기본 손실 함수에 추가적인 형태로 직접 가산되는 특정한 사례를 살펴본다.

예를 들어 2장의 소프트맥스 예제를 다음과 같이 수정해보자.

```
x = tf.placeholder(tf.float32, [None, 784])
W = tf.Variable(tf.zeros([784, 10]))

y_true = tf.placeholder(tf.float32, [None, 10])
y_pred = tf.matmul(x, W)

cross_entropy = tf.reduce_mean(
        tf.nn.softmax_cross_entropy_with_logits(logits=y_pred, labels=y_true))

total_loss = cross_entropy + LAMBDA * tf.nn.l2_loss(W)     # 수정한 부분
```

---

7 옮긴이_ 비구속 최적화 문제는 입력 도메인에 특정한 제한이 없는 상황에서 목적 함수의 최솟값(또는 최댓값)을 찾는 문제를 말한다.

```
gd_step = tf.train.GradientDescentOptimizer(0.5).minimize(total_loss)
```

2장 코드와의 차이점은 최적화해야 하는 손실값 각각에 LAMBDA * tf.nn.l2_loss(W)를 더했다는 것이다. 이 경우 트레이드오프 매개변수 LAMBDA는 작은 값을 사용해야 결과의 정확도에 거의 영향을 주지 않을 것이다(큰 값은 나쁜 영향을 준다). 오버피팅이 큰 문제가 되는 커다란 네트워크에서는 이런 종류의 정규화가 묘책이 될 수 있다.

이러한 종류의 정규화는 이전 예제에서처럼 모델의 가중치에 대해서 수행될 수도 있고(가중치가 더 작은 값을 가지게 되므로 **가중치 감소**weight decay라고 부르기도 한다) 특정 계층이나 실질적으로는 모든 계층의 활성화 함수에서 수행될 수 있다.

또 다른 요소는 우리가 어떤 기능을 사용하는가이다. l2 정규화 대신 l1 정규화를 사용할 수도 있고 둘을 조합해서 사용할 수도 있다. 이러한 정규화의 모든 조합은 유효하며 여러 맥락에서 사용된다.

추상화 라이브러리를 이용하면 필터의 수나 활성화 함수를 지정하는 것만큼이나 쉽게 응용프로그램에 정규화를 적용할 수 있다. 예를 들어 케라스(7장에서 살펴봤다)에서는 모든 표준 계층에 [표 A-1]과 같은 정규화 도구를 적용할 수 있다.

표 A-1 케라스의 정규화

정규화 도구	설명	예제
l1	가중치의 l1 정규화	Dense(100, W_regularizer=l1(0.01))
l2	가중치의 l2 정규화	Dense(100, W_regularizer=l2(0.01))
l1l2	가중치의 l1과 l2 정규화의 조합	Dense(100, W_regularizer=l1l2(0.01))
activity_l1	활성화 함수의 l1 정규화	Dense(100, activity_regularizer=activity_l1(0.01))
activity_l2	활성화 함수의 l2 정규화	Dense(100, activity_regularizer=activity_l2(0.01))
activity_l1l2	활성화 함수의 l1과 l2 정규화의 조합	Dense(100, activity_regularizer=activity_l1l2(0.01))

이를 통해 모델이 오버피팅될 때 다른 정규화 방식을 쉽게 테스트해볼 수 있다.

자신만의 연산 만들기

텐서플로는 표준 산술 연산과 논리 연산부터 행렬 연산, 딥러닝 특화 함수 등 많은 수의 자체 연산을 제공된다. 이것으로 충분치 않다면 새로운 연산을 만들어 시스템을 확장할 수도 있다. 다음 두 가지 방법 중 하나를 선택하면 된다.

- '밑바닥부터' C++로 연산 작성
- 기존 연산과 파이썬 코드를 결합하여 새로운 연산을 생성하는 파이썬 코드 작성

여기서는 두 번째 방법에 대해서 다룰 것이다.

파이썬으로 연산을 구성하는 가장 큰 이유는 텐서플로 연산 그래프의 맥락에서 넘파이 기능을 이용하자는 것이다. 설명의 편의를 위해 텐서플로 연산 대신 넘파이의 곱셈 함수를 사용하여 이전 절의 정규화 예제를 구성해볼 것이다.

```
import numpy as np

LAMBDA = 1e-5

def mul_lambda(val):
    return np.multiply(val, LAMBDA).astype(np.float32)
```

이 예제는 설명을 위해서 만드는 것으로, 텐서플로의 기본 연산 대신 이것을 사용할 이유는 없다. 단순한 예제를 사용해 계산보다는 메커니즘의 세부 사항에 초점을 맞춘다.

텐서플로에서 새롭게 만든 연산을 사용려면 py_func()의 기능을 사용한다.

```
tf.py_func(my_python_function, [input], [output_types])
```

이 예제의 경우, 전체 손실을 다음과 같이 계산함을 의미한다.

```
total_loss = cross_entropy + \
        tf.py_func(mul_lambda, [tf.nn.l2_loss(W)], [tf.float32])[0]
```

하지만 이것만으로 충분하지 않다. 텐서플로가 전체 모델의 경삿값 기반 학습을 수행하기 위해 각 연산의 경삿값을 추적하고 있음을 상기해보자. 이것을 새로운 파이썬 기반의 연산과 함께

사용하려면 경사 함수를 수동으로 지정해야 한다. 두 과정으로 이루어지는데 먼저 경사를 계산하는 함수를 만들고 등록한다.

```
@tf.RegisterGradient("PyMulLambda")
def grad_mul_lambda(op, grad):
    return LAMBDA*grad
```

다음 코드는 함수를 사용할 때 이 함수를 연산의 경사 함수로 가리킨다. 이전 단계에서 등록한 스트링을 사용한다.

```
with tf.get_default_graph().gradient_override_map({"PyFunc": "PyMulLambda"}):
    total_loss = cross_entropy + \
            tf.py_func(mul_lambda, [tf.nn.l2_loss(W)], [tf.float32])[0]
```

이상을 종합해서 새로운 파이썬 기반 연산으로 정규화를 적용한 소프트맥스 모델의 코드는 다음과 같다.

```
import numpy as np
import tensorflow as tf

LAMBDA = 1e-5

def mul_lambda(val):
    return np.multiply(val, LAMBDA).astype(np.float32)


@tf.RegisterGradient("PyMulLambda")
def grad_mul_lambda(op, grad):
    return LAMBDA*grad


x = tf.placeholder(tf.float32, [None, 784])
W = tf.Variable(tf.zeros([784, 10]))

y_true = tf.placeholder(tf.float32, [None, 10])
y_pred = tf.matmul(x, W)

cross_entropy =
        tf.reduce_mean(tf.nn.softmax_cross_entropy_with_logits\
```

```
                      (logits=y_pred, labels=y_true))

  with tf.get_default_graph().gradient_override_map({"PyFunc": "PyMulLambda"}):
      total_loss = cross_entropy + \
              tf.py_func(mul_lambda, [tf.nn.l2_loss(W)], [tf.float32])[0]

  gd_step = tf.train.GradientDescentOptimizer(0.5).minimize(total_loss)

  correct_mask = tf.equal(tf.argmax(y_pred, 1), tf.argmax(y_true, 1))
  accuracy = tf.reduce_mean(tf.cast(correct_mask, tf.float32))
```

이제 이 모델이 처음 나온 2장에서와 동일한 코드를 사용해서 학습할 수 있다.

> **NOTE_ 경삿값 계산에 입력 사용하기**
>
> 방금 본 간단한 예제에서 경삿값은 입력 자체가 아닌 입력 각각에 대한 경삿값에만 의존한다. 일반적인 경우
> 입력에 대한 접근도 필요할 것이다. op.inputs 필드를 사용해 쉽게 처리할 수 있다.
>
> ```
>     x = op.inputs[0]
> ```
>
> 다른 입력(존재한다면)도 동일한 방법으로 접근할 수 있다.

A.2 텐서플로 서빙의 필수 및 권장 구성 요소

이 절에서는 10장에서 다룬 내용을 조금 더 자세히 설명하고 텐서플로 서빙의 기반으로 사용되는 기술 구성 요소도 좀 더 자세히 살펴본다.

10장에서는 도커를 사용해 텐서플로 서빙을 실행했다. 도커 컨테이너를 사용하지 않는 경우 다음을 설치해야 한다.

| 바젤 |

바젤은 최근에 공개된 구글의 자체 빌드 도구다. 여기서 **빌드**build라는 용어는 매우 효율적이고 신뢰할 수 있는 방법으로 소스 코드에서 결과 소프트웨어를 생성하는 일련의 규칙을 말한다. 빌드 프로세스를 결과를 만드는 데 필요한 외부 디펜던시를 참조하는 과정으로 볼 수도 있다.

바젤은 C++ 응용프로그램을 빌드하는 데 사용될 수 있으며, 여기서는 C++로 작성된 텐서플로 서빙 프로그램을 빌드하는 데 이를 사용한다. 바젤이 빌드하는 소스 코드는 패키지의 중첩계층 내의 작업 영역 디렉터리에 구성되며 각 패키지는 관련 파일과 함께 그룹화된다. 모든 패키지는 타깃^{target}(작업자가 만든 소스 파일), 생성된 파일^{generated file}(소스 파일로부터 만들어진 파일들), 입력으로부터 출력을 파생시키는 단계가 명시된 규칙^{rule} 세 종류의 파일로 구성된다.

각 패키지는 *BUILD* 파일을 가지는데 그 패키지 내에서 파일로부터 빌드될 결과물을 지정한다. 타깃에서 생성된 파일을 빌드하는 bazel build나 빌드 규칙을 실행하는 bazel run과 같은 기본 바젤 명령을 사용할 수 있다. 빌드 결과물이 포함된 디렉터리를 명시하고자 할 때는 -bin 플래그를 사용한다.

바젤은 웹사이트(*https://bazel.build/versions/master/docs/install.html*)에서 내려받을 수 있으며 설치 지침도 찾을 수 있다.

| gRPC |

원격 프로시저 호출(RPC)은 클라이언트(호출자)-서버(실행자) 상호작용의 한 형태이다. 프로그램은 다른 컴퓨터(일반적으로 공유 네트워크에 존재)에서 실행될 프로시저(예를 들어 메서드)를 요청할 수 있다. gRPC는 구글에서 개발한 오픈소스 프레임워크이다. 다른 RPC 프레임워크와 마찬가지로 gRPC는 응용프로그램의 계산을 쉽게 분산처리할 수 있도록 다른 컴퓨터 상의 메서드를 직접적으로 호출할 수 있게 해준다. gRPC는 직렬화를 다룰 때 빠르고 효율적인 프로토콜 버퍼를 사용한다는 점에서 다른 RPC 도구보다 뛰어나다.

다운로드와 설치 안내는 깃허브(*https://github.com/grpc/grpc/tree/master/src/python/grpcio*)에서 찾을 수 있다.

이어서, 다음 명령을 사용하여 서빙에 필요한 디펜던시를 설치한다.

```
sudo apt-get update && sudo apt-get install -y \
        build-essential \
        curl \
        libcurl3-dev \
        git \
        libfreetype6-dev \
```

```
    libpng12-dev \
    libzmq3-dev \
    pkg-config \
    python-dev \
    python-numpy \
    python-pip \
    software-properties-common \
    swig \
    zip \
    zlib1g-dev
```

마지막으로 텐서플로 서빙을 클론한다.

```
git clone --recurse-submodules https://github.com/tensorflow/serving
cd serving
```

물론 10장에서 설명한 도커 컨테이너를 사용하면 더 간단하고 깔끔하게 설치할 수 있다.

A.2.1 도커 컨테이너란 무엇이며 왜 사용할까?

도커는 버추얼박스에서 베이그런트^{Vagrant}와 같은 역할을 하며[8] 개발자가 작성한 코드가 다른 컴퓨터에서 원활하게 실행되게끔 보장한다. 서로 다른 컴퓨터는 운영체제뿐 아니라 설치된 소프트웨어, 설정, 권한 등 툴셋도 다를 수 있는데, 같은 환경을 복제하여(프로덕션 목적이든, 다른 사람과의 공유를 위한 것이든) 작성된 코드가 원래 개발 컴퓨터와 완전히 같은 방식으로 실행되도록 보장한다.

도커의 독특한 점은 비슷한 목적의 다른 도구와 달리 환경을 구축할 수 있는 완전한 가상 머신을 생성하는 대신 기존 시스템(예를 들어 우분투)상에 **컨테이너**^{container}를 작성하여 어떤 의미로는 가상 환경으로 동작하면서도 기존 운영체제의 자원을 사용한다는 것이다. 이들 컨테이너는 로컬 도커 **이미지**^{image}에서 생성되는데, 이 이미지는 **도커파일**^{dockerfile}로부터 만들어지며 필요한 모든 것을 캡슐화한다(디펜던시 설치, 프로젝트 코드 등). 이미지로부터 우리는 원하는 수만

---

8 옮긴이_ 버추얼박스는 하이퍼바이저 소프트웨어로 컴퓨터상에 가상의 환경(VM)을 구성하여 여러 운영체제를 사용 가능하게 해준다. 이런 VM들의 수명 주기를 관리하는 역할을 베이그런트가 하는데, 이를 통해서 동일한 환경을 구성할 때 일일이 VM을 설치해야 하는 등의 번거로운 일들을 자동화할 수 있게 되었다.

큼 컨테이너를 만들 수 있다(물론 메모리가 허용되는 한 그렇다는 것이다). 이러한 특징 덕에 도커는 코드를 포함한 완벽한 다중 환경의 복제품을 쉽게 만들어 어디에서나 실행하게 할 수 있는 아주 멋진 도구다(클러스터 컴퓨팅에 매우 유용하다).

A.2.2 몇몇 기본 도커 명령

도커 사용에 조금 더 익숙해지기 위해 간단한 형식으로 만들어진 몇몇 유용한 명령을 살펴보자. 도커파일이 준비되어 있다면 `docker build <dockerfile>`을 사용해서 이미지를 빌드할 수 있다. 이미지로부터 새로운 컨테이너를 생성하려면 `docker run <image>` 명령을 사용한다. 이 명령은 자동으로 컨테이너를 실행하면서 터미널을 연다(터미널을 닫으려면 `exit`를 입력한다). 기존 컨테이너를 실행, 중단, 삭제하려면 각각 `docker start <container id>`, `docker stop <container id>`, `docker rm <container id>` 명령을 사용한다. 실행 중이건 유휴 상태건 상관없이 인스턴스의 전체 리스트를 보려면 `docker ps -a`를 사용한다.

인스턴스를 실행할 때 `-p` 플래그 다음에 도커가 노출할 포트 번호를 추가할 수 있으며 `-v` 플래그 다음에 마운트할 홈 디렉터리를 추가하면 로컬에서의 작업도 가능하다(홈 디렉터리는 컨테이너 안에서 `/mnt/home` 경로를 통해 연결된다).

한국어판 부록: 텐서플로 1.7의 contrib. learn 폐기

2018년 3월 말 텐서플로 1.7.0이 릴리즈되면서 생긴 여러 변경점 가운데 이 책과 관련하여 가장 큰 변경점은 7장의 주요 내용 중 하나인 contrib.learn이 폐기[deprecated] 상태로 바뀌었다는 것이다. 이는 contrib.learn에 포함된 많은 기능이 이제 굳이 'contrib'을 붙이지 않아도 될 만큼 성숙했기 때문으로 보인다.

이 변화에 따라 텐서플로는 contrib.learn으로 작성된 기존 코드를 어떻게 바꿔야 할지를 가이드하고 있다. 이 가이드 중 책의 본문과 관련된 부분만 일부 소개한다.

- contrib.learn에 포함된 추정자 대부분이 tf.contrib.learn에서 tf.estimator 로 옮겨졌다. 단 DNNEstimator, LinearEstimator, DNNLinearCombinedEstimator 는 tf.contrib.estimator에서 찾을 수 있다. 이에 따라 tf.contrib.learn 대신 tf.estimator를, tf.contrib.learn.Estimator 대신 tf.estimator.Estimator를 사용하자.

- input_fn 인수의 레이블의 형태를 변경하려면 tf.reshape를 사용하자. tf.reshape를 사용한 예는 4장 MNIST CNN 예제에서 찾을 수 있다.

- [표 7-1]의 추정자 중 LogisticRegressor는 사라질 예정이다. 대신 사용자 정의 model_ fn을 사용한 binary_classification_head나 DNNEstimator를 사용하자.

- tf.contrib.learn.datasets도 폐기된다. 책에 이 모듈 자체가 사용되지는 않지만 MNIST를 포함한 많은 데이터 유틸리티가 이 모듈을 사용한다(책의 MNIST 관련 예

제를 실행하면 나오는 수많은 경고는 이 때문이다). 현재 텐서플로 모델 깃허브 저장소 (*https://github.com/tensorflow/models*)에서 MNIST, CIFAR10 등 주요 데이터셋을 제공하며 그 외 데이터셋은 사이킷런 등 다른 도구가 제공하는 것을 사용하면 된다.

다시 한번 이야기하지만 위의 가이드 내용 소개는 이 책과 관련된 부분만 발췌하였다. 전체 가이드는 공식 문서를 참조하자(*https://github.com/tensorflow/tensorflow/blob/r1.7/ tensorflow/contrib/learn/README.md*).

한국어판 부록: 7.3.5절 TF-Slim 예제

```
from tensorflow.contrib import slim

import sys
# /home/crapas/tf_src 위치에서 git clone을 실행한 경우의 디렉터리 설정
sys.path.append("/home/crapas/tf_src/models/research/slim")

from datasets import dataset_utils
import tensorflow as tf
from urllib.request import urlopen
from nets import vgg
from preprocessing import vgg_preprocessing
import os

# vgg-16 모델을 내려받아 압축을 해제한 위치(이 경로에 vgg_16.ckpt 파일이 있어야 함)
target_dir = '/home/crapas/tf_src/checkpoints'

url = ("http://54.68.5.226/car.jpg")

im_as_string = urlopen(url).read()
image = tf.image.decode_jpeg(im_as_string, channels=3)

image_size = vgg.vgg_16.default_image_size

processed_im = vgg_preprocessing.preprocess_image(image,
                                                  image_size,
                                                  image_size,
                                                  is_training=False)
```

```
processed_images  = tf.expand_dims(processed_im, 0)

with slim.arg_scope(vgg.vgg_arg_scope()):
    logits, _ = vgg.vgg_16(processed_images,
                           num_classes=1000,
                           is_training=False)

probabilities = tf.nn.softmax(logits)

def vgg_arg_scope(weight_decay=0.0005):
    with slim.arg_scope([slim.conv2d, slim.fully_connected],
                        activation_fn=tf.nn.relu,
                        weights_regularizer=slim.l2_regularizer(weight_decay),
                        biases_initializer=tf.zeros_initializer):
        with slim.arg_scope([slim.conv2d], padding='SAME') as arg_sc:
            return arg_sc

load_vars = slim.assign_from_checkpoint_fn(
    os.path.join(target_dir, 'vgg_16.ckpt'),
    slim.get_model_variables('vgg_16'))

from datasets import imagenet

with tf.Session() as sess:
    load_vars(sess)
    network_input, probabilities = sess.run([processed_images,
                                             probabilities])
    probabilities = probabilities[0, 0:]
    sorted_inds = [i[0] for i in sorted(enumerate(-probabilities),
                                        key=lambda x:x[1])]

    names_ = imagenet.create_readable_names_for_imagenet_labels()

    for i in range(5):
        index = sorted_inds[i]
        print('Class: ' + names_[index+1]
            + ' ¦prob: ' + str(probabilities[index]))
```

팁을 하나 추가하자면, 위의 예제 코드는 vgg-16 모델을 내려받아 압축 해제한 후 실행해야한다. 실행할 때마다 내려받는 게 단점이긴 하지만 다음과 같은 코드를 삽입하면 미리 내려받지 않고 테스트 가능하다.

```
vgg_url = "http://download.tensorflow.org/models/vgg_16_2016_08_28.tar.gz"
target_dir = '/home/crapas/tf_src/checkpoints'
if not tf.gfile.Exists(target_dir)
    tf.gfile.MakeDirs(target_dir)
dataset_utils.download_and_uncompress_tarball(vgg_url, target_dir)
```

INDEX

INDEX

INDEX

A ~ C

D ~ F

G ~ K

L ~ N

O ~ R

INDEX